常见法律纠纷实务指导丛书

中国人民大学大学生法律援助中心

社会保险纠纷

SHEHUI BAOXIAN JIUFEN

总主编　周院生　张自合

本书撰稿人　张自合

中国检察出版社

《常见法律纠纷实务指导丛书》编委会

前　言

中国人民大学大学生法律援助中心成立于1998年，是北京市司法局授予的“法律援助志愿者工作站”，是全国高校中第一个完全由大学生组成的专门的法律援助机构。中心成立是基于这样一种想法：大学生应当尽其所学，关注社会弱势群体，服务人民，回馈社会，践行正义，为公益事业尽一份力量。10年来，中心志愿者们利用自己的课余时间帮助了北京乃至全国数以万计的当事人，成为了高校法律援助组织中引人注目的亮点。2006年4月，中心被教育部思想政治工作司和北京市委教育工委授予“践行社会主义荣辱观，寻找身边的榜样”主题教育活动的“校园大使”。

这套丛书，是中心的志愿者们利用自己课余时间进行研究的工作成果之一。作为在校学生，我们提供援助的时间毕竟有限，在我们从事法律援助的过程中，总是感到无力满足庞大的法律援助需求，面对求助的目光，我们总是感到力不从心。“授人以鱼不如授人以渔”，让普通大众学会自己运用法律武器，来维护自身合法权益，是我们编写这套丛书的目的。

这套丛书的特点在于：第一，强调实用性，介绍一些与群众生活密切相关的知识，尽量做到通俗实用。第二，注重实例，用大量案例说明问题，供大家参考。生活实例皆切合实际需要。分析解答本质上是在为当事人服务，在这样的理念下，理论探讨应当让位于为当事人提供简单、易懂的步骤建议和富有操作性的行动方案，这就要求解答者对于法条有相对完整的调研，对于行文措辞有慎重的选择，对于理论分析有必要的取舍，我们追求并且秉承这样的风格和思路。

作为在校学生，我们水平有限，不当之处在所难免，欢迎一切批评和建议。

欢迎大家登录中国人民大学大学生法律援助中心的网站 www.rdflyz.org.cn 与我们进行交流沟通。

编者

2009 年 4 月

目 录 Contents

第一章 社会保险纠纷

第二章　养老金纠纷

第三章 工伤保险待遇纠纷

一、工伤保险的缴纳

二、工伤认定

三、劳动能力鉴定

四、工伤保险待遇

五、与工伤相关的特殊问题

第四章 医疗费、医疗保险待遇纠纷

第五章 生育保险待遇纠纷

第六章 失业保险待遇纠纷

第七章 住房公积金纠纷

附 录

第一章　社会保险纠纷

1. 什么是社会保险?

社会保险是指国家通过立法建立的，对劳动者在生、老、病、死、伤、残、失业以及发生其他生活困难时给予物质帮助的制度。社会保险是一种立法强制性的保障制度，社会保险关系作为市场经济的产物，只要用人单位与劳动者建立了劳动合同关系或者事实劳动关系，单位都必须依法为劳动者办理社会保险，缴纳社会保险费。

我国目前基本的社会保险的种类有以下五种：

（1）基本养老保险：国家通过立法对劳动者因达到规定的年龄界限而解除劳动义务，由国家提供一定的物质帮助以维持其基本生活的一种社会保险。

（2）基本医疗保险：国家通过立法对被保险人非因工疾病或患病或伤残而暂时丧失劳动能力、失去收入时，提供一定的物质帮助以维持其基本生活的一种社会保险。

（3）工伤保险：国家通过立法对被保险人因生产、工作中遭受意外事故或职业病伤害时，提供一定的物质帮助以维持其基本生活的一种社会保险。

（4）失业保险：国家通过立法对劳动者因遭受本人所不能控制的失业风险而暂时失去收入时，提供一定的物质帮助以维持其基本生活的一种社会保险。

（5）生育保险：国家通过立法对妇女劳动者因生育子女而暂时丧失劳动能力而导致失去收入时，提供一定的物质帮助以维持其基本生活的一种社会保险。

公务员和参照公务员管理的事业单位，单位和个人不需要缴纳社会保险费用，实行行政事业单位退休金制度。

※生活实例※企业不能以补贴代替社会保险[①]

易某于2005年7月到一家不锈钢制品厂工作，实行计件工资。当时，易某考虑到家在外地，希望单位将社保费用以补贴的形式直接发给本人，单位同意。2007年6月25日，易某离开单位，同年7月6日其以单位未为其缴纳社会保险费为由通知单位解除劳动关系。2007年7月19日，易某向当地劳动争议仲裁委员会提出申诉，要求单位为其补缴社会保险费。仲裁委员会裁决：(1)单位为易某补缴2005年7月至2007年6月的养老保险、医疗保险；(2)易某应将养老、医疗保险的个人自负部分交至单位，并返还单位已经向其支付的社保补贴2496元。单位不服该裁决，诉至法院。法院经审理认为，用人单位和劳动者必须依法参加社会保险，缴纳社会保险费，原告未为被告缴纳社会保险费违反了法律规定，应承担相应的法律后果。法院据此作出了与仲裁裁决结果基本一致的判决。

※分析解答※用人单位为员工缴纳社会保险费用是用人单位应当履行的一项法定义务，当事人之间不能进行更改或放弃，否则将受到法律的制裁。根据《社会保险费征缴暂行条例》第4条和第23条的规定，用人单位应当按时足额缴纳社会保险费。用人单位未按照规定办理社会保险登记，或者未按照规定申报应缴纳的社会保险费数额的，由劳动保障行政部门责令限期改正；情节严重的，对直接负责的主管人员和其他直接责任人员可以处1000元以上5000元以下的罚款；情节特别严重的，对直接负责的主管人员和其他直接责任人员可以处5000元以上10000元以下的罚款。本案中，单位和易某约定不参加社会保险，违反了法律的这一强制性规定，所以这种约定依法当属无效。

---

① 陆玉珍、董先玲：《不参加社保 约定也无效》，载 http：//rmfyb. chinacourt. org/public/detail. php? id=120512。

2. 社会保险与商业人寿保险有什么区别?

社会保险与商业人寿保险都是通过建立保险基金的方式应付风险，以保证社会经济生活的稳定，并且其保险标的都是人的生命和身体。但是二者也有质的区别。一是属性不同。社会保险是根据宪法规定保障劳动者基本生活的一种社会保障制度和措施，是非盈利性的。人寿保险是运用经济补偿手段的一种经营活动，是以盈利为目的的。二是对象和作用不同。社会保险的对象是暂时或永久丧失劳动能力和失业的劳动者，其目的是保障上述人员的基本生活以达到社会公平。而人寿保险是当事人发生事故给予的一种经济补偿，它不具有维护或促进社会公平的作用。三是权利与义务关系不同。社会保险的权利是建立在劳动关系上，只要履行劳动和适当的缴费义务，即可享受这项权利。人寿保险的权利义务建立在商业契约关系上，它表现为多投多保，少投少保，不投不保，而且人寿保险一般为一次性支付。四是待遇水平不同。社会保险是保障劳动者的基本生活。人寿保险的给付水平只考虑被保险人缴费的多少，而不考虑其他因素。五是管理体制不同。社会保险的管理主体是各级人民政府所属的劳动和社会保障部门。人寿保险是由自主经营的各级人寿保险公司自行经营的。六是立法范畴不同。社会保险属于劳动立法范畴。人寿保险属于经济立法范畴。

3. 缴费单位如何办理社会保险登记和年检?

缴费单位必须办理社会保险登记，社会保险登记包括申请登记、变更登记和注销登记，每年还需要向社保机构办理年检。

(1) 申请登记

社会保险登记实行属地管理。缴费单位必须向当地社会保险经(代)办机构办理社会保险登记，参加社会保险。缴费单位具有异地分支机构的，分支机构一般应当作为独立的缴费单位，向其所在地的社会保险经（代）办机构单独申请办理社会保险登记。

从事生产经营的缴费单位自领取营业执照之日起30日内、非生产经营性单位自成立之日起30日内，应当向所属的当地社会保险经（代）办机构申请办理社会保险登记，建立单位缴费信息数据库。

缴费单位申请办理社会保险登记时，应当填写《社会保险单位信息登记表》，并出示以下证件和资料：

①企业持《企业法人营业执照》（副本及复印件）；

②事业单位持《事业单位法人证书》（副本及复印件）；

③社会团体持《社会团体法人登记证》（副本及复印件）；

④国家机关持单位行政介绍信；

⑤国家质量技术监督部门颁布的组织机构统一代码证书（原件及复印件）；

⑥其他核准执业的有关证件、资料，如单位公章。

对单位填报的《单位信息登记表》、提供的证件和资料，社保经（代）办机构即时受理，符合登记要求的为其开具《社会保险缴费专户开户（变更、注销）通知》，单位凭此通知5日内到指定银行开设缴费专户；社保经（代）办机构依据银行开户回执对单位予以登记并核发《登记证》。

（2）变更登记

办理社会保险登记的登记事项包括单位名称、住所、经营地点、单位类型、法定代表人或负责人、开户银行账号以及劳动保障行政部门规定的其他事项。参保单位发生这些涉及社会保险登记变更事项时，应当自登记变更之日起30日内，持以下证件和资料向所属社保经（代）办机构申请办理社会保险登记变更手续。

①《社会保险单位信息登记变更表》；

②《社会保险登记证》；

③工商执照或有关机关批准变更证明；

④社保经（代）办机构规定的其他相关资料。

单位信息变更事项涉及《登记证》内容，需要重新打印《登记证》的，社会保险登记证号不予变动，原《登记证》收回。

（3）注销登记

参保单位发生解散、破产、撤销、合并、被吊销营业执照以及其他情形，依法终止社会保险缴费义务时，应当自发生注销登记事项之日起30日内向所属社保经（代）办机构申请注销登记。单位申请注销登记时须填写《单位信息登记变更表》，并提供相关证明材料，经社保经（代）办机构审核后，为其办理注销社会保险登记手续，并收回《登记证》。单位在办理注销社会保险登记前，应当结清应缴的社会保险费、滞纳金、罚款。

（4）登记年检

单位每年应按规定参加社会保险登记年检。年检审核的主要内容包括：

①办理社会保险登记、变更登记、以前年检等情况；

②参加险种、参保人数及变更情况；

③申报缴费工资、缴纳社会保险费情况；

④社保经（代）办机构规定的其他内容。

年检时，单位须填写《社会保险登记证年检表》并携带以下相关资料到所属社保经（代）办机构进行社会保险登记年检：

①《社会保险登记证》；

②营业执照、批准成立证件或其他核准执业证件；

③组织机构统一代码证书；

④职工工资名册；

⑤社保经（代）办机构规定的其他有关证件和资料。

未经年检，《社会保险登记证》自行失效。社保经（代）办机构审核通过的，在《社会保险登记证》上加盖年核印章。

4. 如何申报和缴纳社会保险费？

缴费单位必须按月向社会保险经办机构申报应缴纳的社会保险

费数额，经社会保险经办机构核定后，在规定的期限内缴纳社会保险费。

社会保险费的缴纳包括以下具体环节：

（1）基数采集。社保经（代）办机构每年一季度向参保单位下发《缴费基数采集通知》及《缴费基数采集表》或缴费基数采集软件。单位依据缴费基数采集的要求如实将缴费人员本人的上年月平均工资填入《缴费基数采集表》或录入采集软件并打印《缴费基数采集表》，由缴费人员签字确认。单位于每年 3 月 31 日前将《缴费基数采集表》和采集数据盘上报所属社保经（代）办机构。社保经（代）办机构于每年 4 月 1 日按有关规定生成当年缴费人员的缴费基数，并于每年 4 月 20 日之前完成缴费基数的核对工作。

（2）人员增减。单位新增参保人员时，应填写《参保人员增加表》，并附《个人信息登记表》或社会保险个人缴费转移证明及相关材料，社保经（代）办机构负责办理参保人员的增加手续。单位办理参保人员减少时，应填写《参保人员减少表》，社保经（代）办机构根据减少原因打印《保险关系转移证明》、《人员转移情况表》、《个人账户退休清算单》、《一次性领取清算单》、《退休人员个人账户清算单》，并负责办理参保人员的减少手续。

缴费单位不按规定申报应缴纳社会保险费数额的，由社会保险经办机构暂按该单位上月缴费数额的 110% 确定应缴数额；没有上月缴费数额的，由社会保险经办机构暂按该单位的经营状况、职工人数等有关情况确定应缴数额。缴费单位补办申报手续并按核定数额缴纳社会保险费后，由社会保险经办机构按照规定结算。

（3）月报征缴。社会保险费数额月报原则上实行自动生成方式。社保经（代）办机构依据单位的人员增减变动情况进行相应业务处理后，于每月 28 日生成当月月报数据。对于连续全额欠缴社会保险费 2 个月以上的单位，要求其每月按时进行社会保险费月报申报，到期仍未申报的不予生成当月月报。

（4）缴费记账。每月 1 日前，参保单位必须将应缴社会保险费足额存到缴费专户。2 日社保经（代）办机构根据生成的月报缴费数据通过缴费专户进行扣缴。缴费个人应当缴纳的社会保险费，由所在单位从其本人工资中代扣代缴。社会保险经办机构应当建立缴费记录，其中基本养老保险、基本医疗保险还应当按照规定记录个人账户。

（5）缴费查询。社会保险经办机构负责保存缴费记录，并保证其完整、安全。社保经（代）办机构每年向参保人员提供一次上年《个人缴费信息对账单》。社保经（代）办机构负责为参保单位和参保人员建立和保存缴费记录，其中养老保险应当按规定记录个人账户。参保单位、参保人员可按规定查询缴费记录。在各社保经办机构，通常备有供公共查询的电脑，个人可以输入相应身份证号后查询。同时，缴费单位也应当每年向本单位职工公布本单位全年社会保险费缴纳情况，接受职工监督。

※生活实例※用人单位从职工工资扣除应由公司负担的社会保险费用不合法①

1995年7月张某到一家建筑装饰公司工作。工作两年后，公司与他签订了一份为期1年的劳动合同，月工资2000元。这份劳动合同期满后，没有续签，但张某一直在这家公司上班。

在工资表上，张某的工资合计是2500元。但他的工资却被分成两部分发放，每一部分的工资均为1250元。其中一份工资按照个人缴纳社会保险费的规定扣除张某应负担的部分后，由张某签字领取；另一份工资按照用人单位缴纳社会保险费的规定扣除应由单位负担的部分后，由张某签字领取。张某对此并不知晓。2003年年底，公司因经营不善濒临倒闭，张某被留下来做善后工作。但自2004年1月起，公司不再支付张某的工资，但为张某缴纳了2004年1至3月社会保险费中应由张某个人负担的每月100元钱。后来张某弄清了公司为他所发工资的真相。于是，他找到公司并索要本来应该属于自己的那部分工资。

① 翊文：《缴纳保费有蹊跷》，载 http://bjgy.chinacourt.org/public/detail.php? id=20196。

无奈之下，公司为张某开具了两张收据。一张载明：1995 年 8 月至 2000 年 8 月，从张某工资中扣除养老保险、失业保险、大病医疗保险费 1.3 万余元。另一张载明：2001 年 4 月至 2003 年 12 月，从张某工资中扣除上述三项社会保险费 8723 元。同时注明，上述款项合计 2.2 万余元，本应由企业缴纳而实际从个人工资中逐月扣除了。张某也因此被解雇。

张某认为公司的做法违反了社会保险的有关规定，于是向区劳动争议仲裁委员会申请裁决。劳动争议仲裁委员会裁定建筑装饰公司返还从张某的工资中克扣的社会保险金及 25% 的经济补偿金等共计 2.8 万余元。

建筑装饰公司不服，起诉到法院称，张某说公司将企业应承担的保险金部分从他的工资中扣除了，在解除劳动关系后才得知，这不合情理，从《个人账户转移单》可以看出其公司为张某缴纳保险基金的情况。

法院经审理，判决建筑装饰公司支付从工资中扣除的社会保险金 2.6 万余元及经济补偿金 5670 元，并依法支付了其他经济补偿金。

❖**分析解答**❖用人单位应当为劳动者缴纳社会保险费，对于应由用人单位负担的部分，不能转嫁到劳动者身上，对此造成劳动者经济损失的，劳动者可以要求用人单位赔偿。

5. 非全日制用工如何参加社会保险？

非全日制用工是指以小时计酬为主，劳动者在同一用人单位一般平均每日工作时间不超过 4 小时，每周工作时间累计不超过 24 小时的用工形式。近年来，以小时工为主要形式的非全日制用工发展较快，这一用工形式突破了传统的全日制用工模式，适应了用人单位灵活用工和劳动者自主择业的需要，已成为促进就业的重要途径。对从事非全日制工作的劳动者的保护按《劳动合同法》和

《劳动保障部关于非全日制用工若干问题的意见》的规定执行。

其中，关于社会保险，上述意见作了如下规定：

从事非全日制工作的劳动者应当参加基本养老保险，原则上参照个体工商户的参保办法执行。对于已参加过基本养老保险和建立个人账户的人员，前后缴费年限合并计算，跨统筹地区转移的，应办理基本养老保险关系和个人账户的转移、接续手续。符合退休条件时，按国家规定计发基本养老金。

从事非全日制工作的劳动者可以以个人身份参加基本医疗保险，并按照待遇水平与缴费水平相挂钩的原则，享受相应的基本医疗保险待遇。参加基本医疗保险的具体办法由各地劳动保障部门研究制定。

用人单位应当按照国家有关规定为建立劳动关系的非全日制劳动者缴纳工伤保险费。从事非全日制工作的劳动者发生工伤，依法享受工伤保险待遇；被鉴定为伤残5—10级的，经劳动者与用人单位协商一致，可以一次性结算伤残待遇及有关费用。

6. 离退休人员再就业还需要再缴纳社会保险吗?

根据《劳动部关于实行劳动合同制度若干问题的通知》第13条规定，已享受养老保险待遇的离退休人员被再次聘用时，用人单位应与其签订书面协议，明确聘用期内的工作内容、报酬、医疗、劳动待遇等权利和义务。

7. 单位应该给试用期内的职工缴纳社会保险吗?

单位应当为试用期内的劳动者缴纳社会保险。根据《劳动合同法》规定，试用期包含在劳动合同期限内。既然试用期属于劳动合同期限的范围，员工就有权享受各项社会保险，即养老保险、工伤保险、医疗保险等。如果单位没有在职工试用期期间缴纳社会保险，应在正式签订劳动合同之后为职工补缴。

8. 内退人员社会保险由谁缴纳?

国家关于内退的政策依据是 1993 年国务院发布的《国有企业富余职工安置规定》（国务院令第 111 号），该规定第 9 条指出，职工距退休年龄不到 5 年的，经本人申请，企业领导批准，可以退出工作岗位休养。职工退出工作岗位休养期间，由企业发给生活费。已经实行退休费用统筹的地方，企业和退出工作岗位休养的职工应当按照有关规定缴纳基本养老保险费。职工退出工作岗位休养期间达到国家规定的退休年龄时，按照规定办理退休手续。职工退出工作岗位休养期间视为工龄，与其以前的工龄合并计算。

根据国家相关规定，企业职工内退必须同时达到以下几个法律要件方可办理：

（1）企业富余职工。所谓富余职工是指企业因生产经营发生困难不能正常生产，而无法安置工作岗位的这部分职工。

（2）达到相应的年龄条件：男 55 岁、女 50 岁。有的地方或单位规定工龄满 30 年以上的职工可以办理内退，还有的单位规定患病或非因工负伤经鉴定达到完全丧失劳动能力或大部分丧失劳动能力标准的职工，也可以办理内退。

（3）职工本人自愿，与企业协商一致。

（4）劳动部门备案。

对距退休年龄不到 5 年的职工办理内部退养是安置富余职工的一项措施。达到内退条件的职工因大部分存在年老、体弱、多病的情况，考虑到这部分职工的具体情况，结合企业减员增效发展生产的目的，针对有富余人员情况的企业，经职工本人自愿，可以办理内退。因此国家出台了有关企业职工内退的政策规定，并强调严禁企业超出国务院规定办理内退的行为。国有企业的改制前提是保障职工的合法权益，在国有企业的改制、重组中，任何涉及员工安置、分流富余人员等广大职工切身利益的事项，都必须经过职工代表大会讨论通过。

关于内部退养的职工可否流动的问题，劳动部办公厅《对〈关于实行劳动合同制度若干问题的请示〉的复函》指出，职工办理离岗退养手续后，与新的用人单位建立劳动关系的，应当与原用人单位解除劳动合同，与新用人单位签订劳动合同。

由于内退人员与单位之间仍然存在劳动关系，因此，在社会保险方面，用人单位应当为劳动者缴纳各项社会保险费用。职工内退达5年后应该办理正式退休，结束企业内退状态。

※生活实例1※用人单位应为内退职工办保险①

1983年，高某到建筑公司工作。1993年10月22日，高某因身体不好，经公司批准办理了企业“职工内部退养”手续。1993年11月至2000年7月，建筑公司未给高某缴纳社会保险。1998年7月2日，高某与建筑公司签订无固定期限劳动合同。2000年8月2日，高某被分到建筑公司下属单位水电公司工作。2000年8月18日后，高某因身体不适合工作而未再到单位上班。2000年12月15日，建筑公司在《北京劳动就业报》上刊登公告，以高某自2000年8月18日至今未上班、事实上已与公司脱离劳动关系为由，依据京劳社发(1999) 34号文件规定，请高某于公告登报之日起30天内到单位办理转移工作关系手续，逾期单位将高某档案关系送至失业保险中心。2001年1月17日，建筑公司以登报形式与高某解除劳动合同。2001年2月12日，高某得知这一消息。

法院认为，劳动者依法享有社会保险待遇。原、被告在未解除劳动关系前，自1993年11月至2000年7月被告未给原告缴纳社会保险是事实。现被告以3份由他人书写、但没有原告本人认可的材料来证明已告知原告自1993年11月至2000年7月未给其缴纳社会保险，证据不足。故原告要求被告为其缴纳社会保险的请求，符合

---

① 李汝银：《建筑公司应为内退职工办保险》，载 http：//bjgy. chinacourt. org/public/detail. php？ id =929。

法律规定，法院予以支持。由于原告未按要求上班，被告以原告擅自离开工作岗位、长时间不上班为由，解除与原告的劳动关系并无不当。据此，法院判令建筑公司以当地劳动保险经办部门认定的标准，为高某缴纳自1993年11月至2000年7月止的社会保险。

※分析解答※内退员工离开了工作岗位但仍与企业保留着劳动关系，因此内退员工还是属于企业的在册员工，不能列入失业人群。根据国家有关政策，结合一些地区和单位的有关规定，符合条件的职工，经与企业协商一致，可实行内部退养办法。内退期间由企业逐月为其发放生活费，缴纳各项社会保险费。因此，本案中建筑公司应当依法为高某缴纳其在内退期间的社会保险。

※生活实例2※离岗待退期间又找工作要求新单位缴纳社保费一审被驳回[①]

原告谢某原系四川荣县一家卫生院的职工。2004年12月，其与卫生院签订协议离岗待退，次年12月其又受聘于成都温江一家医院担任主治医师，2007年8月该医院将谢某解聘。之后谢某因被告医院未为其缴纳社保费等申请劳动争议仲裁未得到支持，将该医院告上法庭。

被告医院则辩称，谢某在原单位办理了停薪留职手续，并保留在原单位的劳动人事关系，其一直由原单位购买社会保险，而与被告只是劳务关系。且被告已向其支付了加班费等，故要求驳回其诉讼请求。

法院认为，原、被告之间应认定为劳务关系，而不是劳动关系，劳动者只能要求劳动报酬的给付，而不能要求其他依照劳动法所能享有的权益。谢某是卫生院的职工，虽已离岗待退，但他与卫生院仍是正式劳动关系，其社保费用应由卫生院缴纳，新单位没有义务为其缴纳社保费。而且被告已根据原告加班的情况支付了相应的加班工资等，故依法驳回谢某的诉讼请求。

---

① 王鑫、何连俊：《离岗待退期间又找工作要求新单位缴纳社保费一审被驳回》，载http：//rmfyb. chinacourt. org/public/detail. php? id = 124799。

◈**分析解答**◈离岗待退是指实行聘用制的事业单位中的原固定制职工，工作年限满30年的，或者男年满55周岁、女年满50周岁，且工作年限满20年的，本人自愿，经单位批准，可以在单位内部离岗待退。离岗待退期间，享受国家规定的基本工资和非生产性补贴、调资、社会保险等待遇。离岗待退人员达到法定退休年龄时，再按国家有关规定正式办理退休手续。可见，在离岗待退期间劳动者与原单位之间仍然存在劳动关系。一般来说，一个劳动者只能与一个用人单位存在劳动关系，只能享有一个用人单位为其提供的养老保险福利待遇，原告离岗待退后到其他单位工作的性质属于劳务关系，用工单位不需要为其办理养老保险，但可以根据需要为劳动者办理工伤保险。

9. 什么是社会保险稽核？

稽核是指县级以上社会保险经办机构依法对社会保险费缴纳情况和社会保险待遇领取情况进行的核查。对于不按规定缴纳社会保险费的行为，任何单位和个人有权举报，社会保险经办机构应当及时受理举报并进行稽核。

社会保险缴费情况稽核内容包括：

（1）缴费单位和缴费个人申报的社会保险缴费人数、缴费基数是否符合国家规定；

（2）缴费单位和缴费个人是否按时足额缴纳社会保险费；

（3）欠缴社会保险费的单位和个人的补缴情况；

（4）国家规定的或者劳动保障行政部门交办的其他稽核事项。

社会保险经办机构及社会保险稽核人员开展稽核工作，行使下列职权：

（1）要求被稽核单位提供用人情况、工资收入情况、财务报表、统计报表、缴费数据和相关账册、会计凭证等与缴纳社会保险费有关的情况和资料；

（2）可以记录、录音、录像、照相和复制与缴纳社会保险费有关的资料，对被稽核对象的参保情况和缴纳社会保险费等方面的情况进行调查、询问；

（3）要求被稽核对象提供与稽核事项有关的资料。

10. 社会保险稽核的方式和程序是什么？

社会保险经办机构对社会保险费缴纳情况按照下列程序实施稽核：

（1）提前3日将进行稽核的有关内容、要求、方法和需要准备的资料等事项通知被稽核对象，特殊情况下的稽核也可以不事先通知；

（2）应有两名以上稽核人员共同进行，出示执行公务的证件，并向被稽核对象说明身份；

（3）对稽核情况应做笔录，笔录应当由稽核人员和被稽核单位法定代表人（或法定代表人委托的代理人）签名或盖章，被稽核单位法定代表人拒不签名或盖章的，应注明拒签原因；

（4）对于经稽核未发现违反法规行为的被稽核对象，社会保险经办机构应当在稽核结束后5个工作日内书面告知其稽核结果；

（5）发现被稽核对象在缴纳社会保险费或按规定参加社会保险等方面，存在违反法规行为，要据实写出稽核意见书，并在稽核结束后10个工作日内送达被稽核对象。被稽核对象应在限定时间内予以改正。

对稽核中发现的问题，按照法定程序坚决予以纠正，依法收回少缴、漏缴的社会保险费和虚报冒领的社会保险金及相关待遇。被稽核对象少报、瞒报缴费基数和缴费人数，社会保险经办机构应当责令其改正；拒不改正的，社会保险经办机构应当报请劳动保障行政部门依法处罚。被稽核对象拒绝稽核或伪造、变造、故意毁灭有关账册、材料迟延缴纳社会保险费的，社会保险经办机构应当报请劳动保障行政部门依法处罚。

11. 怎样向劳动监察部门举报或投诉?

对用人单位违反劳动保障法律、法规、规章行为的，任何组织或个人都有权向所在区县的劳动监察大队举报，劳动者对用人单位违反劳动保障法律、法规、规章，侵犯其合法权益的行为，有权向所在区县的劳动监察大队投诉。

举报可以采用电话、来信、电子邮件、来访等形式进行。劳动者投诉的，应当由投诉人向劳动保障行政部门递交投诉文书。填写《劳动保障监察机构接待投诉登记表》，书写文书确有困难的，可以口头投诉，由劳动保障监察机构进行笔录，并由投诉人签字。投诉文书应载明投诉人姓名、性别、年龄、职业、工作单位、住所和联系方式，被投诉用人单位的名称、住所、法定代表人或者主要负责人姓名、职务，劳动保障合法权益受到侵害的事实和投诉请求事项。

由劳动保障监察大队进行初步调查，对符合立案条件的案件立案调查；对不符合立案条件的投诉，劳动保障行政部门在接到投诉之日起 5 个工作日内决定不予受理，并通知投诉人。

12. 劳动监察机构对违反劳动保障法规的行为如何处理?

对于符合下列条件的，劳动监察大队接到投诉人的投诉之日起 5 个工作日内依法受理，并于受理之日立案查处：

（1）违反劳动保障法律的行为发生在 2 年内的；

（2）有明确的被投诉用人单位，且投诉人的合法权益受到侵害是被投诉用人单位违反劳动保障法律的行为所造成的；

（3）属于劳动保障监察职权范围并由受理投诉的劳动保障行政

部门管辖。

查处的过程中，劳动保障监察员应当首先进行调查、检查，参与调查、检查的监察员不得少于2人。劳动保障行政部门实施劳动保障监察，有权采取下列措施：

(1) 进入用人单位的劳动场所进行检查；

(2) 就调查、检查事项询问有关人员；

(3) 要求用人单位提供与调查、检查事项相关的文件资料，必要时可以发出调查询问书；

(4) 采取记录、录音、录像、照相和复制等方式收集有关的情况和资料；

(5) 对事实确凿、可以当场处理的违反劳动保障法律、法规或规章的行为当场予以纠正；

(6) 可以委托注册会计师事务所对用人单位工资支付、缴纳社会保险费的情况进行审计；

(7) 法律、法规规定可以由劳动保障行政部门采取的其他调查、检查措施。

对违反劳动保障法律的行为，劳动保障行政部门根据调查、检查的结果，作出以下处理：

(1) 对依法应当受到行政处罚的，依法作出行政处罚决定，劳动保障行政处罚（处理）决定书应当加盖劳动保障行政部门的印章。

(2) 对应当改正未改正的，依法责令改正或者作出相应的行政处理决定。

(3) 对情节轻微，且已改正的，撤销立案。

经调查、检查，劳动保障行政部门认定违法事实不能成立的，也应当撤销立案。发现违法案件不属于劳动保障监察事项的，应当及时移送有关部门处理；涉嫌犯罪的，应当依法移送司法机关。

劳动保障行政部门立案调查完成，应在15个工作日内作出行政处罚（行政处理或者责令改正）或者撤销立案决定，有特殊情况，经劳动保障行政部门负责人批准可以延长。

13. 用人单位不按规定缴纳社会保险费的，社保机构可以采取什么措施?

目前，我国社会保险方面的法律法规《社会保险费征缴暂行条例》并没有规定社会保险行政部门有强制执行权。《社会保险费征缴暂行条例》第26条规定："缴费单位逾期拒不缴纳社会保险费、滞纳金的，由劳动保障行政部门或者税务机关申请人民法院依法强制征缴。"因此，社会保险行政部门作出的要求用人单位缴纳社会保险费的行政决定，用人单位不执行的，社会保险行政部门可以向人民法院申请强制执行。全国人大常委会公布的《社会保险法（草案）》规定："用人单位不缴纳或者未足额缴纳社会保险费的，由社会保险费征收机构责令其限期缴纳或者补足。用人单位逾期不缴纳或者未补足应当缴纳的社会保险费的，社会保险费征收机构经其主管部门同意，可以书面通知其开户银行在其账户中划扣社会保险费。用人单位未足额缴纳社会保险费且未提供担保的，社会保险费征收机构可以申请人民法院扣押、查封其价值相当于应当缴纳社会保险费的财产，以拍卖所得抵缴社会保险费。"这一规定授予了社会保险行政部门一定的直接执行权，对于维护劳动者的合法权利是非常必要的。

❈生活实例1❈社保机构可以申请强制执行[1]

某区劳动和社会保障局对某公司作出行政处理决定书，认定该公司欠缴投诉人社会保险费3000余元，遂向该公司下达了《责令（限期）改正通知书》。但该公司在限期内既未补缴社会保险费又未报送整改情况。区劳社局依据相关法律法规，对该公司作出行政处理决定。由于被执行人某公司在法定期限内未申请复议，也未提起诉讼，又不履行行政处理决定，申请执行人区劳社局依法向法院

① 张莹：《未按规定缴纳保险费　行政机关可申请执行》，载 http://bjgy.chinacourt.org/public/detail.php?id=47931。

申请强制执行。

法院经审查认为，申请执行人区劳社局作出的行政处理决定书，认定被执行人未按《社会保险费征缴暂行条例》缴纳社会保险费；对被执行人作出的处理决定适用法律、法规正确；符合法定程序。依照最高人民法院的有关规定，裁定区劳社局申请强制执行行政处理决定书，予以准许。

※分析解答※劳动保障行政处理或处罚决定依法作出后，当事人应当在决定规定的期限内予以履行。逾期不履行的，劳动保障行政部门可以申请人民法院强制执行，或者依法强制执行。

※生活实例2※北京一公司拒不给农村户口职工交保险被强制执行①

在申请人周某、陈某和刘某与被执行人北京某装饰装修公司劳动争议纠纷一案中，周某、陈某和刘某系北京某装饰装修公司职工，2007年6月25日，三人到该公司工作，双方签订了劳动合同，期限自2007年6月25日至2009年12月31日，约定每月工资1000元。此后，双方因加班费和社会保险问题分歧过大，于2008年6月25日办理了解除劳动合同手续。期间，该公司因借口周某、陈某和刘某为农村户口而没有为其缴纳养老保险和失业保险，且未支付加班费。2008年8月26日，三人向北京市门头沟区劳动争议仲裁委员会申请仲裁，要求公司支付失业保险金、养老保险金和加班费。

在仲裁中，劳动争议仲裁委员会认为，北京某装饰装修公司作为周某、陈某和刘某的雇佣单位，有义务为其缴纳社会保险。依据《北京市农民工养老保险暂行办法》第12条和第15条规定，三人要求公司支付其养老保险待遇的请求，予以支持。同时，依据《农民合同制职工参加北京市养老、失业保险暂行办法》第13条、第22条，以及《关于调整失业保险金发放标准的通知》第2条规

---

① 高旭：《北京一公司拒不给农村户口职工交保险被强制执行》，载 http://www.chinacourt.org/public/detail.php?id=329759。

定，公司应支付三人失业保险一次性生活补助费。而根据《劳动法》第44条规定，三人在法定节假日和休息日的加班费亦应该支付。故裁决北京某装饰装修公司一次性支付周某、陈某和刘某养老保险待遇、失业保险一次性补助费和加班费共计1.2万元。

裁决书生效后，被执行人北京某装饰装修公司坚持认为社会保险问题属于行政部门管辖，不属于劳动仲裁受理范围，拒不承认其法律效力。周某、陈某和刘某于2008年10月9日向法院申请强制执行。执行中，公司法定代表人拒绝履行支付义务，而且以出差为由，避不露面，一直拖延执行。针对这种情况，执行法官将其公司账户冻结，强制扣划所有案款，并及时将案款发给申请人，了结了这次社会保险纠纷。

❈**分析解答**❈我国劳动合同法和相关法律规定用人单位需要结合法律和地方政府规定，为员工办理社会保险，其中包括养老保险、医疗保险、工伤保险、失业保险和生育保险五种。而《北京市农民工养老保险暂行办法》、《农民合同制职工参加北京市养老、失业保险暂行办法》对农村户口参加的养老、失业保险作了明确规定，公司、单位因职工为农村户口而不缴纳养老保险和失业保险的，将因违反法律而受到制裁，职工也可依法申请仲裁和起诉保障自己的合法权益。

对劳动仲裁委员会的裁决，用人单位和劳动者在15天之内不向法院提起诉讼的，裁决书发生法律效力，权利人可以向人民法院申请强制执行该裁决书。

14. 劳动关系终止后的用人单位不给办社会保险转移手续怎么办?

根据有关规定，用人单位应当在解除或者终止劳动合同时出具解除或者终止劳动合同的证明，并在15日内为劳动者办理档案和社会保险关系转移手续。

※生活实例1※单位不办转移保险手续　辞职员工起诉获得支持①

夏某为某公司的员工。2007年4月底，因某公司经常拖欠工资，夏某向公司提出辞职，与某公司解除了劳动关系。但劳动关系解除后，公司虽然在社保中心办理了医疗保险人员的减少手续，并停止为夏某缴纳社会保险，但拒不按照有关规定向夏某出具社会保险参保人员减少表。

根据社保经办机构的要求，原单位未出具社会保险参保人员减少表的，不予办理社会保险关系转移手续，致使夏某无法在新的工作单位正常缴纳社会保险，更无法享受社会保险的相关待遇。故此，夏某诉至门头沟法院，要求某公司立即为其办理医疗和养老保险的转出手续。

门头沟法院认为，某公司与夏某已终止劳动关系，某公司作为用人单位，有义务及时为夏某办理社会保险的移转手续，根据《最高人民法院关于审理劳动争议案件适用法律若干问题的解释(二)》第5条的规定，夏某要求某公司为其办理养老和基本医疗保险的转出手续，符合法律规定，应予以支持，最终判决某公司为夏某办理养老和基本医疗保险的转出手续。

※生活实例2※用人单位应保障劳动者的社会保险完整连续②

某公司职工李某称，1987年至1992年期间一直在该公司工作，1990年转为城镇合同制工人，后调离该公司。2006年年底，在审档、转档时发现，公司未在李某劳动合同制工人劳动手册盖章，手册内容为空白，致使其工龄无法按照国家规定的标准计算，影响工资收入及以后应按工龄享受的福利待遇无法享受，造成损失20万元。李某多次找到公司，希望能出具手续将其工龄及档案补齐，但公司一直推托。李某将公司诉至法院，请求判令补齐1987

① 毕芳芳：《单位不办转移保险手续　辞职员工起诉获得支持》，载北京法院网。

② 张建丽：《拒绝为职工补办档案　某公司被诉至法院》，载 http://bjgy.chinacourt.org/public/detail.php? id=63819。

年至1992年期间在该企业工作期间的劳动合同制缴费记录及工龄相关手续并盖公章。

❈**分析解答**❈我们认为，劳动关系虽然终止，但并不是说劳动者和原用人单位之间没有任何关系了，在职工办理工龄认定等社会保险手续时，原用人单位应当给予配合，出具相关的证明材料。

15. 未给辞退员工转移人事档案引起的纠纷如何处理?

在我国，员工的人事档案对于个人的发展具有重要意义。职工档案是企业劳动、组织、人事等部门在招用、调配、培训、考核、奖惩、选拔和任用等工作中形成的有关职工个人经历、政治思想、业务技术水平、工作表现以及工作变动等情况的文件材料。1992年6月9日劳动部、国家档案局颁发实施的《企业职工档案管理工作规定》第18条规定："企业职工调动、辞职、解除劳动合同或被开除、辞退等，应由职工所在单位在一个月内将其档案转交其新的工作单位或其户口所在地的街道劳动（组织人事）部门。"在社会保险制度建立之后，档案对于劳动者的社会保险更加具有特别的意义。人事档案是公民缴纳社会保险、办理退休手续、享受社会保险待遇所应具备的重要凭证。

用人单位与本市城镇职工终止、解除劳动（聘用）合同或者工作关系，应当为其出具《终止、解除劳动（聘用）合同或者工作关系的证明书》，并书面告知其按照规定享受失业保险待遇的权利。用人单位应自与职工终止、解除劳动（聘用）合同或者工作关系之日起7日内，将失业人员名单报其户口所在地的区、县失业保险经办机构备案，并在20日内，持《社会保险登记证》和失业人员档案，到其户籍（集体户口）所在地的区、县失业保险经办机构办理档案移交手续。

由于人事档案对于劳动者就业和退休的重要性，用人单位不及时转移人事档案就有可能会对劳动者造成经济损失，如果劳动者的经济损失确实存在，用人单位应当予以赔偿。《北京市失业保险规定》第31条规定，用人单位不按规定缴纳失业保险费或不按规定及时为失业人员转移档案关系，致使失业人员不能享受失业保险待遇或影响其再就业的，用人单位应当赔偿由此给失业人员造成的损失。

※生活实例※解除合同不移档案　影响就业给予赔偿[①]

2000年12月1日，郜女士同色织厂签订下岗职工再就业协议，至2002年11月30日协议期满。2002年10月30日，色织厂召开下岗职工解除劳动关系大会，将终止再就业通知书、解除劳动关系通知书送达了包括郜女士在内的与会人员，并支付了郜女士1982年11月至2002年11月30日的经济补偿金。直到2003年7月3日，色织厂才将郜女士的劳动档案及社会保险关系移交劳动和社会保障部门，并给其发了通知书。郜女士认为，由于色织厂迟延转交劳动档案及社会保险关系，使自己失去了及时再就业的机会，造成了一定的经济损失。于2003年10月21日诉至法院，要求色织厂赔偿迟转劳动档案的经济损失6242元。

法院认为：色织厂和郜女士于2002年11月30日解除劳动关系后，色织厂未能按照有关规定及时为郜女士向劳动和社会保障部门转移档案关系，致使郜女士不能享受失业保险待遇并影响其再就业，色织厂的行为给郜女士造成一定的经济损失，应当承担赔偿责任，遂判决色织厂赔偿郜女士经济损失2282元。

※分析解答※本案中，用人单位没有及时转移劳动者的人事档案，影响了郜女士的及时再就业，对郜女士的损失，用人单位应予赔偿。

---

① 斯庆、高建国：《解除合同不移挡案　影响就业给予赔偿》，载 http: //bjgy.chinacourt. org/public/detail. php? id =8980。

16. 用人单位将劳动者的人事档案遗失后如何赔偿?

劳动者的个人档案通常由用人单位保管，或者由用人单位委托相应的职业服务中心、人才服务中心存档。如果是用人单位的原因将职工的档案丢失，应承担相应的法律责任，因此给职工造成经济损失的，单位应给予适当赔偿。

对于劳动者个人来讲，也应当关注个人档案的保管情况，在调动单位或解除劳动关系后应及时追查个人档案的移交情况，在出现丢失等问题时，及时主张权利。对劳动者提出的索赔请求，法院一般酌定为一次性赔偿。劳动者要求补办档案的请求，没有实践可操作性和法律依据，不属法院受案范围，法院不予支持。

※生活实例※丢失职工档案　单位赔偿6万①

王先生原是北京市某建筑工程公司的正式职工，1985年1月被劳动教养，单位随之与他解除了劳动关系。2002年，王先生在办理求职证时，发现原来工作的单位并没有按规定把他的人事档案转移到他的户口所在地。王先生找到原来工作过的单位，被告知他的人事档案找不到了。由于没有人事档案，2003年9月30日，社保部门停止了王先生社会养老保险的补交办理手续。眼看自己马上就要就业无门生活无望，王先生遂诉至法院，要求原工作单位赔偿其各种损失10万余元。

法院经审理认为，人事档案是公民取得就业资格、缴纳社会保险、享受相关待遇所应具备的重要凭证。档案的存在以及其记载的内容对公民的生活有重大影响。被告北京市某建筑工程公司将王先生开除并与其解除劳动关系后，未将其人事档案按照国家政策规定，及时予以转出，造成档案遗失，影响了王先生今后就业及享受

① 王文波：《丢失职工档案　单位赔偿6万》，载北京法院网。

相关待遇，给其取得相关利益造成了可预见的损失，将王先生人事档案丢失的北京市某建筑工程公司应当依法承担赔偿责任，遂判决公司一次性赔偿王先生各项损失6万元。

◈分析解答◈企业职工调动、辞职、解除劳动合同或被开除、辞退等，应由职工所在单位在一个月内将其档案转交其新的工作单位或其户口所在地的街道劳动（组织人事）部门。王某被劳教后，公司有义务按照规定对王某的档案作出处理，或转交王某的新工作单位，或转交王某户口所在地的街道劳动（组织人事）部门。没有履行此项义务的，应当承担相应的责任。这种损失主要是无法办理社保，就业范围变窄，但具体的数额难以确定，法院根据当地的实际生活水平，确定一次性赔偿6万元，是适当的。

在工作变化日益频繁的今天，档案的传递必然会更加频繁地发生，该案给人们的启示是很深刻的。如果企业都能及时做好职工档案的传递工作，如果档案所有人在离开企业后对自己的档案传递及时予以关注并催促企业做好传递工作，就可以在企业不履行档案传递义务的情况下及时维护自己的权益。

17. 退休纠纷如何处理?

依照有关法律的规定，退休是劳动者享有的一种权利，是为了保障劳动者的休息及享受养老保险的权利。根据《劳动合同法》第44条的规定，劳动者开始依法享受基本养老保险待遇的，劳动合同终止。《劳动合同法实施条例》第21条规定，劳动者达到法定退休年龄的，劳动合同终止。据此，劳动者达到退休年龄的，应当办理退休手续。

公司职工退休手续的办理不是职工和用人单位就能决定的，它是劳动社会保障部门的职权。据此，劳动者和用人单位之间关于办理退休手续的争议不属于企业与职工之间的劳动争议。但有一种情形，即用人单位因故没有及时为劳动者办理退休手续，致使劳动者无法享受应有的退休待遇的，用人单位应当赔偿劳动者的损失。

※生活实例※累计工作二十三年　临时工获退休待遇[①]

杨某23年来一直在西安某大学的后勤公司做临时工，从事清洁工和公寓楼管理员工作，但是该大学一直没给杨某办理基本养老保险、基本医疗保险及失业保险，并且于2006年6月在杨某申请办理退休手续时解除了与杨某的劳动关系。杨某为此提起仲裁并获胜后，该大学不服，起诉到法院。

2008年1月，西安市碑林区法院判决后勤公司支付杨某经济补偿金1万余元，并为杨某办理上述三险。宣判后，后勤公司提出上诉。

西安中院审理后，鉴于后勤公司尚未集体参保，且杨某已过退休年龄，客观上已无法补办基本医疗保险，根据有关劳动法规的规定，判决杨某享有与后勤公司其他退休职工平等退休待遇的权利，后勤公司应自2006年6月起发给杨某退休金。退休金发放基数，随相关政策调整而调整。

※分析解答※职工在办理退休手续的过程中，有许多工作是需要用人单位支持和配合的，这也是用人单位应当承担的一项义务。在退休纠纷中，如果劳动者还可以办理退休手续，则用人单位应当予以办理，如果办理不了，可以参照该劳动者正常退休后所能获得的待遇，要求用人单位给予劳动者一次性补偿或者按月发给生活补助金。本案一审法院和二审法院改判的原因即在于，根据目前的社会保险政策，补缴社会保险费是有一定条件的，杨某的情况补缴已经不可能，这时，赔偿损失或由用人单位给予相应的补助是解决问题的妥善方法。

18. 社会保险纠纷有哪些种类?

社会保险关系涉及劳动者、用人单位、社会保险机构三方主体，具体分为三种关系：（1）劳动者与社会保险机构之间的关系。

---

① 石训：《累计工作二十三年　临时工获退休待遇》，载 http://www.chinacourt.org/public/detail.php? id =314172。

这种关系是一种行政关系，在这一关系中，劳动者既是权利主体也是义务主体，劳动者依法享有社会保险待遇，同时也负有缴费义务；而依法收缴和发放社会保险金则是社会保险机构的职责所在。(2) 用人单位与社会保险机构之间的关系。用人单位负有依法向社保机构缴纳保险费的义务，收缴社会保险费是社保机构的法定职责。双方是一种管理与被管理的行政关系。(3) 劳动者与用人单位之间的关系。这种关系是一种劳动法上的关系，为了劳动者的利益，用人单位负有向社保机构缴纳保险费支付社保费用的义务，如果用人单位没有缴纳社会保险费用，会直接影响到劳动者的利益。

实践中，常见的社保纠纷有四种：

(1) 社会保险损失赔偿纠纷。指保险事故发生后，劳动者依照法律、法规的规定，要求用人单位赔偿因其不缴、少缴或迟缴社会保险费的行为所带来的社会保险待遇损失纠纷。这种纠纷是单纯的劳动者与用人单位之间的纠纷，属于劳动争议，应按劳动争议的程序处理。

(2) 参保纠纷。指用人单位依法应当为劳动者办理参加社会保险的手续而没有办理，劳动者要求建立社会保险关系的纠纷。

(3) 不缴、少缴或迟缴社会保险费纠纷。用人单位为劳动者建立社保关系后，用人单位不积极履行缴费义务，社会保险费缴纳存在瑕疵行为，没有按时足额缴费引起的纠纷。

这种纠纷涉及劳动者、用人单位、社保基金管理机构三者之间的关系，按时、足额缴纳社会保险费是用人单位的法定义务，相关行政部门应当履行相应的监管职责，对于符合《社会保险费征缴暂行条例》第3条规定范围内的用人单位，社会保险保障行政部门不仅有权进行追缴，而且应当进行追缴，其不追缴就是一种失职。劳动者向社保机关投诉、举报，要求社会保险行政部门或者社会保险费征收机构依法强制征缴的，属于行政案件，应采用行政处理方式，而不应作为劳动争议案件受理。

个人与所在用人单位之间发生社会保险争议的，劳动者向用人单位主张要求其办理参保手续或补缴费用，则属于劳动争议案件，劳动者可以依法申请劳动仲裁、提起诉讼。

（4）社会保险金发放纠纷（社会保险待遇给付纠纷）。这种纠纷涉及劳动者和社保基金管理机构二者之间的关系，社保待遇给付职责属于行政法规授权行使行政职权的职责，如果产生纠纷，应属于行政案件。个人对社会保险经办机构不依法支付社会保险待遇或者侵害其他社会保险权益的行为，可以依法申请行政复议或者提起行政诉讼。

19. 社保经办机构办理社会保险不当的，劳动者如何维权?

社会保险争议包括劳动者和用人单位之间的争议和劳动者和社会保险基金管理中心之间的争议。劳动者和用人单位之间的争议属于劳动争议，适用劳动仲裁和民事诉讼程序解决；劳动者和社会保险基金管理中心之间的争议属于行政争议，适用行政复议和行政诉讼程序解决。

社会保险行政争议是指社会保险经办机构（社会保险基金管理中心）在依照法律、法规及有关规定经办社会保险事务过程中，与劳动者或者用人单位之间发生的争议。

社会保险费的征收、征缴管理和监督检查工作是社会保险经办机构的法定职责，是其行政职权范围内应当履行的法定义务。而法定职责不可放弃，否则构成失职，其行政不作为行为，相对人有权提起行政诉讼，对相对人合法权益造成损害的还应当承担国家行政赔偿责任。

劳动者或用人单位认为经办机构的具体行政行为侵犯其合法权益，可以通过三种途径寻求救济：

(1) 向经办机构申请复查。

有下列情形之一的，公民、法人或者其他组织可以申请行政复查：

①认为经办机构未按规定审核社会保险缴费基数的；

②对经办机构核定其社会保险待遇标准有异议的；

③认为经办机构不依法支付其社会保险待遇或者对经办机构停止其享受社会保险待遇有异议的；

④认为经办机构未依法为其调整社会保险待遇的。

公民、法人或者其他组织对复查决定不服，可以向劳动保障行政部门申请行政复议。

申请人认为经办机构的具体行政行为侵犯其合法权益的，可以自知道该具体行政行为之日起 60 日内向经办机构申请复查。

（2）向劳动保障行政部门申请行政复议。

有下列情形之一的，公民、法人或者其他组织可以申请行政复议：

①认为经办机构未依法为其办理社会保险登记、变更或者注销手续的；

②认为经办机构未按规定审核社会保险缴费基数的；

③认为经办机构未按规定记录社会保险费缴费情况或者拒绝其查询缴费记录的；

④认为经办机构违法收取费用或者违法要求履行义务的；

⑤对经办机构核定其社会保险待遇标准有异议的；

⑥认为经办机构不依法支付其社会保险待遇或者对经办机构停止其享受社会保险待遇有异议的；

⑦认为经办机构未依法为其调整社会保险待遇的；

⑧认为经办机构未依法为其办理社会保险关系转移或者接续手续的；

⑨认为经办机构的其他具体行政行为侵犯其合法权益的。

申请人认为经办机构的具体行政行为侵犯其合法权益的，可以自知道该具体行政行为之日起 60 日内向劳动保障行政部门申请行政复议。经办机构作出具体行政行为时，未告知申请人有权申请行政复议或者行政复议申请期限的，行政复议申请期限从申请人知道行政复议权或者行政复议申请期限之日起计算，但最长不得超过二年。因不可抗力或者其他正当理由耽误法定申请期限的，申请期限自障碍消除之日起继续计算。

申请人向经办机构申请复查或者向劳动保障行政部门申请行政复议，一般应当以书面形式提出，也可以口头提出。口头提出的，接到申请的保险争议处理机构应当当场记录申请人的基本情况、请求事项、主要事实和理由、申请时间等事项，并由申请人签字或者盖章。

经办机构或者劳动保障行政部门审查社会保险行政争议案件，不得向申请人收取任何费用。

（3）向人民法院提起行政诉讼。

申请人与经办机构之间发生的属于人民法院受案范围的行政案件，申请人可以依法直接向人民法院提起行政诉讼。

※生活实例※男子暴病险客死他乡为药费状告社保[①]

李龙是某地社会保险的个体参保人员，投了基本医疗保险。2006年11月26日，李龙去外地探亲，突发心肌梗塞，昏倒在地，被他人紧急送往当地中心医院抢救，医院当时就发了《病危通知书》。李龙被抢救苏醒后，第二天就将自己在外地突发心脏病的具体情况以电话的方式通知了参保地社保中心，并于15天后病情稍微缓解的情况下，转入参保地医疗保险定点医院进行进一步的治疗，做了冠状造影支架术。

当李龙康复出院后凭票据予以报销时，被告之其在异地中心医院住院期间所产生的5749.64元的医疗费不予报销。理由是：参保人员因病在非定点医院发生的医疗费用，全部由个人自负；且外出人员应在离开之前在社保中心登记备案，而李龙外出时没有在社保中心备案。而原告李龙认为，社保中心引用的条文不当侵犯了自己的合法权益，应根据当地《职工基本医疗保险实施办法》第五章第33条规定的“急诊属特殊情况”不受上述条件的限制，所产生

① 崔建民、薛以乐：《男子暴病险客死他乡为药费状告社保》，载 http://www.chinacourt.org/public/detail.php?id=251681。

的医疗费投保单位应予以报销。

因此，李龙一纸诉状将社保中心告上了法庭。法院认为原告李龙确实是在病危的情况下住进异地医院，并非主观故意，属于特殊情况，社保局应当根据《职工基本医疗保险实施办法》第五章第33条的具体规定予以合理赔偿。于是，电话通知该社保中心负责人来法院进行调解，该负责人认为，李龙异地生病情况属实，但违反了社保中心的规定，在离开之前没有及时的在社保中心登记自己的去向，李龙自身存在过错。考虑到李龙的具体情况，社保中心愿意对李龙在异地中心医院住院期间合理的部分予以报销，但以后再出现这种情况前投保人必须予以登记说明去向。5月26日，通过法官对双方进行明理析法，双方达成和解协议。

◈分析解答◈本案中，社保中心不为其报销医疗费的行为是一种具体行政行为，李龙认为不合法，有权向人民法院起诉，这种诉讼是行政诉讼而不是民事诉讼。人民法院经过审理认定社保中心不予报销不合法，可以责令社保中心限期履行法定职责，给予报销。本案中双方达成和解，一方撤诉，另一方给予报销，也是一种较好的方式。

20. 劳动部门对社会保险行政复议如何处理？

在行政复议法律关系中，提出复议申请的公民、法人或者其他组织为申请人，社会保险经办机构为被申请人，直接管理该经办机构的劳动保障行政部门为接受复议申请的复议机关。

根据劳动和社会保障部制定的《社会保险行政争议处理办法》的规定，劳动保障行政部门的保险争议处理机构对已受理的社会保险行政争议案件，应当自收到申请之日起7个工作日内，将申请书副本或者申请笔录复印件和行政复议受理通知书送达被申请人。被申请人应当自接到行政复议申请书副本或者申请笔录复印件之日起10日内，提交答辩书，并提交作出该具体行政行为的证据、所依据的法律规范及其他有关材料。被申请人不提供或者无正当理由逾期提供的，视为该具体行政行为没有证据、依据。

劳动保障行政部门处理社会保险行政争议案件，原则上采用书面审查方式。必要时，可以向有关单位和个人调查了解情况，听取申请人、被申请人和有关人员的意见，并制作笔录。劳动保障行政部门处理社会保险行政争议案件，以法律、法规、规章和依法制定的其他规范性文件为依据。

劳动保障行政部门作出行政复议决定，应当制作行政复议决定书。行政复议决定书应当载明下列事项：

(1) 申请人的姓名、性别、年龄、工作单位、住址（法人或者其他组织的名称、地址、法定代表人的姓名、职务）；

(2) 被申请人的名称、地址，法定代表人的姓名、职务；

(3) 申请人的复议请求和理由；

(4) 被申请人的答辩意见；

(5) 劳动保障行政部门认定的事实、理由，适用的法律、法规、规章和依法制定的其他规范性文件；

(6) 复议结论；

(7) 申请人不服复议决定向人民法院起诉的期限；

(8) 作出复议决定的年、月、日。

行政复议决定书应当加盖本行政机关的印章。

申请人对劳动保障行政部门作出的行政复议决定不服的，可以依法向人民法院提起行政诉讼。

21. 什么是社会保险损失赔偿纠纷？

我国社会保险目前共有五类，用人单位没有依法给劳动者建立任何一种社保关系、缴纳社会保险费，都可能给劳动者造成损失。这里的损失既包括客观上已经给劳动者造成的现实损失，也包括劳动者将来可得利益的损失。已经发生现实损失的，劳动者可以向用人单位主张侵权之责；属于将来的损失的，由于非因特殊情况必将发生，劳动者可以向用人单位主张参保和缴费之责。这两种社会保险费纠纷，都可以以用人单位为被告，通过向人民法院提起民事诉讼来解决。

社会保险损失赔偿纠纷具体分为以下几种情况：

（1）劳动者退休后，与尚未参加社会保险统筹的原用人单位因追索养老金、医疗费、工伤保险待遇和其他社会保险费发生的纠纷。这类纠纷按照原用人单位为劳动者依法参保条件下，劳动者能够从社会保险经办机构领取的费用或者享受的待遇，由用人单位向劳动者赔偿。这里面也有一些具体情况具体对待的问题，比如用人单位应当为劳动者参加基本养老保险，缴纳养老保险费，年限低于15年的，劳动者的待遇只是已经缴纳的费用及利息的返还。那么，用人单位应当缴纳的费用及利息属于劳动者的损失，劳动者只能就该损失主张权利。总之，用人单位向劳动者的损害赔偿之责应当等于参保条件下，劳动者能够获得的费用及待遇。

（2）劳动者尚未退休，在劳动关系存续期间，因用人单位未为其参加社会保险、缴纳社会保险费，而发生现实损失的纠纷。这类纠纷包括劳动者发生工伤、非因工伤的疾病、生育三种情况，劳动者可以按照用人单位依法为其参加工伤保险、基本医疗保险、生育保险条件下的待遇项目和标准主张权利，由用人单位承担赔偿责任。

（3）劳动者尚未退休，在劳动关系解除或者终止后，因用人单位未为其参加社会保险、缴纳社会保险费，而发生现实损失的纠纷。这类纠纷主要包括劳动者发生非因工伤的疾病、劳动者生育、失业三种情况，劳动者可以按照用人单位依法为其参加基本医疗保险、生育保险、失业保险条件下的待遇项目和标准主张权利，由用人单位承担赔偿责任。该情形下还有一种例外情况是劳动者自己参加社会保险，缴纳保险费的，劳动者可以主张用人单位返还已缴纳的费用中属于单位应当缴纳的部分费用。

（4）用人单位没有依法给劳动者建立社保关系、缴纳社会保险费，造成劳动者将来损失的纠纷，劳动者可以要求用人单位为其参保，缴纳和补缴社会保险费。造成劳动者将来的损失，主要有未参加基本养老保险、基本医疗保险、工伤保险、失业保险。如果劳动关系已经终止，那么原用人单位未缴纳工伤保险，一般不会再出现预期的损失，可以不再赔偿。

※生活实例※用人单位弄虚作假自作自受①

王先生与某公司签订协议，约定公司代王先生上养老等各项社会保险，但费用由王先生承担。日前，王先生起诉至法院，认为其只应缴纳保险费用中个人应付的部分即3081元，而其已向公司交纳3.8万元，公司应返还多付部分。庭审中，公司主张其与王先生只存在保管档案的关系，不存在劳动关系，不应为王先生承担保险费用。

法院认为，虽然公司与王先生约定了双方是存档关系，但我国法律禁止这种行为，双方的约定违法无效，公司与王先生存在事实上的劳动关系。同时，该协议约定由王先生自行负担社会保险费用，违反了我国法律关于用人单位应为劳动者缴纳保险费用的规定，也属无效。公司应将多收费用返还王先生。遂判决公司返还王先生保险款2.9万余元。

※分析解答※劳动关系的一个重要标志是社会保险关系的办理，事实劳动关系成立后，用人单位应当对劳动者负相应的缴纳社会保险的义务，对于用人单位应当承担的部分，由劳动者自行负担是不合法的，劳动者负担的超出其个人应负担的部分是劳动者的损失，用人单位应当赔偿。至于劳动者是否负有实际上岗劳动的义务，是其与用人单位之间的问题，社保经办机构不加干涉。本案中法院之所以这样判决主要是考虑维护已经成立的社会保险法律关系。

① 汤苏莉：《为挂名员工代上保险　弄假成真单位掏腰包》，载北京法院网。

22. 劳动者与用人单位之间就参保或者缴费发生纠纷的，如何处理？

劳动者与用人单位之间就参保或者缴费发生争议，劳动者要求用人单位补缴费用或者办理参保手续，起诉到法院的，法院如何处理，实践中有不同的做法。有的法院认为，用人单位为劳动者建立社保关系后，没有按时足额缴费，由此所发生争议的属于行政争议，应当依照行政强制征缴的程序办理。其依据是目前没有法律法规和司法解释规定法院应处理此类纠纷，《劳动法》第100条规定："用人单位无故不缴纳社会保险费的，由劳动行政部门责令其限期缴纳；逾期不缴的，可以加收滞纳金。"没有规定应由法院通过诉讼程序处理。

有的法院认为，劳动者可以向劳动争议仲裁委员会申请仲裁。根据劳动部的有关规定，由于企业核定退休金标准或企业发放退休金而引起的退休职工与企业行政之间的争议，可视为劳动争议，劳动争议仲裁委员会应予受理。职工退休后虽然与企业不存在劳动关系，但在退休职工在岗期间履行的劳动义务，是其退休后享受养老保险金的前提和基础条件，而且退休金的计算标准要由企业提供依据。因此，法律才规定退休职工可就退休金问题申请劳动争议仲裁委员会仲裁。

《最高人民法院关于审理劳动争议案件适用法律若干问题的解释（一）》第1条规定："劳动者与用人单位之间发生的下列纠纷，属于《劳动法》第二条规定的劳动争议，当事人不服劳动争议仲裁委员会作出的裁决，依法向人民法院起诉的，人民法院应当受理：（一）劳动者与用人单位在履行劳动合同过程中发生的纠纷……"用人单位给劳动者缴纳社会保险是劳动合同过程中必须履行的义务，这是在合同履行过程中发生的争议，劳动者与用人单位在履行劳动合同过程中发生的纠纷属于劳动争议。《最高人民法院关于审理劳动争议案件适用法律若干问题的解释（二）》第7条规定："下列纠纷不属于劳动争议：（一）劳动者请求社会保险经办机构发放社会保险金的纠纷……"由此条文可以看出劳动者要求社会保险机构发放社会保险金的纠纷不属于劳动争议，但是劳动者要求用人单位缴纳社会保险费或赔偿因用人单位未缴纳保险费造成的损失应当属于劳动争议的范畴。

2008年5月1日开始实施的《劳动争议调解仲裁法》第2条规定："中华人民共和国境内的用人单位与劳动者发生的下列劳动争议，适用本法：……（四）因工作时间、休息休假、社会保险、福利、培训以及劳动保护发生的争议……"本条规定已非常明确地将用人单位与劳动者之间发生的社会保险争议案件归结为劳动争议案件。

当前，大部分法院已经接受了第二种做法，为劳动者维护其获得社会保险的权利提供司法保障。

需要注意的是，在处理这类案件时，应当确定好诉讼请求。劳动者如果要求用人单位补缴社会养老保险金，就会涉及社保经办机构的职责的履行，法院对此项请求不一定会支持，而且，这种请求在判决的执行时也会遇到障碍，比如，如果劳动者自己已经参加了社会保险，那么再责令用人单位为劳动者补办社会保险的仲裁裁决或法院判决将无法执行，或者如果劳动者没有能力承担应由自己缴纳的部分社会保险费，那么用人单位向社保部门为劳动者办理社会保险也将无法进行而导致执行不能。如果改为损害赔偿纠纷，要求给付补偿或补助，直接要求用人单位承担损害赔偿责任，则案件显得相对简单，也容易得到法院的支持。

※生活实例※不交职工社会保险　公司被判依责履行①

2002年5月16日，赵某与某汽车公司签订有期限劳动合同，合同终止日期是2005年4月25日。合同存续期间，汽车公司一直未给赵某办理社会保险手续。赵某离开公司后，汽车公司虽一直承诺退给其社会保险费，但终未兑现。2006年9月5日，赵某向劳

① 杨永红：《不交职工社会保险　公司被判依责履行》，载北京法院网。

动争议仲裁委员会提起申诉，要求汽车公司为其缴纳2002年5月16日至2005年4月25日的社会保险。当日，劳动争议仲裁委员会以其请求不属于受理范围，作出不予受理通知书。为此，赵某诉至法院，要求汽车公司补缴社会保险4355元，该数额包括公司和个人应缴的社会保险费。

汽车公司辩称，赵某于2005年4月25日离开我公司，现已经超过法律规定的诉讼时效；社会保险应当是由企业和员工共同负担，赵某自己也并未缴纳相应保险费；另原告系农民工，而我公司是乡镇企业，依据相关规定，我公司没有为其缴纳社会保险的义务。

法院认为，劳动者享有社会保险和福利的权利，用人单位应当依法为劳动者缴纳社会保险费用。赵某在汽车公司工作期间，公司应当为其缴纳各项社会保险费。汽车公司未为赵缴纳社会保险费用，理应承担补缴赵某自2002年5月16日至2005年4月25日的社会保险，具体数额由社会保险基金管理中心核定。鉴于社会保险应由用人单位和个人共同缴纳，故汽车公司仅应为赵某补缴公司应负责缴纳的社会保险部分，对于赵某要求的自己应当负担的部分，法院不予支持。

◈分析解答◈根据北京市养老保险政策的规定，在国家规定劳动年龄内的被保险人，由于用人单位原因应缴未缴基本养老保险费的，用人单位可以向劳动保障行政部门提出书面补缴申请，并提交申请补缴期间与被保险人存在劳动关系的证明，以及工资收入凭证(无法提供有效工资收入凭证的，以相应缴费年度上一年本市职工平均工资为基数)，经确认后，可以补缴基本养老保险费。因此，本案中，赵某的社保保险损失可以通过补缴来实现，但补缴时，用人单位和劳动者应分别承担各自应承担的部分。

23. 社会保险纠纷受劳动仲裁申请期限的限制吗?

在社会保险纠纷中，相对单位而言，劳动者往往处于不利地位，他们对社会保险的仲裁时效问题知之甚少。一般来说，劳动争议发生后，一方应当在争议发生之日起一年内向劳动争议仲裁委员会申请仲裁，逾期不提出申请，就视为放弃权利。但对于因社会保险引发的争议，由于保险本身具有连续性，且缴纳保险是由企业完成的，职工有时对保险金的缴纳情况并不了解，所以对于涉及保险的争议，劳动争议仲裁委员会或法院在处理时都将溯及至企业拖欠之日。也就是说，劳动者在不知自己享有的社会保险权利被侵害的情况下，劳动争议仲裁委员会或法院将从用人单位没有为劳动者缴纳保险金之日起计算拖欠费用。但劳动者一旦知道自己的权利被侵害了，应尽快向劳动仲裁委员会提出申请。

实践中，经常存在着企业不缴或迟缴社会保险金从而侵害劳动者合法权益的情况。关于缴纳社会保险金的行为是否受仲裁申请期限的约束，实践中的认识并不一致。

比较而言，缴纳社会保险金的义务与仲裁申请期限约束的一般性劳动合同义务存在以下不同之处：第一，社会保险是国家通过立法强制建立的社会保险基金，用人单位和劳动者依据法律规定向国家缴纳社会保险金，国家对劳动者在年老、疾病、工伤、死亡、失业、生育等情况发生时给予必要补偿和救助的社会保障制度。根据《劳动法》第72条的规定，缴纳社会保险费是用人单位和劳动者必须履行的法定义务，具有强制保险性质。用人单位一旦与职工建立劳动关系，即负有为职工提供各种社会保险的义务，即使用人单位与职工签订劳动合同时未写入相关条款内容，也不影响其成为劳动合同的当然条款，而实践中，仲裁申请期限约束的客体范围则限于用人单位和劳动者在劳动合同中约定的义务，如工资等。二者性质不同，前者属于公法上的义务，后者属于私法上的义务。第二，在养老保险关系中，劳动者履行缴纳社会保险费的义务是通过委托用人单位来实现的，即通过用人单位代扣代缴的方式来完成社会保险费的缴纳，国家是权利义务履行的一方主体。仲裁申请期限约束的是用人单位和劳动者之间基于劳动合同所产生的一般性权利义务，用人单位和劳动者系权利义务履行的相对方，国家并非劳动合同关系的一方主体。因此，用人单位为劳动者缴纳社会保险金是法律规定的用人单位和劳动者应当向国家履行的强制性义务，不属于劳动争议仲裁申请期限的适用范围，劳动者申请用人单位缴纳社会保险金不受仲裁申请期限的约束。

※生活实例※权益虽受到侵害　请求超期被驳回[①]

冯某曾是某出租汽车公司的司机，1999年9月，冯某与出租公司签订劳动合同，约定双方按照国家及北京市社会保险的有关规定缴纳职工养老、失业、医疗等社会保险费用（以下简称“三险”），但出租汽车公司并未按照约定缴纳“三险”。2003年9月，双方合同期满。2004年2月，冯某向劳动仲裁委员会申请仲裁，劳动仲裁委员会以超过仲裁时效为由不予受理。冯某诉至法院，要求出租公司为其缴纳“三险”。

法院认为，出租汽车公司虽未依约为冯某缴纳“三险”，但该项争议属于劳动争议。依照我国相关法律，劳动争议应由劳动部门先行受理，如果当事人的申请因超过60日被劳动仲裁委员会驳回，又没有不可抗力或其他正当理由的，人民法院应依法驳回其诉讼请求。冯某未能在发生争议后的60日内向劳动仲裁委员会提出申请，导致请求被驳回，因此，法院对其请求不予支持。遂依法驳回了原告冯某的诉讼请求。

※分析解答※本案是某法院2004年审理的一起案件，当时的劳动仲裁时效是60天。我们认为，本案法院的判决欠妥。社会保险是国家为了保护劳动者权益而设立的制度，用人单位应定期为劳动者缴纳社会保险金，这是法律规定的用人单位应履行的强制性义务。因此，用人单位为劳动者缴纳社会保险不受劳动仲裁申请期限的约束。

法定时效的计算起始点，应当从当事人知道或应当知道权益受到侵害时起。但对于有些权益，劳动者就很难知道是否被侵害了，比如“三险”（失业、养老、大病统筹）等。“三险”的缴纳具有

① 李晓明：《权益虽受到侵害　请求超期被驳回》，载北京法院网。

国家强制性，但用人单位是否给职工缴纳了保险，职工个人是难以知道的。所以，在此类纠纷中，三项社会保险在劳动关系存续期间原则上不受60日或一年申诉期限的限制。当劳动者发现自己的“三险”权益受到侵害时，就可向劳动仲裁部门提出申诉，并且在裁决后不服，又向法院起诉的，法院应当支持劳动者的合理请求。

第二章 养老金纠纷

24. 参加社会基本养老保险有哪些好处?

（1）老有所养。参保人员在达到法定退休年龄后，符合按月领取基本养老保险条件的，终其一生，均可按月领取养老金直到死亡。

（2）基本生活有保障。参保人员退休后的养老金水平随职工工资水平的提高而提高。

（3）没有职业差异。无论是城镇个体、私营企业从业人员，还是国有、集体企业职工，只要参加了社会基本养老保险，退休时就可按同样的基本养老金计发办法享有养老待遇。

（4）流动不影响待遇。劳动者在所有企业和个体经济组织之间的工作流动，养老保险关系和个体账户都可以保留并随之转移，缴纳的基本养老保险费可累计计算，退休时不影响基本养老金待遇的计发。

25. 参加养老保险的职工有哪些权利和义务?

《社会保险费征缴暂行条例》规定了缴费职工个人具有的权利：

（1）享受基本养老保险待遇的权利。当缴费个人依法履行了缴费义务且达到规定的缴费年限时，其退休后可以依法享受基本养老保险的各项待遇。

（2）享有知情权。缴费个人有权按规定向养老保险经办机构查询本单位缴费状况和本人个人账户记录情况，在发现本人个人账户记录有误时，缴费个人可依法要求养老保险经办机构予以更正。同时还有权要求所在单位向职工公布全年社会保险费的缴纳情况。

（3）享有监督举报权。任何人对有关社会保险费征缴的违法行为，都有举报权。如用人单位未按规定履行缴费义务，缴费个人认为其社会保险权益受到侵犯时，可以举报或提请有关部门处理，劳动保障行政部门或者税务机关对举报应及时调查，按规定处理，并为举报人保密。

（4）享有申请仲裁、提起行政复议和行政诉讼的权利。当缴费个人与所在单位因社会保险义务的承担情况发生纠纷时，可依据《企业劳动争议处理条例》的规定，向劳动争议仲裁委员会申请仲裁。当缴费个人就社会保险待遇享受的条件、给付标准、时限等与社会保险经办机构发生争议时，可向劳动保障行政部门提起行政复议，对行政复议决定不服的，可依法向人民法院提起行政诉讼。

按照《劳动法》和《社会保险费征缴暂行条例》的规定，职工必须依法参加社会保险，按规定履行缴费义务。

26. 基本养老保险的覆盖范围是什么？

《国务院关于完善企业职工基本养老保险制度的决定》（国发〔2005〕38号）决定扩大基本养老保险覆盖范围。城镇各类企业职工、个体工商户和灵活就业人员都要参加企业职工基本养老保险，而之前的《国务院关于建立统一的企业职工基本养老保险制度的决定》（国发〔1997〕26号）确定的范围只是城镇所有企业及其职工。因此，目前我国基本养老保险覆盖范围是国有企业、城镇集体企业、外商投资企业、城镇私营企业和其他城镇企业及其职工，实行企业化管理的事业单位及其职工，城镇个体工商户和灵活就业人员，以上人员都应当参加基本养老保险。其中，职工是指所有与用人单位有劳动关系的个人，不仅包括户籍在本地的职工，也包括户籍关系在外地的职工，不仅包括城镇职工，也包括农民工，但乡办企业、村办企业职工以及农村居民不属于城镇职工基本养老保险的覆盖范围。

灵活就业是指在劳动时间、收入报酬、工作场所、保险福利、劳动关系等方面不同于建立在工业化和现代企业制度基础上的传统主流就业方式的各种就业形式的总称，不包括领取营业执照的个体工商户和建立劳动关系的私营企业就业人员。其主要由以下几部分构成：

(1) 自营劳动者。包括自我雇佣者（自谋职业）和以个人身份从事职业活动的自由职业者，如律师、自由撰稿人、歌手、模特、中介服务工作者等。

(2) 家庭帮工。即那些帮助家庭成员从事生产经营活动的人员。

(3) 其他灵活就业人员。主要是指非全时工、季节工、劳务承包工、劳务派遣工、家庭小时工等一般劳动者，如家庭小时工、街头小贩、其他类型的打零工者等。

(4) 在各级档案寄存机构寄存档案的与用人单位解除或终止劳动关系的失业人员、辞职人员、自谋职业人员，档案寄存期间经劳动人事部门批准的退休人员，已办理就业失业登记的未就业人员。

参加城镇企业职工养老保险的人员，不论因何种原因变动工作单位，包括通过公司制改造、股份制改造、出售、拍卖、租赁等方式转制以后的企业和职工，以及跨统筹地区流动的人员，都应按规定继续参加养老保险并按时足额缴费。社会保险经办机构应为其妥善管理、接续养老保险关系，做好各项服务工作。

企业因改制、关闭破产等原因与职工解除劳动关系，以及下岗职工出中心时，由社会保险经办机构与企业或职工本人核对个人账户记录。确认无误的，由社会保险经办机构、企业和本人三方签字（盖章）。同时，社会保险经办机构要填制《基本养老保险关系接续卡》，并发放到每位职工手中，劳动者在重新就业后依此卡办理接续养老保险关系手续。

※生活实例※存在事实劳动关系也应缴纳社保[①]

2004年9月，原告华文献到被告明光中学工作，双方未签订劳动合同。期间被告没有为原告办理医疗、养老保险。后原告多次要求补齐工资、签订劳动合同、支付医疗和养老保险、办理工伤保险未果，于2008年5月20日申请仲裁，明光市劳动争议仲裁委员会决定不予受理，原告不服，向明光市法院提起诉讼。

法院审理认为，原告华文献虽未与被告明光中学签订劳动合同，但存在事实劳动关系。被告支付原告工资低于当地最低工资标准，应当补发差额1920元。被告未按《劳动合同法》有关规定与原告订立劳动合同，应当支付原告2008年1—5月期间双倍工资，除去已领取的工资，还应付给原告2100元。原告到被告处工作后，养老金应由单位缴纳的部分，被告没有缴纳，应当承担缴纳责任。但应由单位缴纳的部分，原告已经自行缴纳，被告应将该部分付给原告。遂判决用人单位明光中学给付职工华文献工资差额1920元、双倍工资2100元和单位应缴纳部分的养老保险金4455.20元。

※分析解答※单位为劳动者缴纳社会保险的前提是劳动关系的存在，这种劳动关系，既包括双方订立了劳动合同的劳动关系，也包括事实劳动关系，由于我国现阶段劳动合同的签订率还不够高，那些没有订立劳动合同但存在事实劳动关系的劳动者的合法权益应当得到保护。

27. 基本养老保险的缴费基数和费率如何确定?

缴费基数即缴费工资，是指单位或个人实际缴纳社会保险费的计费基数，是由个人因任职或受雇而取得的工资、薪金、奖金、年终加薪、劳动分红、津贴、补贴以及与任职或者受雇有关的其他所

① 卞广庆：《工资发放不足最低标准 职工诉请补发获支持》，载 http://www.chinacourt.org/public/detail.php?id=340949。

得的收入总额确定。其作用是把参保人的社保待遇同其缴费情况适当挂钩，成正比关系，参保人缴费工资越高，缴费时间越长，其社保待遇则越高。有些企业并未按员工实际平均工资作为基数缴费，而是选择了最低工资标准交费，这样单位和个人都少交钱了，但将来员工的利益受到损害了，这一做法是损害国家和员工的利益的违法行为。

企业以全部城镇职工缴费工资基数之和作为企业缴费工资基数，按照20%的比例缴纳基本养老保险费。

城镇职工以本人上一年度月平均工资为缴费工资基数，按照8%的比例缴纳基本养老保险费，全额计入个人账户。城镇职工缴纳的基本养老保险费，由所在企业从其本人工资中代扣代缴。缴费工资基数低于统筹地区上一年度职工月平均工资60%的，以上一年度职工月平均工资的60%作为缴费工资基数；超过统筹地区上一年度职工月平均工资300%的部分，不计入缴费工资基数，不作为计发基本养老金的基数。

城镇个体工商户和灵活就业人员以北京市上一年度职工月平均工资作为缴费基数，按照20%的比例缴纳基本养老保险费，其中8%计入个人账户。对于按上述标准缴纳基本养老保险费确有困难的人员，经本人书面申请，可选择以本市上一年职工月平均工资的60%作为缴费基数。

在确定职工缴费基数时需要考虑以下特殊情形：新招职工（包括研究生、大学生、大中专毕业生等）以起薪当月工资收入作为缴费工资基数；从第二年起，按上一年实发工资的月平均工资作为缴费工资基数。单位派出的长期脱产学习人员、经批准请长假的职工，保留工资关系的，以脱产或请假的上年月平均工资作为缴费工资基数。单位派到境外、国外工作的职工，按本人出境（国）上年在本单位领取的月平均工资作为缴费工资基数；次年的缴费工资基数按上年本单位平均工资增长率进行调整。失业后再就业的职工，以再就业起薪当月的工资收入作为缴费工资基数；从第二年起，按上一年实发工资的月平均工资作为缴费工资基数。

28. 基本养老保险统筹基金怎么管理?

基本养老保险统筹基金是指由养老保险管理机构在一定范围内统一征集、统一管理、统一调剂使用的养老保险基金，主要来源于两部分：一是企业为其职工缴纳的全部基本养老保险费，二是城镇个体工商户和灵活就业人员缴费的一部分，即扣除计入个人账户的8%之后的12%。

29. 企业职工基本养老保险的个人账户如何建立?

我国实行社会统筹与个人账户相结合的企业基本养老保险制度。职工基本养老保险个人账户，是指社会保险经办机构以居民身份证号码为标识，为每位参加基本养老保险的职工个人设立的唯一的、用于记录职工个人缴纳的养老保险费和从企业缴费中划转记入的基本养老保险费，以及上述两部分的利息金额的账户。个人账户是职工在符合国家规定的退休条件并办理了退休手续后，领取基本养老金的主要依据。

单位参加养老保险时需填写《养老保险参统单位登记表（表一)》；新参统职工参加养老保险时需填写《城镇劳动者参加养老保险登记表（表二)》，有过缴费记录的需填写《城镇劳动者参加养老保险缴费补填表（表三)》，需补缴的填写《城镇劳动者养老保险缴费情况表（表四)》和《城镇劳动者养老保险费补缴汇总表(表五)》。

各社会保险经办机构为已参加基本养老保险的职工每人建立一个终身不变的个人账户。所有参加社会保险的职工的个人账户以公民身份证号码为标识。用人单位和个人对社会保险经办机构公布的个人账户对账单有异议时，可到社会保险经办机构查询，提出更正的要求。

用人单位应当从用工之日（包括试用期）起，为职工缴纳基本养老保险费，并建立基本养老保险个人账户。个人账户的建立由职工劳动关系所在单位到当地社会保险经办机构办理，由工资发放单位向该社会保险经办机构提供个人的工资收入等基础数据。个人账户主要内容包括：姓名、性别、社会保障号码、参加工作时间、视同缴费年限、个人首次缴费时间、当地上年职工平均工资、个人当年缴费工资基数、当年缴费月数、当年记账利息及个人账户储存额情况等。

建立职工基本养老保险个人账户，体现了社会保险费用共同负担的原则，增加了养老保险费的来源，同时也有利于建立激励和约束机制，调动职工关心和支持养老保险的积极性。职工基本养老保险个人账户是社会统筹与个人账户相结合的企业职工基本养老保险制度的核心内容之一，是我国具有特色的养老保险制度改革成果的具体体现。

30. 城镇个体工商户和灵活就业人员个人如何建立和接续个人账户?

城镇个体工商户和灵活就业人员由其自行到存档所在地的社保经办机构建立个人账户。城镇个体工商户在申请工商注册登记后，应向当地养老保险经办机构申请办理养老保险登记，填报《社会保险登记表》，并提供以下证件和资料：营业执照原件及其复印件；雇主及雇员身份证原件、复印件；雇工的劳动合同书。城镇灵活就业人员首次参加社会基本养老保险的，需携带本人“身份证”和“户口簿”原件及复印件到当地养老保险经办机构办理参保手续，符合规定的由养老保险经办机构核发《职工养老保险手册》。《手册》由灵活就业人员本人保管，缴费后由养老保险经办机构负责记录、验讫。如果下岗职工和灵活就业人员原来建立了个人账户，则可以以个人名义接续基本养老保险。

根据《国务院关于完善企业职工基本养老保险制度的决定》（国发〔2005〕38 号）的规定，城镇个体工商户和灵活就业人员参加基本养老保险的缴费基数为当地上年度在岗职工平均工资，缴费比例为 20%（有雇员的个体工商户，雇主为雇员缴纳 12%，雇员本人缴纳 8%），其中 8% 记入个人账户，退休后按企业职工基本养老金计发办法计发基本养老金。

各地对城镇个体工商户和灵活就业人员参加基本养老保险的缴费基数作出了一些优惠性规定，城镇个体工商户和灵活就业人员的缴费基数可以在上年度统筹地区职工月平均工资的 60%—300% 之间自主选择。具体在多大的幅度内确定缴费基数，各地有不同规定。比如根据《北京市基本养老保险规定》的相关规定，城镇个体工商户和灵活就业人员以北京市上一年度职工月平均工资作为缴费基数，按照 20% 的比例缴纳基本养老保险费，其中 8% 计入个人账户。对于按上述标准缴纳基本养老保险费确有困难的人员，经本人书面申请，可选择以北京市上一年职工月平均工资的 60% 作为缴费基数。2007 年至 2010 年缴费年度内，选择以北京市上一年职工月平均工资的 60% 作为缴费基数缴费仍有困难的，2007 年缴费年度可选择 40%；2008 年缴费年度可选择 45%；2009 年缴费年度可选择 50%；2010 年缴费年度可选择 55%；2011 年缴费年度及以后可选择 60% 作为缴费基数。

对于参加基本养老保险的城镇个体工商户和灵活就业人员，在未达到退休年龄死亡的，其自行缴纳的养老保险费全部依法继承。个人续保缴纳的养老保险费与原为企业职工时缴纳的养老保险费合并计算缴费年限，其中，1995 年 1 月 1 日以后与企业脱离劳动关系的原固定工在 1994 年 12 月底以前的工龄仍符合连续工龄计算规定的，免缴养老保险费，直接视同缴费年限。

用个人名义办理接续基本养老保险的一般程序是：

（1）当企业与职工解除、终止劳动合同时，企业和再就业部门应及时通知社会保险经办机构，并提供职工劳动关系转移及参保等相关信息。社会保险经办机构要及时与企业、再就业服务机构和职工本人对账、审核缴费记录、缴费年限和个人账户储存额等。经确认无误，几方签章后，社会保险经办机构存档。如发现有欠缴社会保险费的情况，社会保险经办机构应督促企业和个人补缴欠费。在与企业和再就业服务中心清账后，社会保险经办机构应印制《养老保险关系接续通知单》，并通过企业和再就业服务机构发到下岗职工手中。

（2）用人单位持《养老保险关系接续通知单》和有关资料到个人窗口为个人办理养老保险关系接续登记手续，个人持《养老保险手册》到个人窗口办理申报缴费手续并可根据自己情况选择缴费档次。

（3）个人窗口为个人在银行开设缴费储蓄账户，个人在规定的时间内将应缴费额存入缴费储蓄账户，银行按时划扣。城镇个体工商户等自谋职业者以及采取各种灵活方式就业的人员，一般应按月缴纳养老保险费，也可按季、半年、年度合并缴纳养老保险费；缴费时间可累计折算。

（4）个人找到新的就业单位时，用人单位应与社会保险经办机构联系，办理养老保险关系的转移手续。

（5）个人符合退休条件的，由个人窗口代为到相关部门办理退休审批手续和待遇核发手续，个人退休后，其养老金由社保经办机构就近委托银行发放。

在职业介绍服务中心委托存档的个人参保人员，相应的社保手续办理可由职介中心代为办理。

31. 破产后自谋职业的职工的养老保险如何办理？

根据劳动和社会保障部办公厅《关于破产企业职工安置有关政策问题的复函》的规定，自谋职业者领取一次性安置费后，原养老保险关系依然保留。自谋职业者应按照当地政府的有关规定，向所在地的社会保险经办机构缴纳养老保险费，继续参加基本养老保险社会统筹。

32. 基本养老保险的个人账户如何记账?

个人账户记入的资金包括三部分：（1）当年缴费本金，含个人全部缴费部分；（2）当年本金生成的利息；（3）历年累计储存额生成的利息。当职工办理退休时，用其个人账户全部储存额除以120即是该职工退休当月的个人账户养老金。个人账户养老金是社会统筹与个人账户相结合改革模式中的基本养老金的重要组成部分。个人账户养老金与基础养老金以及过渡性养老金、调节金一起，共同构成退休人员的基本养老金。

需要注意的是，在我国养老保险制度改革过程中，个人账户的记账比例有所变化。1997年《国务院关于建立统一的企业职工基本养老保险制度的决定》规定，按本人缴费工资的11%的数额为职工建立基本养老保险个人账户，个人缴费全部记入个人账户，其余部分从企业缴费中划入。随着个人缴费比例的提高，企业划入的部分要逐步降至3%。2005年《国务院关于完善企业职工基本养老保险制度的决定》规定，从2006年1月1日起，个人账户的规模统一由本人缴费工资的11%调整为8%，全部由个人缴费形成，单位缴费不再划入个人账户。

个人账户储存额只能用于被保险人养老，不得提前支取。被保险人死亡后，个人账户储存额或者余额中个人缴纳的基本养老保险费及其利息可以依法继承，其余部分并入基本养老保险基金。

社会保险经办机构应当将职工个人缴费部分全部记入个人账户。个人账户储存额只用于职工养老，不得提前支取。职工调动时，个人账户全部随同转移。职工或退休人员死亡，个人账户中的个人缴费部分可以继承。企业缴费部分，纳入社会统筹基金。

在国家规定劳动年龄内的劳动者，由于用人单位原因应缴未缴基本养老保险费的，用人单位可以向劳动保障行政部门提出书面补缴申请，并提交申请补缴期间与被保险人存在劳动关系的证明，以及工资收入凭证，经确认后，可以补缴基本养老保险费。补缴时，以被保险人相应补缴年度的缴费工资基数，分别乘以办理补缴时上一年本市职工平均工资与相应补缴年度上一年本市职工平均工资的比值，作为相应补缴年度的补缴基数，按历年规定的单位与个人缴费比例之和缴纳。被保险人以本人相应年度的缴费工资基数乘以相应补缴年度个人缴费比例补缴，差额部分全部由用人单位承担。计入个人账户的个人缴费部分与单位缴费部分，均以本人相应年度的缴费工资为基数，按历年规定的比例计入。

33. 职工在不同企业之间流动的，基本养老保险的个人账户如何转移?

职工在同一统筹范围内流动时，只转移基本养老保险关系和个人账户档案，不转移基金。调往同一统筹范围内参统企业的职工，持调出单位开具的《转移介绍信》到所属社保经办机构办理人员减少并打印出《转移单》，调入单位将转入职工的《转移单》报所属社保机构做人员的增加。

职工跨统筹地区即跨省市范围的流动时，转移基本养老保险关系和个人账户档案。调往外省市的职工，持调出单位开具的《转移介绍信》到所属社保经办机构办理人员减少并打印出《转移单》，社保经办机构同时将基金转入外省市社保部门；中断缴费的职工，由单位开出《转移介绍信》到所属社保经办机构办理人员减少并打印出《转移单》存入职工档案。

跨统筹区域转移，是目前农民工养老保险遇到的最大的制度壁垒。2008 年年底到 2009 年年初，深圳出现的大量农民工退保现象，就是这一制度下出现的一种不正常的现象。这些农民工办理养老保险退保手续后，可以获得其在深圳参保的个人账户部分，对于收入不高的农民工来说，能获得个人账户这一部分，是他们的一个直接目的。这一现象也显示了建立全国统一的社保国家统筹的必要性。

34. 职工在机关事业单位与企业之间流动的，基本养老保险的个人账户如何转移？

机关事业单位和企业实行两套不同的保障制度，在机关事业单位和企业之间流动的职工的养老保险转移，分为两种情况：

职工由机关事业单位进入企业工作之月起，参加企业职工的基本养老保险，单位和个人按规定缴纳基本养老保险费，建立基本养老保险个人账户，原有的工作年限视同缴费年限，退休时按企业的办法计发基本养老金。其中，公务员及参照和依照公务员制度管理的单位工作人员，在进入企业并按规定参加企业职工基本养老保险后，根据本人在机关（或单位）工作的年限给予一次性补贴，由其原所在单位通过当地社会保险经办机构转入本人的基本养老保险个人账户，所需资金由同级财政安排。补贴的标准为：本人离开机关上年度月平均基本工资×在机关工作年限×0.3%×120个月。

职工由企业进入机关事业单位工作之月起，执行机关事业单位的退休养老制度，其原有的连续工龄与进入机关事业单位后的工作年限合并计算，退休时按机关事业单位的办法计发养老金。已建立的个人账户继续由社会保险经办机构管理，退休时，其个人账户储存额每月按1/120计发，并相应抵减按机关事业单位办法计发的养老金。

公务员进入企业工作后再次转入机关事业单位工作的，原给予的一次性补贴的本金和利息要上缴同级财政。其个人账户管理、退休后养老金计发等，比照由企业进入机关事业单位工作职工的相关政策办理。

35. 基本养老保险的个人账户可以继承吗？

根据原劳动部办公厅印发的《职工基本养老保险个人账户管

理暂行办法》（劳办发〔1997〕116号）规定，职工在职死亡或者离退休后死亡，其个人账户可以继承。具体为：

（1）职工在职期间死亡的，其继承额为其死亡时个人账户全部储存额中的个人缴费部分的本息。

（2）离退休人员死亡的，继承额按如下公式计算：

继承额=离退休人员死亡时个人账户余额×离退休时个人账户中个人缴费本息占个人账户全部储存额的比例。

继承额一次性支付给死亡者生前指定的受益人或者法定继承人。个人账户的其余部分，并入社会统筹基金。个人账户处理完后，应停止缴费或支付记录，予以封存。

被保险人死亡后，按照国家规定享受丧葬补助费和供养直系亲属救济费。

36. 按月领取基本养老保险金应符合什么条件?

基本养老金由基础养老金和个人账户养老金组成。退休时的基础养老金月标准为省、自治区、直辖市或地（市）上年度职工月平均工资的20%，个人账户养老金月标准为本人账户储存额除以120。参加基本养老保险的城镇职工、个体工商户和灵活就业人员符合下列条件的，自劳动保障行政部门核准后的次月起，按月领取基本养老金：

（1）达到国家规定的退休条件并办理相关手续。国家规定的退休年龄是：正常退休年龄为男年满60周岁，女干部年满55周岁，女工人年满50周岁。从事特殊工种从事有毒有害工作满8年以上，高温井下工作满9年以上，高空特繁工作满10年以上的退休年龄为男年满55周岁，女年满45周岁。经鉴定因病完全丧失劳动能力退出生产工作岗位的为男年满50周岁，女年满45周岁。

（2）按规定缴纳基本养老保险费累计缴费年限满15年的。个人缴费年限累计不满15年的，退休后不享受基础养老金待遇，其个人账户存额一次支付给本人。

37. 如何计算养老保险缴费年限?

企业和城镇职工共同缴纳基本养老保险费的年限称为“缴费年限”，缴纳年限直接影响到参保人的相关待遇。在实行个人缴纳基本养老保险费前，按照国家规定计算的连续工龄视同缴费年限。城镇个体工商户和灵活就业人员的缴费年限按照实际缴费年度计算。

企业和个人按规定向社会保险经办机构共同缴纳基本养老保险费的年限称实际缴费年限。我国企业和个人均缴费的企业职工养老保险制度起始于1993年，从职工个人缴费开始，由单位和个人共同按规定向社会保险经办机构缴纳养老保险费的时间称为实际缴费年限。职工的实际缴费年限在职工退休时由当地社会保险经办机构按照养老保险台账和《职工养老保险手册》的记载具体确定。

视同缴费年限，是指在实行企业和个人共同缴费的养老保险制度之前，按照国家和省有关规定计算的连续工龄或工作年限可以视为缴费年限。视同缴费年限由劳动行政部门负责核定。

缴费年限与连续工龄是两个不同的概念，不能相混淆。缴费年限是单位和职工都按规定缴纳养老保险费的累计年限，用于衡量职工缴费时间长短，是计发养老待遇的依据之一。连续工龄是按国家规定可累计计算的实际工作年限，用于衡量职工劳动时间长短。连续工龄与缴费情况无关，不能作为计发养老待遇的依据。但由于历史原因，职工在实行社会养老保险前，按国家规定可以计算连续工龄，可以视同缴费年限。职工先后有几个不同工作单位缴纳养老保险费的年限，可以分段累加，但中断缴费的时间不能计算缴费年限。

38. 如何办理退休手续?

国家法定的企业职工退休年龄是男年满60周岁，女工人年满

50周岁，女干部年满55周岁。从事井下、高温、高空、特别繁重体力劳动或其他有害身体健康工作的，退休年龄男年满55周岁，女年满45周岁。因病或非因工致残，由医院证明并经劳动鉴定委员会确认完全丧失劳动能力的，退休年龄为男年满50周岁，女年满45周岁。按国家有关规定，提前退休的范围仅限定为国务院确定的111个“优化资本结构”试点城市的国有破产工业企业中距法定退休年龄不足5年的职工和3年内有压锭任务的国有纺织企业中符合规定条件的纺纱、织布工种的挡车工。但此项规定与前述规定不能同时适用于同一名职工。

办理退休手续时，对职工出生时间的认定，实行居民身份证与职工档案相结合的办法。当本人身份证与档案记载的出生时间不一致时，以本人档案最先记载的出生时间为准。要加强对居民身份证和职工档案的管理，严禁随意更改职工出生时间和编造档案。

参保人员因工作流动在不同地区参保的，不论户籍在何地，其在最后参保地的个人实际缴费年限，与在其他地区工作的实际缴费年限及符合国家规定的视同缴费年限，应合并计算，作为享受基本养老金的条件。参保人员达到法定退休年龄时，其退休手续由其最后参保地的劳动保障部门负责办理，并由最后参保地的社会保险经办机构支付养老保险待遇。

认定参统单位职工退休资格及核准基本养老待遇的办事程序如下：

（1）单位申报职工办理退休时，需要的相关材料有：①职工档案；②北京市社会保险个人账户缴费情况表；③单位准备由统一程序打印的《基本养老保险待遇核准表》。申报女职工退休时，同时提供劳动合同书。

（2）申报职工按“因病或非因工致残完全丧失劳动能力”办理提前退休的，除提供前款①—③所述材料外，还需带《职工劳动鉴定表》。

（3）申报职工按提前退休工种退休的，需先经批准确认。经批准可按提前退休工种办理退休后，除提供（1）款①—③所述材料外，还需带经市劳动和社会保障局确认的提前退休工种批件（复印件）、职工劳动合同书、《提前退休工种岗位登记表》、《职工提前退休审批表》。

办理退休的个人存档人员在到达法定退休之日前两个月，携带以下材料到社保中心申请退休：

（1）正常退休（男年满60周岁，女年满50周岁）：户口簿、存档卡。

（2）因从事特殊工种提前退休（男年满55周岁，女年满45周岁）：三张一寸照片（黑、彩均可）、户口簿、存档卡。

被保险人符合国家规定的养老条件时，用人单位应在被保险人达到养老条件的当月到劳动保障行政部门为其办理享受基本养老金的审批手续。劳动保障行政部门应于当月受理，当月审批，社会保险经办机构按劳动保障行政部门批准退休日期的次月开始支付基本养老金。

被保险人确因工作需要继续留用的，用人单位与超龄留用人员双方应签订相关合同或协议，明确留用时间及有关事项，书面报市或区、县劳动保障行政部门批准，被保险人超龄留用期间，用人单位和被保险人应继续按《规定》缴纳基本养老保险费，其缴费按规定计入被保险人个人账户并计算缴费年限，留用期结束时，按当期养老金计算办法计发。

因用人单位原因延误为被保险人办理审批手续及未经劳动保障行政部门批准擅自延长退休年龄的，社会保险经办机构除拒收超龄部分缴纳的养老保险费外，其基本养老金计算办法，由劳动保障行政部门按被保险人符合《规定》的养老条件时的办法进行核算，基本养老金自审批日期的次月开始支付，不补发。由此使被保险人产生的损失由用人单位承担。

在职介中心、人才中心以及在街道参加了基本养老保险的被保险人，符合国家规定的养老条件时，本人应提前一个月提出退休申请。职介中心、人才中心、街道劳动部门应及时为其办理相应手续，劳动保障行政部门按其符合规定的养老条件的当月予以审核批准，社会保险经办机构按劳动保障行政部门批准的退休日期的次月开始支付基本养老金。因被保险人个人原因（不可抗力的原因除外）延误审批的，由此产生的损失由个人承担。

39. 基本养老保险待遇的支付办法是什么？

《国务院关于建立统一的企业职工基本养老保险制度的决定》（国发〔1997〕26号）规定的支付办法是：个人缴费年限累计满15年的，退休后按月发给基本养老金。基本养老金由基础养老金和个人账户养老金组成。退休时的基础养老金月标准为省、自治区、直辖市或地（市）上年度职工月平均工资的20%，个人账户养老金月标准为本人账户储存额除以120。从2006年1月1日起，个人账户的规模统一由本人缴费工资的11%调整为8%，全部由个人缴费形成，单位缴费不再划入个人账户。

《国务院关于建立统一的企业职工基本养老保险制度的决定》实施后参加工作、缴费年限（含视同缴费年限，下同）累计满15年的人员，退休后按月发给基本养老金。基本养老金由基础养老金和个人账户养老金组成。退休时的基础养老金月标准以当地上年度在岗职工月平均工资和本人指数化月平均缴费工资的平均值为基数，缴费每满1年发给1%。个人账户养老金月标准为个人账户储存额除以计发月数，计发月数根据职工退休时城镇人口平均预期寿命、本人退休年龄、利息等因素确定。

基本养老保险待遇的支付即基本养老金的计发办法，实行“新人新制度、老人老办法、中人逐步过渡”的原则。

40. 什么是“新人”？

“新人”是指实行“社会统筹与个人账户相结合”养老保险制度即上述国发〔1997〕26号文实施以后（1998年7月1日以后）

参加工作的职工。“新人”个人缴费年限累计满15年的，退休后按月发给基本养老金。基本养老金由基础养老金和个人账户养老金组成。基础养老金月标准以统筹地区上一年度职工月平均工资和本人指数化月平均缴费工资的平均值为基数，缴费每满1年发给1%。个人账户养老金月标准为个人账户储存额除以国家规定的计发月数。

个人账户养老金计发月数表

退休年龄	计发月数	退休年龄	计发月数
40	233	56	164
41	230	57	158
42	226	58	152
43	223	59	145
44	220	60	139
45	216	61	132
46	212	62	125
47	208	63	117
48	204	64	109
49	199	65	101
50	195	66	93
51	190	67	84
52	185	68	75
53	180	69	65
54	175	70	56
55	170		

41. 什么是“中人”？

“中人”是指实行“社会统筹与个人账户相结合”养老保险制度即上述国发〔1997〕26号文实施以前（1998年7月1日以后）参加工作、实施后退休且个人缴费和视同缴费年限累计满15年的人员，按照新老办法平衡衔接、待遇水平基本平衡等原则，在发给基础养老金和个人账户养老金的基础上，再确定过渡性养老金。具体的过渡办法由各省、自治区、直辖市人民政府要按照待遇水平合理衔接、新老政策平稳过渡的原则制定。

北京市过渡性养老金月标准为：按视同缴费年限计算的月过渡性养老金与按实际缴费年限计算的月过渡性养老金之和。其中按视同缴费年限计算的月过渡性养老金为：以被保险人退休时上一年本市职工月平均工资为基数，按被保险人的视同缴费年限每满一年发给1%；按实际缴费年限计算的月过渡性养老金为：以被保险人退休时上一年本市职工月平均工资与其本人缴费工资指数的乘积为基数，按1998年6月30日前被保险人的实际缴费年限每满一年发给1%。

42. 什么是“老人”？

“老人”是指实行“社会统筹与个人账户相结合”养老保险制度即上述国发〔1997〕26号文实施以前（1998年7月1日以后）已经离退休的人员，仍按国家原来的规定发给养老金，同时执行养老金调整办法。

43. 什么是“特人”？

“特人”是指2006年1月1日以后达到退休年龄但个人累计缴

费年限不满15年的被保险人，不发给基础养老金；个人账户储存额一次性支付给本人，终止基本养老保险关系。实践中，各地一般都会同时发给一次性养老补偿金，一次性养老补偿金的标准为：按被保险人的全部缴费年限（含视同缴费年限），缴费每满一年，发给二个月本人指数化月平均缴费工资。2005年12月31日前已经离退休的人员，仍按照原国家和北京市规定的标准发给基本养老金，并执行基本养老金正常调整办法。

根据北京市的规定，终止基本养老保险关系后，可按照《北京市城乡无保障老年居民养老保障办法》的规定，享受老年保障待遇。在国家规定的劳动年龄内具有北京市城镇户籍的参保人员，男年满60周岁、女年满50周岁时，累计缴纳基本养老保险费不满15年和累计缴纳基本医疗保险费男不满25年、女不满20年的，本人自愿，可以按规定继续缴纳基本养老保险费和基本医疗保险费。

44. 各类中断缴费人员如何接续养老保险关系？

原为企业职工，后因失业或因企业关闭、破产、改制、重组、兼并等原因与企业解除或终止劳动关系而中断缴费人员，现自谋职业、灵活就业或有一定经济收入、有能力缴费的，都可以以自由职业者身份接续养老保险关系，继续缴纳养老保险费。这些人员可携带《职工养老保险手册》以及失业证明、解除或终止劳动关系证明，到社会保险机构办理接续养老保险关系。接续养老保险关系后，缴费年限可以同以前在企业的缴费年限合并计算，到达法定退休年龄，且缴费年限满15年以上的，由保管档案单位代其办理退休手续，按规定享受养老保险待遇。

根据劳动和社会保障部办公厅《关于破产企业职工安置有关政策问题的复函》的规定，自谋职业者领取一次性安置费后，原养老保险关系依然保留。自谋职业者应按照当地政府的有关规定，向所在地的社会保险经办机构缴纳养老保险费，继续参加基本养老保险社会统筹。

被保险人因各种原因间断缴纳基本养老保险费的，间断期间不计算缴费年限（不含按国家及本市规定的视同缴费年限），恢复缴费后其缴费年限前后合并计算。

45. 养老保险费可以补缴吗？

根据北京市养老保险政策的规定，在国家规定劳动年龄内的被保险人，由于用人单位原因应缴未缴基本养老保险费的，用人单位可以向劳动保障行政部门提出书面补缴申请，并提交申请补缴期间与被保险人存在劳动关系的证明，以及工资收入凭证（无法提供有效工资收入凭证的，以相应缴费年度上一年本市职工平均工资为基数），经确认后，可以补缴基本养老保险费。

补缴时，以被保险人相应补缴年度的缴费工资基数，分别乘以办理补缴时上一年本市职工平均工资与相应补缴年度上一年本市职工平均工资的比值，作为相应补缴年度的补缴基数，按历年规定的单位与个人缴费比例之和缴纳。被保险人以本人相应年度的缴费工资基数乘以相应补缴年度个人缴费比例补缴，差额部分全部由用人单位承担。计入个人账户的个人缴费部分与单位缴费部分，均以本人相应年度的缴费工资为基数，按历年规定的比例计入。

符合国家规定劳动年龄范围内的人员，1992 年 9 月 30 日前在企业、机关、事业单位工作过，至今未按规定参加基本养老保险的，应自 2003 年 1 月 1 日起参加，并按规定缴纳基本养老保险费。其 1992 年 9 月 30 日前符合国家或本市有关规定计算的连续工龄可视同缴费年限，与其参加基本养老保险以后的实际缴费年限合并计算，1992 年 10 月 1 日以后，因个人原因未缴纳的基本养老保险费，不再补缴。

46. 基本养老金如何发放?

目前我国基本养老金发放的形式为社会化发放，基本养老金社会化发放的基本形式是由各统筹地区社会保险经办机构直接委托银行、邮局等社会服务机构发放，对于有特殊困难不能到银行、邮局领取基本养老金的离退休人员，社会保险经办机构可直接或委托社区服务组织送发。

每月基本养老金开始发放的日期一般应定于5日至25日之间，具体日期由各地社会保险经办机构确定。社会保险经办机构要在基本养老金发放日的2个工作日以前，将基本养老金发放数据传至代理发放业务的银行、邮局，同时汇入相应的资金。社会保险经办机构要督促银行、邮局等社会服务机构在资金汇入以后2日内，将资金划入离退休人员的个人储蓄账户。

已纳入社区管理的企业离退休人员死亡后，其亲属和户籍所在地（或常年居住地）的街道社区服务组织要在7日内向负责支付其基本养老金的社会保险经办机构报告，尚未纳入社区管理的企业离退休人员死亡后，其亲属要在7日内向死亡者原单位报告，原单位应在4日内向社会保险经办机构报告，异地居住的离退休人员死亡后，其亲属要在7日内向负责支付其基本养老金的社会保险经办机构报告。社会保险经办机构在接到报告并审核死亡证明材料有效后，应及时办理支付丧葬补助等项费用的手续；同时终止死亡离退休人员的基本养老保险关系。

离退休人员发生下列情形之一，社会保险经办机构应停发或暂时停发其基本养老金：（1）无正当理由不按规定提供本人居住证明或其他相关证明材料的；（2）下落不明超过6个月，其亲属或利害关系人申报失踪或户口登记机关暂时注销其户口的；（3）被判刑收监执行或被劳动教养期间的；（4）法律、法规规定的其他情形。发生以上第（1）、（2）、（4）项情形的离退休人员，经社会保险经办机构确认仍具有领取基本养老金资格的，应从停发之月起补发并恢复发放基本养老金；发生以上第（3）项情形的离退休人员，服刑或劳动教养期满后可按服刑或劳动教养前最后一次领取的标准继续发给基本养老金。

对弄虚作假违规办理离退休手续的人员，社会保险经办机构应立即停发基本养老金，并限期收回或从其以后应领取的基本养老金中逐步扣除已经冒领的金额，离退休人员死亡后，其亲属或他人冒领基本养老金的，社会保险经办机构应责令冒领者退还冒领金额，劳动保障行政部门依法给予处罚；对拒不退还冒领金额者，社会保险经办机构可向人民法院申请强制执行。

◈生活实例◈骗取养老保险金违法[①]

2007年2月16日至4月10日，被告人唐术兵利用伪造的肖丕志、肖丕洪、彭建忠、付正华、李祥义、付宗奇、林辉明、唐一道的居民身份证，海宁市亭溪包装有限公司离职证明、授权委托书及盗窃所得的有关职工社会养老保险手册，先后5次从海宁市社会保障管理中心冒领上述8人的养老保险金共计14796.77元。

浙江省海宁市人民法院审理后认为，被告人唐术兵以非法占有为目的，采用虚构事实、隐瞒真相的方法，骗取公私财物，数额较大，其行为已构成诈骗罪。据此，法院以诈骗罪判处被告人唐术兵有期徒刑十个月，并处罚金7000元。

◈分析解答◈弄虚作假，骗取养老保险金，情节严重的，触犯刑法，构成犯罪，不仅应退还冒领的养老金，还应受到刑罚处罚。

47. 退休后到外地居住如何领取养老金？

异地居住退休人员是指已参加基本养老保险、退休后居住在非养老保险关系所在地的人员。在国内异地居住或出国定居的离退休

① 潘霖强：《骗取养老保险金 被判徒刑并罚金》，载 http：//www.chinacourt.org/public/detail.php？id=315828。

人员，经向社会保险经办机构申请并办理相关手续后，其基本养老金可以委托亲属或他人代领。在国内异地居住的，也可以委托社会保险经办机构通过邮局、银行寄汇给本人；出国定居的，若国内无亲属或他人代领，本人要求社会保险经办机构将款寄汇至国外的，汇费由其个人负担。

异地居住退休人员居住地所在街道（乡镇）劳动保障工作机构负责对所辖地区异地居住退休人员的资格协助认证工作。异地居住退休人员养老保险关系所在地的社会保险经办机构应在规定的认证截止日期前60日，以信函形式向退休人员发出认证通知，内容包括致退休人员的慰问信和《异地居住退休人员领取养老金资格协助认证表》（一式两份）。慰问信中要告知退休人员本人持身份证、退休证和协助认证表到居住地所在街道（乡镇）劳动保障工作机构或县（区）级社会保险经办机构办理认证手续。

退休人员居住地的街道（乡镇）劳动保障工作机构或县（区）级社会保险经办机构对前来办理领取养老金资格认证的退休人员，要当面核对其身份证和退休证。经审核认定后，在协助认证表上加盖协助认证机构印章并签署经办人和负责人姓名。协助认证表一份存档备查，一份交退休人员本人。退休人员因年老体弱或患病，本人不能前来办理资格认证的，由本人或委托他人提出申请，居住地的街道（乡镇）劳动保障工作机构或县（区）级社会保险经办机构应派人上门办理；退休人员死亡，或者发生下落不明、被判刑收监等情形的，应由其亲属提供相关证明。

办理资格认证后，退休人员本人或家属应在规定时间内将协助认证表寄回养老保险关系所在地的社会保险经办机构。

养老保险关系所在地社会保险经办机构在收到协助认证表后，要认真复核，经审核确认退休人员仍具有领取养老金资格的，应继续按时足额发放养老金。在限定期限内没有收到退休人员的协助认证表，应暂停发放养老金，并再次向退休人员发函催办认证手续。退休人员发生死亡、下落不明、被判刑收监等情形，或经催办反馈了认证信息并被其养老保险关系所在地社会保险经办机构确认的，应按照有关规定，分别作出停发、暂时停发、补发并恢复发放养老金的处理。

48. 单位能否只为职工参加商业保险？

我国劳动法规定，用人单位和劳动者必须依法参加社会保险，缴纳社会保险费。这里的社会保险包括基本养老保险。《社会保险费征缴暂行条例》规定，基本养老保险费的征缴范围包括国有企业、城镇集体企业、外商投资企业、城镇私营企业和其他城镇企业及其职工，实行企业化管理的事业单位及其职工。凡在规定范围内的单位和个人都必须无条件地参加基本养老保险，并按法律规定的方式和标准向指定的社会保险经办机构缴纳养老保险费，不得拒缴或少缴。由此可知，基本养老保险是由国家立法统一制定和强制执行的，是企业和劳动者必须参加的法定保险，完全不同于自由投保的商业保险，所以企业绝不能简单地以商业保险替代基本养老保险，从而逃避法定义务。

※生活实例※以补贴代替保险，责任由单位承担[①]

王某到某制造公司应聘，在合同的签订过程中，公司询问王某是否可以给他增加补贴，而不负担社会保险，王某同意。工作后，王某在一次机器检修中，不小心触电致残，公司不愿支付王某的巨额医疗费用，同时由于公司没有给王某参加社会保险，王某也不能享受有关的保险理赔。王某向劳动争议仲裁委员会申请仲裁，要求公司承担其医疗费用。劳动仲裁委员会支持了其请求。公司不服，起诉至法院。最终，法院认定王某属于工伤，判决该公司承担医疗费用。

※分析解答※缴纳包括基本养老保险在内的各项社会保险费用，是用人单位的法定义务。不能以用人单位和劳动者的私下协议

① 法宜：《不上保险给补贴 法院说不行》，载 http://rmfyb.chinacourt.org/public/detail.php?id=120512。

规避法律责任，即使双方签订了协议，约定不缴纳，也是无效的。

49. 单位能否与职工协商由职工自行参加基本养老保险？

根据我国目前政策，原则上应当由职工所在的用人单位负责到当地的社保经办机构建立基本养老关系。如果单位与职工协商，由职工自己办理养老保险手续的，或者职工已经持续缴纳保险费用而不愿意将养老保险账户转入用人单位的，则职工可以自行到当地社保经办机构办理养老保险手续并缴纳保险费用。

实践中，劳动者的工作所在地与户口所在地不一致时容易发生这种情况。异地户籍劳动者可以与用人单位协商，选择在其户口所在地的社保经办机构自行建立养老保险关系，缴纳养老保险费，并由单位报销按政策应当承担的费用。

50. 什么是年金？我国企业年金制度的主要内容是什么？

年金指企业及其职工在依法参加基本养老保险的基础上，自愿建立的补充养老保险制度。

根据《企业年金试行办法》（2004 年 5 月 1 日起施行）的规定，符合下列条件的企业，可以建立企业年金：依法参加基本养老保险并履行缴费义务；具有相应的经济负担能力；已建立集体协商机制。建立企业年金，应当由企业与工会或职工代表通过集体协商确定，并制定企业年金方案。国有及国有控股企业的企业年金方案草案应当提交职工大会或职工代表大会讨论通过。企业年金方案应当报送所在地区县以上地方人民政府劳动保障行政部门。中央所属大型企业的企业年金方案，应当报送劳动保障部。劳动保障行政部门自收到企业年金方案文本之日起 15 日内未提出异议的，企业年金方案即行生效。

企业年金所需费用由企业和职工个人共同缴纳，可以由企业从职工个人工资中代扣。企业缴费每年不超过本企业上年度职工工资总额的十二分之一。企业和职工个人缴费合计一般不超过本企业上年度职工工资总额的六分之一。

企业年金基金实行完全积累，采用个人账户方式进行管理。企业年金基金可以按照国家规定投资运营。企业年金基金投资运营收益并入企业年金基金。

企业缴费应当按照企业年金方案规定比例计算的数额计入职工企业年金个人账户；职工个人缴费额计入本人企业年金个人账户。企业年金基金投资运营收益，按净收益率计入企业年金个人账户。职工在达到国家规定的退休年龄时，可以从本人企业年金个人账户中一次或定期领取企业年金。职工未达到国家规定的退休年龄的，不得从个人账户中提前提取资金。出境定居人员的企业年金个人账户资金，可根据本人要求一次性支付给本人。职工变动工作单位时，企业年金个人账户资金可以随同转移。职工升学、参军、失业期间或新就业单位没有实行企业年金制度的，其企业年金个人账户可由原管理机构继续管理。职工或退休人员死亡后，其企业年金个人账户余额由其指定的受益人或法定继承人一次性领取。

建立企业年金的企业，应当确定企业年金受托人（以下简称受托人），受托管理企业年金。受托人可以是企业成立的企业年金理事会，也可以是符合国家规定的法人受托机构。企业年金理事会由企业和职工代表组成，也可以聘请企业以外的专业人员参加，其中职工代表应不少于三分之一。企业年金理事会除管理本企业的企业年金事务之外，不得从事其他任何形式的营业性活动。受托人可以委托具有资格的企业年金账户管理机构作为账户管理人，负责管理企业年金账户；可以委托具有资格的投资运营机构作为投资管理人，负责企业年金基金的投资运营。受托人应当选择具有资格的商业银行或专业托管机构作为托管人，负责托管企业年金基金。

51. 什么是补充养老金?

国家在建立基本养老保险、保障离退休人员基本生活的同时，鼓励建立企业补充养老保险和个人储蓄性养老保险。企业按规定缴纳基本养老保险费后，可以在国家政策指导下，根据本单位经济效益情况，为职工建立补充养老保险。企业补充养老保险和个人储蓄性养老保险，由企业和个人自主选择经办机构。

企业补充养老保险在国家政策指导下，根据企业的经济效益和支付能力，经职工代表大会讨论通过后自主决定。制定的办法要灵活多样，能够适应企业经济条件变化和职工个人工资变动的情况。企业补充养老保险，可按本人标准工资的一定比例确定绝对额，也可按本企业职工平均工资的一定比例确定绝对额，还可按职工从事不同岗位劳动的工龄长短和贡献大小确定不同的绝对额。所需费用从企业自有资金中的奖励（效益工资）、福利基金内提取。

补充养老保险最根本的特征是自愿性。企业可以自愿决定是否为职工建立福利险，职工可以自愿决定是否加入，企业在满足一定的条件时可以停止福利险的缴纳和办理，职工也可以基于自愿在满足一定的前提条件下提前退出，福利险的缴费比例、缴费办法、参加条件、给付方法、发放标准及调整措施等都可以在法律允许的范围内由企业与职工自由协商。

※生活实例※补充养老保险个人账户基金并不一定归己所有①

何先生于 1994 年 7 月到上海烟草（集团）公司工作，1996 年 7 月双方签订劳动合同，并约定烟草公司制定的各类规章制度为合同的组成部分。2004 年 6 月，双方又签订了无固定期限劳动合同。在何先生工作期间，烟草公司自 1994 年 7 月起为其缴纳补充养老保险金，至 2007 年 9 月何先生个人账户内的补充养老

① 胡海容：《职工为留学主动辞职 10 万元补充养老金“充公”》，载 http://www.chinacourt.org/public/detail.php?id=308417。

保险金额度为人民币107，820.22元。2007年9月5日，何先生因为到美国留学，向公司提出书面辞职申请。同年9月17日，烟草公司为何先生办理了退工手续。因为公司拒绝将何先生个人账户补充养老保险储存额转入其社保中心补充养老保险账户，何先生向劳动争议仲裁委员会申请仲裁被拒后，于2008年1月31日向法院提起诉讼。

法庭上，烟草公司辩称，补充养老保险金非工资范畴，依据《上海市企业补充养老保险试行意见》的规定，企业有自行制定补充养老保险实施方案的权利，补充养老保险金的缴纳是非强制性的。同时表示，1994年5月5日公司制定的《上海烟草（集团）公司职工补充养老保险暂行办法》第6条第5款规定：职工被开除（含开除公职）、除名、辞退或因个人原因解除劳动合同或离开企业的，取消其享受补充养老保险的资格，原记入的补充养老保险金归入补充养老保险基金。该办法经公司核心层企业职代会（联席会议）审议通过。1994年7月26日上海市社会保险管理局、上海市经委劳动人事处发文，对上海市烟草专卖局《关于报送上海烟草（集团）公司职工补充养老保险暂行办法的函》的批复中也明确：企业补充养老保险基金应该专款专用，《办法》第6条第5款关于“归企业所有”的规定，应明确“归企业补充养老保险基金等”。上述《办法》合法有效，现何先生因自身原因解除劳动合同，公司依据规定，将公司为何先生缴纳的补充养老保险金归入企业补充养老保险基金，于法有据，不同意何先生的诉讼请求。

法院经审理后认为，用人单位为劳动者设立补充养老金是为了更好地保障和提高劳动者的养老生活质量，也有利于用人单位留住人才和提高劳动者的忠诚度。因此，国家鼓励用人单位根据本单位实际情况为劳动者建立补充养老保险。职工在严重违法、违纪、自动离职等情况下，补充养老保险待遇的处理，由企业补充养老保险方案规定。何先生是辞职，对其补充养老金的处理可依据公司的规定执行。现烟草公司依据规定将企业为其缴纳的补充养老保险存储额纳入企业补充养老保险基金，符合法律、法规及用人单位的规章制度的规定。故对何先生的诉讼请求，法院难以支持。故判决驳回何先生的诉讼请求。

※**分析解答**※目前，各地补充养老保险的政策并不统一。一般都规定，企业补充养老保险基金个人账户的款项连同利息归个人所有。在职工办理退休手续后，根据个人意愿，可按月或一次性支取。职工未达到退休年龄因故死亡的，记在职工个人账户的款项，按《继承法》处理。但是，根据《上海市企业补充养老保险试行意见》的规定，职工因严重违法、违纪、自动离职等情况，其补充养老保险待遇的处理，由企业补充养老保险方案规定。所以本案中企业的规定并不违法，应当有效。

52.《农民工参加基本养老保险办法》（征求意见稿）中关于农民工参加基本养老保险有什么具体规定？

目前农民工参加养老保险主要有两难：一是缴费难。现行城保制度规定缴费标准较高，许多农民工及使用农民工集中的企业感到难以承受，因而导致大量的农民工没有参保。二是转移难。农民工就业的流动性很强，而现行城保制度规定养老保险关系转移时只转个人账户资金，不转移用人单位缴纳的社会统筹基金，许多参加了城保的农民工在离开一个就业城市时往往选择退保，只把个人账户的钱领出来，这实际上损害了农民工的养老保险权益。

2009年2月5日人力资源和社会保障部公布了《农民工参加基本养老保险办法》（征求意见稿），其中关于农民工参加基本养老保险有以下具体规定：

（1）适用范围。在城镇就业并与用人单位建立劳动关系的农民工，应当参加基本养老保险。用人单位与农民工签订劳动合同时，应当明确农民工参保相关事宜。用人单位应按规定为农民工办理参保手续。

(2) 缴费比例。用人单位和农民工个人共同缴纳基本养老保险费。缴费基数按基本养老保险有关规定确定。单位缴费比例为12%；农民工个人缴费比例为4%至8%，由所在单位从本人工资中代扣代缴，并全部计入其本人基本养老保险个人账户（以下简称个人账户）。原来已参加基本养老保险的农民工和用人单位，可按本办法调整缴费标准。

(3) 转移接续。农民工离开就业地时，原则上不“退保”，由当地社会保险经办机构（以下简称社保机构）为其开具参保缴费凭证。农民工跨统筹地区就业并继续参保的，向新就业地社保机构出示参保缴费凭证，由两地社保机构负责为其办理基本养老保险关系转移接续手续，其养老保险权益累计计算；未能继续参保的，由原就业地社保机构保留基本养老保险关系，暂时封存其权益记录和个人账户，封存期间其个人账户继续按国家规定计息。

(4) 待遇计发。农民工参加基本养老保险缴费年限累计满15年以上（含15年），符合待遇领取条件后，由本人向基本养老保险关系所在地社保机构提出领取申请，社保机构按基本养老保险有关规定核定、发放基本养老金，包括基础养老金和个人账户养老金。农民工达到待遇领取年龄而缴费年限累计不满15年，参加了新型农村社会养老保险的，由社保机构将其基本养老保险权益记录和资金转入户籍地新型农村社会养老保险，享受相关待遇；没有参加新型农村社会养老保险的，比照城镇同类人员，一次性支付其个人账户养老金。

(5) 经办服务。国家建立全国统一的基本养老保险参保缴费信息查询服务系统，批准发行全国通用的社会保障卡。农民工个人身份证号码作为其本人全国通用、终身不变的社会保障号码，农民工可在各地社保机构查询本人参保缴费等权益记录信息。

53.《城镇企业职工基本养老保险关系转移接续暂行办法》(征求意见稿)中城镇职工关于基本养老保险关系转移接续有什么具体规定?

为解决目前城镇职工养老保险制度中的“转移难”问题,2009年2月5日人力资源和社会保障部公布了《城镇企业职工基本养老保险关系转移接续暂行办法》(征求意见稿),其中关于城镇职工基本养老保险关系转移接续有以下具体规定:

(1)适用范围。凡已参加养老保险的人员,在跨省流动就业时,按本办法转移接续养老保险关系;在省内流动就业的养老保险关系转移接续办法,由各省级人民政府参照本办法制定具体办法并备案施行。

已经办理离退休手续并领取养老保险待遇的人员,跨省异地定居的,不再转移养老保险关系。

(2)基本原则。参保人员跨省流动就业的,其养老保险关系应随同转移到就业所在地。参保人员在转移养老保险关系和资金后,其流动前后的缴费年限(含视同缴费年限)合并计算,个人账户储存额累计计算。参保人员未达到退休年龄,除出国定居和到香港、澳门、台湾地区定居外,不得提前终止养老保险关系并办理退保手续。

(3)资金转移。跨省流动就业转移养老保险关系时,个人账户储存额全部转移,具体计算为,1998年1月1日之前个人缴费累计本息加上从1998年1月1日起计入个人账户的全部储存额;同时按以本人1998年1月1日后各年度实际缴费工资为基数的12%的总和转移养老保险资金。实际就业参保缴费不足1年的,按实际缴费月数计算转移资金。

(4)关系接续。对跨省流动就业以及返回户籍所在地就业的参保人员,应当及时办理养老保险关系和资金转移接续手续。对其中已满50周岁的男性和已满40周岁的女性,且就业参保地与户籍地不一致的，原则上应在流动就业之前的参保地继续保留养老保险关系，同时在新就业地建立临时养老保险缴费账户，按新就业地规定缴纳养老保险费；之后再流动就业或在建立临时养老保险缴费账户所在地达到国家规定退休年龄的，将临时养老保险缴费账户中的全部缴费，转移归集到原保留基本养老保险关系所在地或办理退休手续所在地。

（5）退休地的确定。参保人员达到国家规定的退休条件时，其养老保险关系在户籍所在地的，由户籍所在地负责办理退休手续，享受养老保险待遇。其养老保险关系不在户籍所在地，且在养老保险关系所在地累计实际缴费满 10 年（含本地的视同缴费年限，不含临时养老保险缴费账户年限，下同）的，在该地办理退休手续，享受当地养老保险待遇；实际缴费不满 10 年的，将其养老保险关系转回上一个参保缴费满 10 年以上的原参保地办理退休手续，享受养老保险待遇；没有满 10 年以上原参保地的，转回户籍所在地，由户籍所在地按规定办理退休手续，享受养老保险待遇。

（6）缴费工资指数计算。参保人员跨省转移接续养老保险关系和资金后，在核定养老保险待遇时，以本人在各参保地的各年度缴费工资和最后办理退休地对应的各年度在岗职工平均工资计算其缴费工资指数。

（7）转移接续关系的经办。参保人员跨省流动就业的，原就业地社保机构应为其开具参保缴费凭证；在新就业地按规定建立养老保险关系并缴费后，由用人单位或参保人员本人向新就业地社保机构出示参保缴费凭证，提出养老保险关系转移接续申请，由两地社会保险经办机构负责办理养老保险关系和资金的转移接续手续。

54. 北京市关于农民工参加基本养老保险有什么具体规定？

北京市关于农民工参与基本养老保险的规定主要是 2001 年 8

月27日制定的《北京市农民工养老保险暂行办法》和《关于〈北京市农民工养老保险暂行办法〉的补充通知》。根据这两个文件的规定，凡北京市行政区域内的国有企业、城镇集体企业、外商及港、澳、台商投资企业、城镇私营企业和其他城镇企业，党政机关、事业单位、社会团体，民办非企业单位，城镇个体工商户和与之形成劳动关系、具有北京市或外埠农村户口的劳动者（简称农民工），应当依法参加养老保险，缴纳养老保险费。因用人单位未参加养老保险或未按规定足额缴纳单位与个人的养老保险费，致使农民工不能按规定享受养老保险待遇的，用人单位应按照规定的标准予以补偿。

(1) 缴费比例

养老保险费由用人单位和农民工共同缴纳。用人单位以上一年北京市职工月最低工资标准的19%，按招用的农民工人数按月缴纳养老保险费。农民工本人以上一年北京市职工月最低工资标准为基数，按8%的比例缴纳养老保险费，其个人缴费由用人单位在发放工资时代为扣缴。

社会保险经办机构为农民工按缴费工资基数的11%建立养老保险个人账户。农民工个人账户存储额，只有在本人达到养老年龄时，才能支取。农民工在达到国家规定养老年龄前死亡，其个人账户存储额中的个人缴费部分可以继承。

(2) 保险待遇

农民工参加北京市养老保险社会统筹后的待遇分为两种情况：

①选择终止养老保险关系的情形

农民工参加北京市养老保险社会统筹后，与用人单位终止、解除劳动关系时，经本人申请，单位同意，可以一次性领取养老保险费，终止其养老保险关系。今后再次参加北京市养老保险社会统筹的，按新参加人员办理。

②选择继续养老保险关系的情形

农民工与用人单位终止、解除劳动关系后，如果不选择终止养老保险关系，则按下列规定享受相应待遇：

在北京市行政区域内重新就业的，可以接续养老保险关系，由社会保险经办机构接转其缴费记录。接续时，只接续养老保险关系，不转移养老保险基金；离开北京市就业的，可以转移养老保险关系，其个人账户全部随同转移；回农村的，可以保留养老保险关系，将其个人账户封存，作为其接续养老保险关系的依据，待在北京市重新就业后，继续缴纳养老保险费，其缴费年限可以累计计算。并凭社会保险经办机构开具的缴纳养老保险费凭证办理转移、接续、清算、终止养老保险关系等手续。

农民工必须达到国家规定的养老年龄（男年满 60 周岁，女年满 50 周岁），方能领取基本养老金。基本养老金暂按享受一次性养老待遇处理，其待遇由两部分组成：第一部分：个人账户存储额及利息一次性全额支付给本人。第二部分：按其累计缴费年限，累计缴费满 12 个月（第 1 个缴费年度），发给 1 个月相应缴费年度的北京市职工最低工资的平均数，以后累计缴费年限每满一年（按满 12 个月计），以此为基数，增发 0.1 个月相应缴费年度的北京市职工最低工资的平均数。

北京市籍农民工在与用人单位终止、解除劳动关系后，可以按《北京市农民工养老保险暂行办法》第 11 条保留养老保险关系，封存个人账户，待重新在北京市就业后，继续缴纳养老保险费。原已参加北京市农村养老保险的，也可将其在用人单位工作期间养老保险个人账户存储额和按规定核算的待遇转移到其农村养老保险个人账户中；没有参加北京市农村养老保险的，可在其户口所在地农村养老保险管理机构参加农村养老保险，新建个人账户，同时将其在用人单位工作期间养老保险个人账户存储额和按规定核算的待遇转移到其新建个人账户中，并按北京市农村养老保险的有关规定享受相应的待遇。

农民工参加北京市养老保险社会统筹后，与用人单位终止、解除劳动关系时，经本人申请、单位同意，可以一次性领取养老保险费，终止其养老保险关系。今后再次参加本市养老保险社会统筹的，按新参加人员办理。

※生活实例※北京一公司拒不给农村户口职工交保险被强制执行[①]

周某、陈某和刘某系北京某装饰装修公司职工，2007年6月25日，双方签订了劳动合同，期限自2007年6月25日至2009年12月31日，约定每月工资1000元。此后，双方因加班费和社会保险问题分歧过大，于2008年6月25日办理了解除劳动合同手续。期间，该公司因借口周某、陈某和刘某为农村户口而没有为其缴纳养老保险和失业保险，且未支付加班费。2008年8月26日，三人向北京市门头沟区劳动争议仲裁委员会申请仲裁要求公司支付失业保险金、养老保险金和加班费。

在仲裁中，劳动争议仲裁委员会认为，北京某装饰装修公司作为周某、陈某和刘某的雇佣单位，有义务为其缴纳社会保险。依据《北京市农民工养老保险暂行办法》第12条和第15条规定，对三人要求公司支付其养老保险待遇的请求，予以支持。同时，依据《农民合同制职工参加北京市养老、失业保险暂行办法》第13条与第22条，以及《关于调整失业保险金发放标准的通知》第2条规定，公司应支付三人失业保险一次性生活补助费。而根据《劳动法》第44条规定，三人在法定节假日和休息日的加班费亦应该支付。故裁决北京某装饰装修公司一次性支付周某、陈某和刘某养老保险待遇、失业保险一次性补助费和加班费共计1.2万元。

※分析解答※为农民工缴纳社会保险是国家政策发展的方向，北京市出台的地方规定，作为北京市的企业，应当执行。

55. 北京城乡居民养老保险制度有什么具体规定?

城乡居民养老保险是北京市社会养老保险体系的重要组成部分。从2009年1月1日起，北京市实施《北京市城乡居民养老保

① 高旭：《北京一公司拒不给农村户口职工交保险被强制执行》，载 http://www.chinacourt.org/public/detail.php?id=329759。

险办法》(京政发〔2008〕49号)。城乡居民养老保险实行个人账户与基础养老金相结合，个人缴费、集体补助与政府补贴相结合的制度模式。城乡居民养老保险制度由区（县）人民政府负责组织实施，基金实行区（县）级统筹。

城乡居民养老保险的适用范围为：具有北京市户籍，男年满16周岁未满60周岁、女年满16周岁未满55周岁（不含在校生），未纳入行政事业单位编制管理或不符合参加北京市基本养老保险条件的城乡居民，都应当参加城乡居民养老保险。

城乡居民养老保险的最低缴费标准为北京市上一年度农村居民人均纯收入的9%；最高缴费标准为北京市上一年度城镇居民人均可支配收入的30%。参保人员可以在下限和上限之间根据自身的经济承受能力进行选择。

参保人员自男年满60周岁、女年满55周岁的次月起，按月享受城乡居民养老保险待遇，但要符合下列条件：（1）到达领取年龄时，累计缴费年限满15年。（2）自2009年1月1日起，男已年满45周岁、女已年满40周岁的人员（不含本办法实行之后外埠迁入北京市户籍的人员），每年要按照规定的缴费标准不间断缴费。（3）2009年达到领取年龄的参保人员，在缴纳当年的保险费后，从达到领取年龄的次月享受城乡居民养老保险待遇。

城乡居民养老保险待遇分为按月享受的待遇和一次性待遇。（1）按月享受的待遇由个人账户养老金和基础养老金两部分组成。个人账户养老金标准为个人账户积累总额除以相应的月数，即男性参保人员个人账户积累总额除以139个月；女性参保人员个人账户积累总额除以170个月。基础养老金标准全市统一，为每人每月280元。（2）一次性养老待遇为个人账户全部资金。参保人达到领取年龄时，不符合按月享受城乡居民养老保险待遇条件的，享受一次性养老待遇。

参保人员应在达到领取年龄前一个月，持户口本、身份证、专用存折到户口所在地的社保所提出领取养老金的申请，并对社保所提供的《领取养老保险待遇申请表》进行确认。符合按月领取城乡居民养老保险待遇条件的参保人员，确认个人账户养老金月领取标准；不符合按月领取城乡居民养老保险待遇条件的参保人员，确认是否延期缴费。不选择延期缴费的人员，确认享受一次性养老待遇。对符合按月领取养老保险待遇条件的人员，在其领取年龄的次月，发放城乡居民养老保险待遇，并在每月 15 日前将其应领取的养老保险待遇拨入其专用存折。

参保人无论是在缴费期还是在领取期死亡，其个人账户资金都可继承。参保人在缴费期死亡的，个人账户资金全部一次性退给法定继承人和指定受益人；在领取期死亡的个人账户的剩余资金一次性退给法定继承人或指定受益人。没有法定继承人和指定受益人的，参照城镇职工的标准支付丧葬费。丧葬费标准高于个人账户余额的，按个人账户余额支付丧葬费；丧葬费标准低于个人账户余额的，按标准支付丧葬费，个人账户的剩余部分并入城乡居民养老保险基金。

第三章 工伤保险待遇纠纷

一、工伤保险的缴纳

56. 什么是工伤保险？哪些单位应当参加工伤保险？

工伤保险是指劳动者在工作或法定的特殊情况下发生意外事故，或因职业性有害因素而负伤（或患职业病）、致残、死亡时，对本人或供养亲属给予特质帮助和经济补偿的一项社会保障制度。工伤是发生在职业劳动过程中所受到的人身伤害，而职业劳动过程中所受到的人身伤害却不一定是工伤。根据目前的法律规定，依用人单位的性质和用工关系的性质不同，当劳动者出现伤亡事故时所适用的法律和处理的结果也有所不同。

根据《工伤保险条例》第 2 条的规定，我国境内的各类企业、有雇工的个体工商户应当按规定参加工伤保险，为本单位全部职工或者雇工缴纳工伤保险费。我国境内的各类企业的职工和个体工商户的雇工，均有依照《工伤保险条例》的规定享受工伤保险待遇的权利。有雇工的个体工商户应当为雇工缴纳工伤保险费，雇主本人参加工伤保险，缴纳工伤保险费的，雇主可以享受工伤保险待遇。

事业单位、民间非营利组织工作人员因工作遭受事故伤害或者患职业病的，其工伤范围、工伤认定、劳动能力鉴定、待遇标准等按照《工伤保险条例》的有关规定执行。这里的民间非营利组织是指社会团体、基金会和民办非企业单位。不属于财政拨款支持范围或没有经常性财政拨款的事业单位、民间非营利组织，应当参加统筹地区的工伤保险。依照或者参照国家公务员制度管理的事业单位、社会团体的工作人员，执行国家机关工作人员的工伤政策。其他的事业单位、民间非营利组织，可参加统筹地区的工伤保险，也可按照国家机关工作人员的有关工伤政策执行。具体办法由省级人民政府根据当地经济社会发展和事业单位、民间非营利组织的具体情况确定。

为了维护农民工的工伤保险权益，改善农民工的就业环境，2004年6月1日劳动和社会保障部发布了《关于农民工参加工伤保险有关问题的通知》。该《通知》强调，农民工参加工伤保险、依法享受工伤保险待遇是《工伤保险条例》赋予包括农民工在内的各类用人单位职工的基本权益，各类用人单位招用的农民工均有享受工伤保险待遇的权利。用人单位注册地与生产经营地不在同一统筹地区的，以在注册地参加工伤保险为原则，未在注册地参加工伤保险的，在生产经营地参加工伤保险。对跨省流动的农民工，一至四级伤残长期待遇的支付，可以实行一次性支付和长期支付两种方式，供农民工选择。劳动部的这一通知发出后，各地都作出了规定加以落实，北京市出台了《北京市外地农民工参加工伤保险暂行办法》，对这一问题加以规范。

57. 劳动者个人需要缴纳工伤保险费吗？

根据《工伤保险条例》的规定，与用人单位存在劳动关系的所有人员，都应当办理工伤保险，各类企业、有雇工的个体工商户有义务给有劳动关系的各类员工按时缴纳工伤保险费，职工个人不缴纳工伤保险费。

58. 用人单位如何办理参加工伤保险和缴费手续？

各类企业、有雇工的个体工商户和与之形成劳动关系的劳动者应当办工伤保险参保手续。用人单位带以下材料到其营业执照注册所在地区、县社会保险经办机构办理工伤保险参保手续：

（1）《社会保险登记证》及复印件；

（2）《企业法人营业执照》或《营业执照》（副本）及复印件；

（3）《法人机构代码证书》及复印件；

（4）进行工伤职工登记的用人单位，应另行出具：《工伤认定结论通知书》、《工伤证》、《工伤保险参保人员增、减情况表》、《工伤认定结论》、《劳动能力鉴定结论或确认结论》、《劳动能力鉴定、确认申请表》。

经审核，材料符合要求的，区、县社保经办机构与用人单位签订《参保单位缴纳工伤保险费协议书》，用人单位填报《工伤保险参保单位登记表》、《工伤保险基数核定表》和本单位上一年职工工资总额的证明等材料，并由区、县社会保险经办机构确定用人单位工伤保险"行业基准费率"。新参加工伤保险的参保单位的《企业法人营业执照》或《营业执照》中无明确经营项目的，区、县社保经办机构应按照《工伤保险行业基准费率和浮动档次表》中的第二类行业的"行业基准费率"，确定参保单位缴纳工伤保险费费率。用人单位如有工伤职工应携带劳动和社会保障行政管理部门和劳动能力鉴定机构对工伤认定、伤残等级鉴定的相关证明材料，并填写《北京市工伤职工登记表》。

每年第一季度市社保中心下发的《工伤保险基数采集表》、《工伤保险基数核定表》及软件，参保单位填写《采集表》和《核定表》或录入职工缴费基数并打印《采集表》和《核定表》后，于3月31日前报送区、县社保经办机构核准并录入或读入系统，作为新一年参保单位缴纳工伤保险费的月缴费基数。

按照已确定的缴费费率和缴费基数，参保单位于每月25日前向区、县社保经办机构业务岗报送《工伤保险基金收缴月报表》与《工伤职工参保人员增、减情况表》，每月5日前，区、县社保经办机构将《工伤保险基金收缴月报汇总表》报送社保中心工伤科，区、县社保经办机构财务人员以"委托银行收款"（无付款期）的方式，与参保单位进行基金结算。

如果用人单位没有及时参加工伤保险，则应从其办理营业执照次日起补缴工伤保险费到其参保之日。

参保单位的参保人员发生工伤事故，经劳动保障行政部门认定工伤后，参保单位应及时携带工伤认定的相关证明材料到所属区、县社保经办机构建立工伤职工支付信息数据库后，可享受医疗费用报销待遇。

59. 农民工如何参加工伤保险？

农民工参加工伤保险、依法享受工伤保险待遇是《工伤保险条例》赋予包括农民工在内的各类用人单位职工的基本权益，各类用人单位招用的农民工均有享受工伤保险待遇的权利。《国务院关于解决农民工问题的若干意见》指出，要依法将农民工纳入工伤保险范围，抓紧解决农民工大病医疗保障，探索适合农民工特点的养老保险办法。其中，农民工工伤保险是最紧迫的问题。2004年6月1日劳动和社会保障部发布了《关于农民工参加工伤保险有关问题的通知》，2004年9月1日起实施的《北京市外地农民工参加工伤保险暂行办法》，对这一问题作了具体规定，在此简单加以介绍。

在北京市行政区域内的各类企业、有雇工的个体工商户以及在外省市注册，在京从事生产经营活动的企业，包括成建制在京承揽施工的单位（以下统称用人单位）和与之形成劳动关系的外地农民工，即指在国家规定的劳动年龄内，具有外省市农业户口，并与用人单位形成劳动关系的人员，应当参加工伤保险。

按照《工伤保险条例》的规定，外地注册的用人单位原则上应当在注册地为招用的外地农民工办理参加工伤保险手续，缴纳工伤保险费。外地注册用人单位未在注册地为农民工办理参加工伤保险手续，缴纳工伤保险费的，在北京市从事生产经营活动期间，应当按照《北京市实施〈工伤保险条例〉办法》参加北京市工伤保险。

建筑企业下属项目工程经理部受企业法人委托后可作为农民工办理参加工伤保险和基本医疗保险的参保单位。项目工程经理部办理参加工伤保险和基本医疗保险手续，由单位所在区县社会保险经办机构办理，并同时递交《企业法人授权书》和用于缴费的银行账号。以项目工程经理部为参保单位参加工伤保险的农民工，受到事故伤害或患职业病后，由单位到办理参保手续的区县劳动保障行政部门、劳动能力鉴定机构、社会保险经办机构办理申请工伤认定、劳动能力鉴定、核定工伤待遇的手续。

用人单位在北京市为外地农民工办理了工伤保险参保手续并按时足额缴费，经北京市区县劳动保障行政部门认定为工伤的，其工伤保险待遇按照北京市规定执行，符合工伤保险基金支付项目的，由工伤保险基金支付。用人单位招用外地农民工，应当及时向参保地的区县社会保险经办机构办理缴费人员增加手续，办理参保人员增加手续后发生的工伤费用，符合工伤保险基金支付项目的，由工伤保险基金支付。用人单位终止缴费的，自终止缴费的次月起，其伤残等级为五至十级的外地农民工的工伤保险待遇由用人单位支付。

为保障对建设工程施工人员意外伤害实施救济，防范建设工程施工安全风险，促进建筑施工企业安全生产管理工作，凡在北京市行政区域内从事建设工程新建、改建、扩建活动的建筑施工（含拆除）企业依法办理施工人员意外伤害保险。建筑施工企业在施工现场的施工作业人员和工程管理人员受到的意外伤害，以及由于施工现场施工直接给其他人员造成的意外伤害的，保险公司应当直接向保险受益人赔付一定的赔偿金。

60. 劳动合同可以约定“发生工伤事故概不负责”吗?

《劳动法》第72条明确规定：“用人单位和劳动者必须依法参加社会保险，缴纳社会保险费。”《工伤保险条例》第2条规定：“中华人民共和国境内的各类企业、有雇工的个体工商户应当依照本条例规定参加工伤保险，为本单位全部职工或者雇工缴纳工伤保险费。中华人民共和国境内的各类企业的职工和个体工商户的雇工，均有依照本条例的规定享受工伤保险待遇的权利。”依照上述法律规定，用人单位一旦与职工建立劳动关系，即负有为职工缴纳各种社会保险的义务，这是用人单位必须支付的非工资成本，具有强制保险性质，单位必须按规定缴纳。这一原则也早在1988年就得到最高人民法院的强调，《最高人民法院关于雇工合同“工伤概不负责”是否有效的批复》(1988年10月14日（88）民他字第1号）指出，对劳动者实行劳动保护，在我国宪法中已有明文规定，这是劳动者所享有的权利。雇主对雇员理应依法给予劳动保护，但他们却在招工登记表中注明“工伤概不负责”。这种行为既不符合宪法和有关法律的规定，也严重违反了社会主义公德，应属于无效的民事行为。

实践中，有的用人单位为逃避责任，在其制作的劳动合同文本中会附加“工伤概不负责”、“工伤事故责任自负”这类的条款，这些条款是无效的，务工人员遭受工伤后应该向劳动保障部门申请工伤认定并为其落实工伤待遇。如果公司没有参加工伤保险，按照《工伤保险条例》第60条，应当由公司按照规定的工伤保险待遇项目和标准支付各项工伤待遇。

61. 用人单位未参加工伤保险的，劳动者的权益如何保障?

未参加工伤保险的职工发生工伤或者职工在用人单位欠缴工伤保险费期间发生工伤的，由用人单位按照《工伤保险条例》规定的工伤保险待遇项目、标准支付费用，工伤保险基金不予补支。用人单位未按时缴纳工伤保险费，欠缴前已由工伤保险基金支付工伤保险待遇的工伤职工，欠缴期间的工伤保险待遇由用人单位支付；补缴后工伤保险基金予以补支。

用人单位少报职工工资，未足额缴纳工伤保险费，造成工伤职工享受的工伤保险待遇降低的，差额部分由用人单位补足。用人单位足额缴纳工伤保险费后，重新核定工伤保险待遇。重新核定前工伤保险待遇的差额，工伤保险基金不予补支。

用人单位有下列行为之一的，应当补缴工伤保险费：

(1) 应当参加工伤保险而未参加的；

(2) 少报职工人数，未给部分职工缴纳工伤保险费的；

(3) 未按时缴纳工伤保险费的。

为了更好地保护职工合法权益，《社会保险法（草案)》在工伤保险方面规定，用人单位未依法缴纳工伤保险费的，不影响职工享受工伤保险待遇。用人单位未依法缴纳工伤保险费而发生工伤事故，由用人单位支付医疗费用；用人单位拒不支付的，从工伤保险基金中先行支付，由用人单位偿还，用人单位不偿还的，社会保险经办机构可按程序追偿。

依照最高人民法院《关于审理人身损害赔偿案件适用法律若干问题的解释》第12条的规定："依法应当参加工伤保险统筹的用人单位的劳动者，因工伤事故遭受人身损害，劳动者或者其近亲属向人民法院起诉请求用人单位承担民事赔偿责任的，告知其按《工伤保险条例》的规定处理。"因此，无论用人单位是否参保，工伤者只能提起工伤赔偿，不能对用人单位提起人身损害赔偿。只能按《工伤保险条例》确定的标准予以赔偿，对工伤保险赔偿有异议，属于劳动争议案件，适用仲裁前置程序，对仲裁裁决不服的，才可以向人民法院起诉。人民法院在审理时，采取无过错归责原则，即不论用人单位是否存在过错，均由其向工伤职工承担赔偿责任。无论存在何种过错形式，诸如劳动者纪律松散、安全意识淡薄、违反操作规程；企业管理混乱、设备设施不良、安全生产责任不落实；企业为追求经济效益，而劳动者为更多赚钱加班加点、疲劳作业；其他意外事故；等等，一旦发生职业伤害事故，用人单位就要承担工伤保险赔偿责任，是否存在过错，在所不问。

二、工伤认定

62. 认定为工伤应当符合什么条件？

工伤是指职工、雇员在生产、工作中，因意外事故造成的伤、残、死亡或者罹患职业性疾病。工伤在内容上包括因工意外伤害和职业病伤害。因工意外伤害，是指由于工作直接或间接引起的事故伤害。职业病，是指企业、事业单位和个体经济组织的劳动者在职业活动中，因接触粉尘、放射性物质和其他有毒、有害物质等因素而引起的疾病。

工伤认定包括实质认定和程序认定两个方面，实质认定是指哪些伤害属于工伤；程序认定是指适用《工伤保险条例》的工伤应当首先经过劳动局确认为工伤后，才能享受相应的工伤待遇。

构成工伤应当符合一定的条件，主要有以下四个要件：

（1）劳动者与用人单位之间必须存在劳动关系。没有劳动关系的劳动者，受到人身伤害的，不属《工伤保险条例》范畴上的工伤事故，不按照《工伤保险条例》享受工伤保险待遇，但可以依据侵权法获得赔偿。至于建立劳动关系的形式，原则上应当订立劳动合同，但在我国社会现实中，存在大量事实劳动关系。这种关系是一种既成事实、客观存在的劳动权利和义务关系。有事实劳动关系的，也可以认定为工伤。

(2) 劳动者必须有人身损害事实。工伤事故的损害事实，是劳动者人身遭受损害的客观事实，不包括财产损害和其他利益的损害。在工伤事故责任中，亦不考虑受害劳动者的精神损害问题。

(3) 劳动者的损害必须在其履行工作职责的过程中发生。工伤事故要求劳动者的损害是在履行工作职责的过程中发生，但并不要求必须是因其执行职务行为所致，也包括在执行职务过程中因其他原因所致，如机器故障、他人疏忽等。

(4) 事故须是劳动者受到损害的原因。事故必须是造成劳动者人身损害的原因，这是构成工伤事故责任对因果关系要件的要求。事故，指意外的损失或灾祸。《工伤保险条例》只是规定了事故的概念，没有对事故概念作出解释或者界定。在工伤事故责任中，事故一般是指企业事故，并非都是意外而生的损失或灾祸，包括管理、指挥、设计、操作上的疏忽、不慎等过错所致的损失或灾祸。事故还包括在履行工作职责中受到暴力等意外伤害，因工外出期间由于工作原因受到的伤害或者下落不明，上下班途中受到机动车事故伤害等，这些也认为是广义的事故。事故是劳动者人身损害的原因，一般应当要求其因果关系为必然因果关系，即劳动者的损害事实，必须是企业事故直接造成的，否则不构成工伤事故的保险待遇。但是，在事故与损害之间具有相当因果关系的，应当认定为有因果关系。例如，事故致劳动者身体损伤，没有直接造成死亡的后果，但是劳动者受到伤害之后受到破伤风病毒感染，因而致死，事故与伤害之间具有直接因果关系，与死亡之间具有相当因果关系，因而应当认定事故与死亡之间具有法律上的因果关系，构成工伤事故责任。

具备上述四个要件，应当认定为工伤。工伤是劳动者在劳动过程中因执行职务而受到的意外伤害。根据《工伤保险条例》第14条、第15条规定，职工有下列情形之一的，应当认定为工伤：

（1）在工作时间和工作场所内，因工作原因受到事故伤害的。职工参加本单位（本单位部门之间组织的除外）利用工作时间组织的运动会及体育比赛或者代表本单位参加上级单位举办的运动会及体育比赛中受伤，也属于此种情形。

认定工伤必须同时满足在工作时间、工作场所、由于工作原因所致三个条件。工作时间，就是在履行工作职责的时间界限之内，即用人单位规定的上班时间。为了保护职工的合法权益，对工作时间的认定适当放宽。第一，从事与工作有关的预备性或者收尾性工作的正式工作时间的前后，认定为工作时间；第二，因工外出时间，认为是工作时间；第三，上下班途中的时间，认为是工作时间。工作场所，是指在履行工作职责的环境范围之内。执行工作任务的场所，就是工作场所。因工外出的领域，以及上下班的途中，也认为是工作场所。在这些地方发生的职工人身伤害事故，也认为是工伤事故。工作原因，是指履行工作职责的事由。对此，应当作较为宽泛的理解，不能过窄。例如，与工作有关的预备性工作和收尾性工作，在工作中遭受暴力等意外伤害，以及在因工外出期间发生事故下落不明的，也都认为是工作原因。

※生活实例1※员工劳动时间死亡不一定都认定工伤①

张女士与某社区服务中心签订了劳动协议书。后张女士被派到某物业公司管理的某楼盘项目担任保洁员，负责该楼盘3号楼、4号楼的楼道卫生。后张女士上班时，在该楼盘4号楼，开发商尚在规划、不属于张女士工作范围的地下室卫生间内被人强奸并杀害。

事件发生后，死者父母向劳动和社会保障部门申请工伤认定，得到的结论为非工伤。此案又经行政复议和法院判决，结论均是非工伤。

※分析解答※本案中，法院认为，物业公司为保洁员划出了具体的工作区域，本案的案发地是开发商尚在规划的区域，不是保洁服务区，张女士是在其工作时间去了非工作场地。同时，在社区中

① 董轩：《员工劳动时间死亡不一定都认定工伤》，载北京法院网。

心的《劳动行为规范》中也相应规定了工作时间不准离岗、串岗。此外，张女士的死亡是由于犯罪分子针对其个人的暴力犯罪行为所致，死者并非因工作原因导致死亡。所以，张女士的死亡不能被认定为工伤。我们认为，本案应该从宽解释工作场所，因为案件发生地与张女士的工作岗位距离并不远，并不能证明张女士是去了4号楼而受害，也有可能是在其保洁服务区内遭袭而被带到4号楼。应当认定张女士为工伤，以保护劳动者的合法权益。

(2) 工作时间前后在工作场所内，从事与工作有关的预备性或者收尾性工作受到事故伤害的。这种工伤认定是将工作时间作广义理解，将工作时间的前后认定为工作时间，其必要条件是从事的工作必须是与工作有关的预备性或者收尾性工作。

※生活实例2※午饭时间发生事故　认定工伤获赔四万①

2004年6月16日，河北来京务工人员小赵与北京某物业管理公司签订劳动合同，物业公司聘用小赵为保洁员，合同期限为1年。但物业公司未按照有关规定为小赵办理工伤保险。

6月28日11时许，小赵在单位食堂门口等待打饭时被患有精神病的单位保安员打伤，住院治疗42天。2004年10月，小赵向海淀区劳动和社会保障局提出工伤认定申请，11月5日，海淀区劳动和社会保障局依据《工伤保险条例》关于“工作时间前后在工作场所内，从事与工作有关的预备性或者收尾性工作受到事故伤害的”作为工伤处理的规定，认定小赵所受伤害属于工伤。随后海淀区劳动能力鉴定委员会确认小赵为职工工伤与职业病伤残八级。

虽然物业公司认为事发时并不是正常的工作时间，小赵不构成工伤，但当海淀区劳动和社会保障局作出工伤认定结论后，该物业公司并没有在法定期限内提出异议，亦没有提出行政复议。因此，工伤认定结论已发生法律效力。

---

① 郭京霞：《午饭时间发生事故　认定工伤获赔四万》，载北京法院网。

海淀区劳动争议仲裁委员会裁决物业公司向小赵支付一次性伤残补助金、工伤医疗补助金、伤残就业补助金、医疗费等共计4.5万元。物业公司不服裁决起诉到法院。

法院认为，由于物业公司未依法为小赵办理工伤保险，故其应按照《工伤保险条例》等规定向工伤职工小赵支付相关的费用。经法院调解，双方当事人自愿达成协议，在解除双方劳动合同的基础上，公司支付小赵工资、一次性伤残补助金、一次性工伤医疗补助金、伤残就业补助金、医疗费、劳动能力鉴定费、伙食补助费等共计4.5万元。

※**分析解答**※在单位食堂门口等待打饭应当属于为从事与工作有关的预备性工作，在此过程中受到伤害的，应当认定为工伤。

(3) 在工作时间和工作场所内，因履行工作职责受到暴力等意外伤害的。这种情形中，劳动者遭受暴力等意外伤害是与履行工作职责有关。职工在工作中因他人不服从其履行工作职责的管理行为而受到暴力侵害造成伤害，且该暴力伤害与履行工作职责具有因果关系的，属于此类情形。

※生活实例3※工作场所休息期间被人暴力击伤，应认定为工伤①

龚某在某公司工作，工作间隔，躺在机器边，就地休息。同一单位的李某，因与龚某发生纠葛，宿有积怨，见龚某就地休息，缺少防范，就抡起一根铁棒在龚某右小腿上猛击一下。经法医鉴定，龚某右胫腓骨下段粉碎性开放性骨折，构成轻伤。某公司以龚某的损害是因为他人的违法犯罪行为造成的，而不予承担责任。龚某申请劳动部门予以认定，劳动部门虽然曾经作出一次工伤认定，但几经反复，经过复议，最终作出不予认定工伤结论，龚某不服，起诉至法院。法院认为龚某所受伤害为工伤，判决撤销了劳动部门的不

① 刘文基：《准确认定工伤 依法维护权利》，载 http：//rmfyb. chinacourt. org/public/detail. php? id = 124247。

认定工伤结论。

※**分析解答**※本案中，龚某工间休息时受他人故意伤害，但龚某本人对伤害的发生并无故意或重大过失，应当认定为工伤。

《最高人民法院公报》2006年第5期登载的“孙立兴诉天津园区劳动局工伤认定行政纠纷案”裁判摘要指出，根据《工伤保险条例》第14条第1项规定，职工在工作时间和工作场所内，因工作原因受到事故伤害，应当认定为工伤。对该规定中的“工作场所”、“因工作原因”应作全面、正确的理解。“工作场所”是指职工从事职业活动的场所，在有多个工作场所的情形下，还包括职工来往于多个工作场所之间的必经区域；“因工作原因”是指职工受伤与从事本职工作之间存在因果关系，即职工系因从事本职工作而受伤。除了《工伤保险条例》第16条规定的因犯罪或者违反治安管理伤亡的、醉酒导致伤亡的、自残或者自杀等情形外，职工在从事工作中存在过失，不影响该因果关系的成立。

(4) 患职业病的。根据《职业病防治法》第2条的规定，职业病，是指企业、事业单位和个体经济组织的劳动者在职业活动中，因接触粉尘、放射性物质和其他有毒、有害物质等因素而引起的疾病。根据卫生部、劳动和社会保障部公布的职业病的分类和目录，职业病包括尘肺、职业性放射疾病、职业中毒、物理因素所致职业病、生物因素所致职业病、职业性皮肤病、职业性眼病、职业性耳鼻喉口腔疾病、职业性肿瘤和其他职业病十大类，这些职业病都是企业、事业单位和个体经济组织的劳动者在职业活动中，因接触粉尘、放射性物质和其他有毒、有害物质等因素而引起的疾病，均与工作有关，因此应当一律认定为工伤。

(5) 因工外出期间，由于工作原因受到伤害或者发生事故下落不明的。因工外出，其全部外出时间都认为是工作时间，其外出的地点以及沿途，也都认为是工作场所。由于工作原因受到伤害的，自然属于工伤。即使是在因工外出期间发生事故下落不明的，也应当认定为工伤。

※生活实例4※职工参加本单位组织的集体活动时造成伤亡应否认定为工伤①

1998年4月10日，重庆市渝中区建行储蓄科职工任茂菊在科长郭忠文带领下，由本行驾驶员王立进驾驶该行运钞车集体到成都春游。途中发生交通事故，任茂菊受重伤，构成伤残。郭忠文因违反支行纪律，擅自组织春游，造成交通事故，被渝中区建行给予行政记过处分。1999年4月，任茂菊向渝中区劳动局申请工伤性质认定，区劳动局经调查，认为任茂菊受伤不符合《企业职工工伤保险试行办法》第8条规定的工伤认定条件，不应认定为工伤。任茂菊不服，申请复议。重庆市劳动和社会保障局经复议，维持原认定结论。为此，任茂菊向重庆市渝中区人民法院提起行政诉讼。一审法院判决维持渝中区劳动局的认定。二审法院经审理认为，渝中区建行储蓄科由科长带队集体到成都春游系全科性的集体活动，不是任茂菊与他人相约外出春游的私人行为。《企业职工工伤保险试行办法》未穷尽所有工伤性质认定的情形，且试行后未作修改，必须结合具体受伤者的情况认定工伤性质。工伤保护的首要法律原则和精神应该是：最大可能地保障主观上无恶意的劳动者在生产劳动过程中遭受事故伤害和患职业病后能获得医疗救治、经济补偿和职业康复的权利。根据工伤性质认定的法律原则和精神，在企业组织的集体活动中受伤应属于工伤保护范围。本案储蓄科组织的活动应视为渝中区建行组织的集体活动，任茂菊的受伤行为应认定为工伤。

※分析解答※我们认为，因工外出，应该作广义的理解。只要是用人单位安排的外出，或者是单位领导安排的外出，所从事的活动即使不与劳动者的本职工作直接相关，也应认为是“因工外出”。比如，某员工在工作时间被单位领导安排外出办理领导的一件个人事务，因为这一外出行为与员工的身份密切相关，即使所从事的活动内容并不是该员工的岗位所应从事的活动，也应从有利于

① 金代权、彭英：《任茂菊不服重庆市渝中区劳动局工伤性质认定案》。

员工的角度出发，认为属于因工外出。那么在本案中，虽然是外出春游，但这一活动是单位安排的集体活动，所以应属于因工外出，可以被认定为工伤。

(6) 在上下班途中，受到机动车事故伤害的。上下班途中的时间，是为了执行职责，并不是为了自己目的而行为，因此是工作时间的延伸，因意外事故遭受损害的，也应认为是工作时间。上下班途中遭受机动车事故伤害的，认为是工作时间遭受的损害。这里“上下班途中”既包括职工正常工作的上下班途中，也包括职工加班加点的上下班途中。“受到机动车事故伤害的”既可以是职工驾驶或乘坐的机动车发生事故造成的，也可以是职工因其他机动车事故造成的。

司机驾驶车辆执行本单位正常工作时发生交通事故导致本人伤亡的，也应按照此项规定，认定为工伤。如果属于犯罪行为、自杀自伤行为、酗酒所造成或蓄意制造交通事故的，不应认定为工伤。

(7) 法律、行政法规规定应当认定为工伤的其他情形。这是一个弹性条款，如果发生了不属于《工伤保险条例》前述六种情形的工伤，但是其他法律和法规规定应当认定为工伤，也应当认定为工伤，只有如此才能切实保护劳动者的合法权益。

❈生活实例5❈“工伤引发病变”失业员工诉公司[①]

某装饰公司员工徐某称，2007年5月7日，其因工头部裂伤，被有关部门认定为工伤，右手软组织损伤，未被认定为工伤。2008年5月13日，徐某右手经医院诊断为“骨隆突综合症”。同年5月25日，装饰公司到期终止了与徐某的劳动合同。徐某认为，其右手骨隆突综合症系与头部工伤同时发生的右手软组织损伤引发，遂提起诉讼，要求装饰公司支付违法解除劳动关系的赔偿金及相关工伤待遇3万余元。

❈分析解答❈我们认为，工伤引发病变应当属于工伤。

① 魏明山：《“工伤引发病变”失业员工诉公司》，载北京法院网。

(8) 有些劳动者受到伤害的情形，不完全符合认定为工伤的要件，但是这些伤害又与工作有一定的联系或者基于公益的考虑，需要按照工伤对待，对此就视同工伤，有利于更好地保护劳动者的权益。根据《工伤保险条例》第15条的规定，职工有下列情形之一的，视同工伤：

①在工作时间和工作岗位，突发疾病死亡或者在48小时之内经抢救无效死亡的。这里“突发疾病”包括各类疾病。“48小时”的起算时间，以医疗机构的初次诊断时间作为突发疾病的起算时间。

※生活实例6※民工病死工地应视同工伤①

2006年10月14日，袁某在朝阳某建筑工程劳务承包公司的工地发病身亡。劳务承包公司称，该公司聘用的员工都签订了劳动合同，而袁某怎么去的工地公司不知情。袁某的儿子向劳动仲裁委申请，要求确认其父与该公司存在劳动关系，仲裁委支持了其申请。劳务公司不服区仲裁委的裁决，认为区仲裁委以几个证人在受胁迫情况下作出的证人证言来判定袁某与该公司之间有劳动关系的事实不合理，遂将袁某的儿子诉至法院，要求确认该公司与袁某不存在劳动关系。

※分析解答※本案中，袁某在工地工作这一事实本身就说明其与公司之间存在事实劳动关系，袁某死亡的原因是自身的病患，但其死亡时间是在工作的过程中，属于视同工伤的一种情形。

※生活实例7※上班突患精神病不应视同工伤②

2002年8月，王某通过应聘到某公司做清洁工，双方未签订劳动合同。2006年6月，王某突患偏执型精神分裂症住院治疗。后王某申诉至区劳动争议仲裁委员会，要求该公司支付医疗费、病假工资等1.5万余元。该公司辩称，王某不能构成工伤。仲裁委员

① 徐健:《民工病死工地　公司否认劳动关系》，载北京法院网。
② 刘青:《上班突患精神病　是否工伤求判明》，载北京法院网。

会裁决该公司补助王某病假工资差额586元，驳回了王某的其他请求。王某不服，诉至法院，坚持要求该公司支付医疗费等1.5万余元。

◈分析解答◈我们认为，上班突患精神病不应视同工伤，因为按照《工伤保险条例》的规定，上班期间突发疾病只有导致死亡后果的，才视同工伤，否则，应按职工患病处理，王某可以享受相应的医疗待遇。

这里引人关注的是，过劳死能否视同工伤对待？一般认为，过劳死是因为工作时间过长、劳动强度加重、心理压力过大、存在精疲力竭的亚健康状态，由于积重难返突然引发身体潜藏的疾病急速恶化，救治不及，继而丧命。对此，按照本条规定只有符合是在工作时间和工作岗位突发疾病死亡或者在48小时之内经抢救无效死亡才能视同工伤，但是这不利于保护职工的合法权益，毕竟过劳死同工作具有紧密的关系。

◈生活实例8◈工作中的伤害疾病并不必然是工伤①

从2004年至今，高先生一直在北京某混凝土公司从事司机工作。其间既没有休息日，也没有法定假日，并且每天工作12小时以上。由于长期不间断的繁重体力劳动，2007年高先生经检查得知自己患上了肝硬化。即便如此，高先生一直坚持工作，没有因为病情而耽误工作，而后2008年4月，单位突然告知高先生因为患上了肝硬化被公司辞退。鉴于此种情况，高先生向被告北京某混凝土公司提出支付从工作至今的加班费和解除劳动合同的补偿金以及养老金等费用，但是单位态度恶劣，拒不支付任何费用。对此高先生不能接受。依照有关规定，高先生依法向劳动合同履行地石景山区劳动仲裁委员会申请仲裁，2008年7月8日石景山区劳动争议仲裁委员会作出仲裁，高先生的请求没有得到支持。

高先生对仲裁裁决不服，起诉至法院，要求法院判令被告支付5年的加班费89280元，支付解除劳动合同的经济补偿金14400

① 芦铸：《称工作累致肝硬化 不服被辞诉公司》，载北京法院网。

元，补偿养老保险金25000元。

❈**分析解答**❈我们认为，高先生主张的实际是一种“过劳伤”，在适用法律上同样会遇到上述“过劳死”所遇到的法律尴尬。高先生认为所在单位的行为严重侵犯了其合法权益即损害了其身体健康，但他这种病患属于与自身体质相关病患，没有相应的证据证明其病患与工作之间存在因果关系，因此，他的诉讼请求目前还不能得到法院的支持。

②在抢险救灾等维护国家利益、公共利益活动中受到伤害的。

③职工原在军队服役，因战、因公负伤致残，已取得革命伤残军人证，到用人单位后旧伤复发的。

需要注意的是，视同工伤毕竟实际上并不是工伤，因此在具体的工伤保险待遇上有所差别。职工有视同工伤的第一、二种情形的，按照《工伤保险条例》的有关规定享受工伤保险待遇；职工有第三种情形的，按照《工伤保险条例》的有关规定享受除一次性伤残补助金以外的工伤保险待遇。

63. 如何认定上下班途中发生事故是否构成工伤?

根据《工伤保险条例》规定，在上下班途中，受到机动车事故伤害的，属于工伤。这里“上下班途中”既包括职工正常工作的上下班途中，也包括职工加班加点的上下班途中，“途中”应当理解为职工在上下班的合理路途中，可以参照路途的方向、距离的远近及时间因素等综合判断。“受到机动车事故伤害的”既可以是职工驾驶或乘坐的机动车发生事故造成的，也可以是职工因其他机动车事故造成的；既包括发生在城市道路的伤害，也包括发生在其他道路或者区域内的伤害。

司机驾驶车辆执行本单位正常工作时发生交通事故导致本人伤亡的，也应按照此项规定，认定为工伤。如果属于犯罪行为、自杀自伤行为、酗酒所造成或蓄意制造交通事故的，不应认定为工伤。

职工在上下班途中受到机动车事故伤害，致其伤害的“机动车”是指以动力装置驱动或者牵引，上道路行驶的供人员乘用或者用于运送物品以及进行工程专项作业的轮式车辆。但不包括职工因酒后驾车、无照驾驶和驾驶无牌照车辆导致伤亡的情形。

※生活实例1※骑摩托车上班 发生单方事故，应认定为工伤①

顾某是某公司职工，在骑摩托车上班途中，发生单方事故，造成脾脏破裂。顾某找某公司，公司拒之门外，说顾某是否的确在上班途中发生事故，值得怀疑，即使真的发生事故，也是顾某自己的过错造成的，是单方事故，不属于工伤。经顾某申请，劳动部门认定其为工伤。某公司不服，申请行政复议，复议机关维持了工伤认定。某公司仍然不服，又起诉法院，法院经过审理，作出判决，最终维持了工伤认定。

※分析解答※工伤事故属于一种无过错责任，即不考虑受伤职工的主观上是否有过错，不论职工在交通事故中是否负事故责任，都不直接影响工伤的认定，除非职工的行为属于其故意制造的犯罪行为、自杀自伤行为、酗酒所造成或蓄意制造交通事故。本案中顾某骑车上班途中因疏忽、过失发生交通事故，不影响其工伤的认定。

※生活实例2※坐黑车和从非户籍地出发上班不影响工伤认定②

张某系某公司职工，双方未签订劳动协议，某公司未给张某缴纳工伤保险费。2007年7月25日，张某因工从外地出差回来，7月26日早5点，他自其住所北京市密云县高岭镇高岭村乘小型客车上班途中发生交通事故死亡。2007年8月20日，张某之妻齐某

---

① 刘文基：《准确认定工伤 依法维护权利》，载 http://rmfyb.chinacourt.org/public/detail.php?id=124247。

② 金丽：《坐黑车和从非户籍地出发上班不影响工伤认定》，载 http://bjgy.chinacourt.org/public/detail.php?id=70146。

向某区劳动保障局提出工伤认定申请。某区劳动保障局于 2007 年 10 月 31 日作出《工伤认定结论通知书》，并送达张某所在公司及齐某。

该公司不服诉至一审法院称，根据公司的《考勤管理规定》，张某从外地出差回来第二天即事发当天应该休息，是在其休假期间出现的交通事故，不属于在工作领域、工作时间内从事与工作有关的行为，不应认定为工伤；张某的经常居住地为北京市朝阳区，其上下班途中应该是从朝阳区到工作单位的路途，张某在密云县高岭镇发生交通事故，不属于在上下班途中，适用法律错误；张某乘坐的是没有运营资格的“黑车”，因此该事故应由张某自己负责。故诉请法院撤销该《工伤认定结论通知书》。

法院经审理后认为，区劳动保障局作为本行政区域内的工伤保险行政主管部门，对涉案工伤认定工作具有审查并作出工伤认定的管辖权和法定职责。区劳动保障局在受理齐某的工伤认定申请后，经调查核实认定：张某与该公司存在事实劳动关系，该公司未给其缴纳工伤保险。2007 年 7 月 26 日早晨，张某乘小客车上班途中因交通事故死亡。依据《工伤保险条例》第 14 条第（6）项的规定，认定张某于 2007 年 7 月 26 日死亡，符合工伤认定范围，遂于 2007 年 10 月 31 日，作出《工伤认定结论通知书》。该具体行政行为认定事实清楚，适用法律、法规正确，程序合法，应予以维持。最后，法院作出维持区劳动保障局《工伤认定结论通知书》的判决。

※分析解答※本案中，即使朝阳区是张某的户籍所在地或者经常居住地，但密云县高岭村同样是张某的住所，只要事故发生在张某因上下班而往返于住处和工作单位之间的，都应认定为工伤。

这里可以参照《最高人民法院公报》2008 年第 9 期登载的“北京国玉大酒店有限公司诉北京朝阳区劳动和社会保障局工伤认定行政纠纷案”中的裁判摘要：

“根据《工伤保险条例》第 14 条第 6 项的规定，职工在上下班途中，受到机动车事故伤害的应当认定为工伤。这里的‘上下班途中’，原则上是指职工为了上下班而往返于住处和工作单位之间的合理路径之中。根据日常生活的实际情况，职工上下班的路径并非是固定的、一成不变的、唯一的，而是存在多种选择，用人单位无权对此加以限制。只要职工为上下班而往返于住处和工作单位之间的合理路径之中，都属于'上下班途中'。至于该路径是否最近，不影响对'上下班途中'的认定。职工在上下班的合理路途中发生机动车事故，被行政部门依法认定为工伤，用人单位以事故发生的地点不在其确定的职工上下班的路线上为由，请求撤销行政机关作出的工伤认定的，人民法院不予支持。"

64. 没有签劳动合同能否申请认定为工伤？

根据《工伤保险条例》第18条第2款的规定，提出工伤认定申请应当提交与用人单位存在劳动关系（包括事实劳动关系）的证明材料。因此，工伤认定的前提是劳动关系的存在。

劳动关系的确定一般通过劳动合同确定，但也不完全如此，实践中大量存在事实劳动关系的现象。实践中常见的事实劳动关系有这样几种：没有签订书面劳动合同而就业的构成事实劳动关系、劳动合同期满后未办理终止或续订手续而形成事实劳动关系、冒用他人名义签订劳动合同而形成事实劳动关系等。这几种关系都是劳动关系的一种，是既成事实、客观存在的劳动权利和义务关系。

❈生活实例❈承包人招用人员劳动关系案[①]

2004年10月，宇兴公司与某设备安装工程公司签订分承包协议书，约定宇兴公司承包西直门交通枢纽及配套服务用房的景观照明安装工程，包工头李军（化名）以宇兴公司项目负责人身份在该协议书上签名。后李军招用并带领包括张某在内的工人进行施工。某设备安装工程公司将工人工资支付给宇兴公司，宇兴公司扣除相应的管理费后，支付给李军，由李军向工人发放。2005年5

① 郭京霞：《工人受伤索赔无门　法院确认劳动关系》，载北京法院网。

月3日，张某从西直门西环广场塔坠落致伤，现为植物人状态。张某向西城区劳动争议仲裁委员会申请仲裁，要求确认其与宇兴公司存在劳动关系，西城区劳动争议仲裁委员会裁决确认宇兴公司与张某具有劳动关系，宇兴公司不服该裁决，诉至法院。法院认为，李军系宇兴公司的项目负责人，张某由李军招用和管理。虽然张某未与宇兴公司签订书面劳动合同并亲自从该公司领取工资，但张某在李军的安排下从事宇兴公司的工作任务，且获取了该公司通过李军之手给付的报酬，因此双方形成了事实上的劳动关系。法院终审确认宇兴公司与张某之间存在劳动关系。

※分析解答※建筑行业中，不签劳动合同的现象还比较普遍，劳动者与企业之间是一种事实劳动关系。劳动者在工作过程中受到伤害后，要想确认为工伤，需要先向劳动争议仲裁委员会申请认定劳动关系。认定劳动关系的案件属于劳动争议的一种，如果对于劳动争议仲裁委员会的关于劳动关系的仲裁裁决不服，用人单位或劳动者还可以向人民法院起诉。

在审判实践中，领取工资证明、工友或同事的书面证明、考勤表、录用登记表等均可作为劳动者和用人单位之间存在事实劳动关系的证据。虽然没有和单位签订劳动合同，但可以通过提交上述证据，来证明和单位存在事实上的劳动关系，从而认定所受的伤为工伤。

劳动仲裁委员会或者人民法院认定劳动关系存在之后，劳动者可以凭借劳动仲裁委员会或者法院确认劳动者与发包方之间劳动关系存在的生效裁判申请工伤认定。

65. 实习期间受伤是否属于工伤?

我国现行的法律、法规确实没有明文规定实习生是否属于工伤主体，但《工伤保险条例》规定，本条例所称职工，是指与用人单位存在劳动关系（包括事实劳动关系）的各种用工形式、各种用工期限的劳动者。这里所称“各种用工形式、各种用工期限的劳动者”就是《工伤保险条例》规定的工伤主体，实习生虽然不是该厂招聘来的合同工、固定工、临时工，但属于学校安排到该厂边劳动、边学习的实习生，也是不同用工形式、不同用工期限的劳动者。因此，实习生也属于《工伤保险条例》调整的工伤主体，实习生在工作中遭到伤害，如果符合工伤认定条件的，同样应当认定为工伤，并应获得赔偿和享受工伤待遇。

需要注意的是，原北京市劳动和社会保障局《关于工伤保险工作若干问题的处理意见》（京劳社工发〔2008〕86号）第7条规定：“在校学生到用人单位实习期间发生伤亡事故的，不属于《条例》调整范围。”我们认为，此条规定过于绝对，应具体情况具体对待。

❈生活实例❈曹某实习期间受伤赔偿案[①]

某学校安排其学生曹某于2005年2月24日开始进行为期半年的实习。2005年4月22日下午，曹某在实习单位粉碎车间进行清洁工作时，被搅拌机将左臂卷入，造成曹某左肩、左手、右大腿大面积受伤，最终进行了截肢手术。实习生曹某将实习单位和学校告上法庭，要求二被告承担残疾辅助器具费等共计100余万元。法庭上，代理人向法庭出示了一份代培协议书，是由曹某和二被告三方签订的，其内容是该单位委托学校为其定向代培职业中专生，学生毕业后，与该单位签订正式劳动合同，并在该单位工作满一年后方可流动。

实习单位北京某制药厂承认该代培协议和曹某为实习生的事实，但强调是曹某擅自开启机器不慎受伤的，而作为实习单位，在实习前对实习生进行了系统完整的安全教育和培训，本身没有过错不应承担责任。学校则认为曹某当时是按照当班班长的指示进行清场工作的，实习单位应当承担相应的责任，而且学校在事情发生后出于人道主义已经为曹某担负各项费用12余万元。

① 阚连花：《实习期间受伤截肢 单位赔偿近百万》，载北京法院网。

法院认为，在学校与制药厂签订《实习培训协议书》时，曹某接受学校的推荐，之后按照实习培训协议到该制药厂参加实践学习，其与制药厂形成劳动关系。曹某在制药厂实习期间清洗机器时不幸被机器卷入致伤，依照有关法律规定，制药厂应承担赔偿责任。据此，法院判决被告制药厂赔偿原告曹某经济损失90万9千余元。

※**分析解答**※我们通常所说的实习，可以分为三种类型：就业型实习、培训型实习和勤工俭学型实习。就业型实习是指已经达到法定劳动年龄的学生，为今后在某用人单位工作而在该单位进行了解锻炼实习，可以认为这种实习学生与单位之间存在劳动关系。就业型实习情况下，学生往往会与实习单位签订实习协议。用人单位为见习者提供必要的工作、生活条件，发放不低于当地最低工资标准的见习工资。

本案中，代培协议书已经明确曹某属于就业型实习，因此其与制药厂之间存在劳动关系，相应地，工作中所受的伤害也属于工伤。实践中，也有法院判处学校承担连带责任的案例。

66. 与工作有关的哪些伤害不属于工伤?

工伤是发生在职业劳动过程中所受到的人身伤害，而职业劳动中所受到的伤害并不一定都是工伤。根据《工伤保险条例》第16条规定，职工有下列情形之一的，不得认定为工伤或者视同工伤：

（1）因犯罪或者违反治安管理伤亡的。比如，职工无证驾驶车辆发生交通事故而造成负伤、致残、死亡的，不应认定为工伤。

（2）醉酒导致伤亡的。机动车事故中有交管部门出具的《交通事故责任认定书》中注明驾车司机酒精含量达到醉酒或者有其他有效证明注明职工体内酒精含量达到醉酒的，属于此种不予认定工伤的情形。例如，职工孙某平素就经常喝酒，而且酒量较大。某日下班后，孙某与同事在单位食堂聚餐，在饭桌上，孙某喝了大量白酒。在与众人道别后，孙某骑摩托车回家，不幸的是由于饮酒过量撞上路边电线杆身亡。对此，孙某的死亡是因为自己醉酒所致，不得认定为工伤或者视同工伤。

（3）自残或者自杀的。例如，职工贺某在某公司上班，对公司扣发自己加班费不满。某日在突然得知自己身患癌症晚期之后，十分悲观，为了对公司进行报复，便自己携带剧毒农药于上班时在办公室喝药自杀。对此，死亡虽然在工作场所发生，但不是在工作时间内履行工作职责死亡，而是贺某的个人行为，不应当认定为工伤或者视同工伤。

※生活实例※工伤引发抑郁后自杀身亡，应认定为工伤[①]

杨某是某单位职工，在单位施工过程中，被一根10多公斤重的铁撬棍击中头部，造成头顶部裂伤，当时只打了破伤风针，进行了简单包扎，没有进行影像学检查。半个月后，杨某竟然在家中杀伤妻子儿女，后自杀身亡。经尸体解剖，杨某是由于脑外伤病变引起的死亡，经精神病医学鉴定，杨某的抑郁性精神病因为工伤引发。杨某的妻子申请劳动部门对杨某进行工伤认定，劳动部门因为杨某自杀身亡而不予认定。其家属不服，提起行政诉讼，一审法院也维持了劳动部门的不予认定工伤决定，其家属不服，提起上诉。二审法院经审理，采信精神病鉴定结论，认定其自杀时的精神状态是由于工作中头部受伤引起，据此作出终审判决，认定其为工伤。

※分析解答※《工伤保险条例》第16条规定所称的自杀不属于工伤，是指并非因工作和工作事故受伤害的情况。本案中，杨某自杀的原因是精神病病发，而患精神病的原因是半个月前工作过程中受伤的结果，因此，这种情形下的自杀仍然属于工伤。

67. 工伤由哪一个机构认定?

工伤认定机构是劳动保障行政部门，实践中各地负责工伤认定

① 刘文基：《准确认定工伤　依法维护权利》，载 http：//rmfyb. chinacourt. org/public/detail. php？ id =124247。

的部门多种多样，有社会保险经办机构，有劳动鉴定机构，也有劳动部门的工资、安全监察等科室。北京市作出工伤认定文书的机构是劳动和社会保障局保险科。

工伤认定只能由用人单位或者职工提出工伤申请，才能启动认定程序，劳动部门不能主动认定工伤。

在工伤认定申请的管辖上，申请工伤认定原则上应当向用人单位营业执照登记的住所地区、县劳动保障行政部门提出，但也有一些例外情况：

在本市注册的企业，其在本市依法取得营业执照并且参加工伤保险的分支机构，经企业法人授权，可以在工伤保险参保地劳动保障行政部门办理工伤认定手续；没有参加工伤保险的，职工受伤后到企业法人注册地劳动保障行政部门申请工伤认定。

本市取得营业执照或者依法在工商行政部门登记（备案）的外省市单位的分支机构，以分支机构的名义在本地参加工伤保险的，招用的职工发生工伤后，到工伤保险参保地劳动保障行政部门办理工伤认定手续。

外省市单位的分支机构在本地招用的职工发生工伤，已经在外省市参加工伤保险的，到工伤保险参保地劳动保障行政部门申请工伤认定；未参加工伤保险的，应在本地生产经营地劳动保障行政部门申请工伤认定。

68. 工伤认定申请应由用人单位还是劳动者提出？

为发生职业伤害的职工申请工伤认定是用人单位的法定义务，工伤的认定申请应当由用人单位自事故伤害发生之日或者被诊断、鉴定为职业病之日起 30 日内向用人单位营业执照登记的住所地区、县劳动保障行政部门提出。

职工在原用人单位从事接触职业病危害作业，到现用人单位后被诊断患职业病的，现用人单位有责任提出工伤认定申请。

用人单位未按前述规定提出工伤认定申请的，工伤的认定申请也可以由劳动者一方提出。在事故伤害发生之日或者被诊断、鉴定为职业病之日起 1 年内，受伤害职工或者其直系亲属、工会组织可以直接向劳动部门提出工伤认定申请，此时，职工所在单位是否同意（签字、盖章），不是必经程序。用人单位没有申请的，从事故伤害发生之日或职业病确诊之日起到劳动保障行政部门受理工伤认定申请之日止，在此期间发生符合规定的工伤待遇等有关费用由该用人单位负担。

◈生活实例◈发生“工伤”事故　讨要各项福利①

郭先生诉称，1984 年其服役转业，通过武装部分配到某公司工作，1995 年，双方签订无固定期限劳动合同。2003 年 11 月 19 日，郭先生在工作中受伤，治疗完成后，要求申报工伤。公司负责人言称如果报工伤，就扣三个月奖金。2004 年 2 月，郭先生上班，连续被扣了工作业绩效益分，从而扣钱。郭先生找被告公司有关部门，要求补办工伤和赔偿工资未果，于是其申请仲裁，被仲裁委以主体不适格为由驳回。

郭先生诉至法院，要求公司出具相关证明，为郭先生进行工伤鉴定，并据此赔偿工伤补助以及无故扣发的工资、奖金等，并要求到公司签订劳动合同，福利买房按公司最低价格购买。

◈分析解答◈本案中，公司负有申请工伤认定的法定义务，公司不申请的，劳动者可以自行向劳动部门申请工伤认定。公司不得禁止劳动者提出工伤认定申请。原劳动和社会保障部《关于实施〈工伤保险条例〉若干问题的意见》指出，用人单位未按规定为职工提出工伤认定申请，受到事故伤害或者患职业病的职工或者其直系亲属、工会组织提出工伤认定申请，职工所在单位是否同意（签字、盖章），不是必经程序。

---

① 芦铸：《发生“工伤”事故　讨要各项福利》，载 http：//bjgy. chinacourt. org/public/detail. php？ id = 74056。

69. 工伤认定申请有时效限制吗?

事故伤害发生之后或者被诊断、鉴定为职业病之后，用人单位应当及时申请工伤认定，《工伤保险条例》规定的用人单位申请工伤认定的时效是30日，遇有特殊情况，经报劳动保障行政部门同意，申请时限可以适当延长。劳动者一方提出认定申请的，时效为1年，这1年的期限，属于最长的工伤认定期限，该期限不能延长。

关于申请时效的起算，《最高人民法院公报》2008年第1期登载的“杨庆峰诉无锡劳动和社会保障局工伤认定行政纠纷案”裁判摘要指出：根据《工伤保险条例》第17条第2款的规定，工伤认定时效应当从事故伤害发生之日起算。这里的“事故伤害发生之日”应当包括工伤事故导致的伤害结果实际发生之日。工伤事故发生时事故结果尚未实际发生，工伤职工在伤害结果实际发生后一年内提出工伤认定的，不属于超过工伤认定申请时效的情形。

当然，如果是因为职业病而申请工伤认定的，则以职业病诊断鉴定书作出和送达的日期为起算时间。职工与用人单位之间因劳动关系发生争议的，当事人应当向劳动争议仲裁委员会申请仲裁，由劳动争议仲裁委员会依法确定劳动关系。依法定程序处理劳动争议的时间不计算在工伤认定的时限内。

70. 劳动者是否可以不申请工伤认定而直接要求用人单位民事赔偿?

用人单位没有申请工伤认定的，劳动者可以自行申请工伤认定。那么，这种情况下劳动者是否可以不申请工伤认定而直接要求用人单位民事赔偿？而且，如果因为超过1年的时效，劳动者的申请不被劳动部门受理怎么办？

首先，劳动者一方申请工伤认定并不是其法定义务，只是劳动者获得工伤待遇的一个前置程序，劳动者如果想获得《工伤保险条例》规定的工伤待遇，必须及时提出工伤认定申请。

如果劳动者想依据民事法律获得侵权损害赔偿，不可以申请工伤认定。客观上来说，自事故发生之日或者被诊断、鉴定为职业病之日起超过1年提出工伤认定申请的，区、县劳动保障行政部门不予受理。

此时，只要没有超过人身侵权案件的诉讼时效，还可以作为一般人身伤害案件依最高人民法院《关于审理人身损害赔偿案件适用法律若干问题的解释》第11条处理。

❈生活实例❈工作中受伤未定工伤　劳动者仍获民事赔偿[①]

陈某作为农民工，自2004年1月28日起，一直在北京某建筑工程公司工程处的驻外工地工作，月平均工资3000余元。双方未签订书面劳动合同，该工程处也没有为陈某缴纳“三险”。

2005年5月2日，陈某在工地上班时，被砂轮飞砂击中右眼。后因陈某右眼不适几乎失明，自同年5月10日至2006年6月23日先后在多家医院治疗，累计住院50天，支付住院费、医药费、挂号费用33 176.67元，交通费1941元。后经鉴定陈某的伤残程度为八级（伤残率30%）。

在陈某四处奔波求医的过程中，雇佣陈某的北京某建筑安装公司自2005年5月20日不再支付陈某工资，也不再认可双方存在劳动关系。为此，陈某只能向劳动争议仲裁委员会提起仲裁。2005年12月22日，经当地劳动争议仲裁委员会调解，陈某和北京某建筑安装公司自愿达成双方存在事实劳动关系的协议。

在此基础上，陈某向有关部门提出了工伤认定申请及医疗费用赔偿的请求。当地劳动和社会保障局以陈某2005年5月2日发生伤害至其提交工伤认定申请已超过1年为由作出工伤认定申请不予

---

① 隗斌、白玉环：《工作中受伤未定工伤　劳动者仍获民事赔偿》，载 http：//bj-gy. chinacourt. org/public/detail. php？ id = 63810。

受理通知书。陈某对此表示不服，又向当地劳动争议仲裁委员会提起劳动争议仲裁，却同样因超过仲裁时效期未被受理。

陈某无奈向人民法院提起诉讼，请求法院判令北京某建筑安装公司赔偿各项经济损失共计 158 308.60 元。在审理中，被告某建筑工程公司辩称，陈某是我公司职工无异议。但陈某右眼受伤不属于工伤，这已经有劳动局的认定。所以我公司不同意原告的诉讼请求。

人民法院认为，陈某和北京某建筑安装公司之间存在事实劳动关系。陈某的右眼在工作时受伤，虽然陈某所提交的工伤认定申请因已超过 1 年而未被劳动部门认定为工伤，但依据《最高人民法院关于审理人身损害赔偿案件适用法律若干问题的解释》第 11 条第 1 款，北京某建筑安装公司作为雇主应当赔偿陈某因就医支出的各项费用、因误工减少的收入以及残疾赔偿金、精神损害抚慰金共计人民币 148302 元。

❈分析解答❈本案虽然超过了工伤认定的申请时效，但这一后果首先是用人单位没有履行其依法申请的职责而引起的，对此，用人单位应当承担责任。其次，在职业伤害事故中，属于工伤的才适用《工伤保险条例》处理，没有认定为工伤的，用人单位应当依据《最高人民法院关于审理人身损害赔偿案件适用法律若干问题的解释》承担民事赔偿责任。

71. 工伤认定申请应当提供哪些材料？

工伤认定的申请应当由用人单位提出，用人单位不申请的，劳动者自己可以向劳动和社会保障部门申请，由于用人单位和劳动者所处的地位不同，二者申请提交的材料也有区别：

(1) 申请人为单位时，单位应提交如下材料：

①《劳动合同书》或其他确定有劳动关系、人事关系的有效证明（如工作证、单位开具的证明、工资凭证等）；

②用人单位组织机构证书，或法人登记证，或社团登记证，或法人营业执照及其复印件以及法人（主要负责人）证明和授权委托书；

③所申报工伤人员身份证明（如户籍证明、公安部门证明及身份证复印件等）；

④《工伤认定申请表》一式四份（到社保科领取）；

⑤工伤指定医院或抢救医院初次治疗诊断书，或者依法承担职业病诊断的医疗机构出具的职业病诊断证明书（或者职业病诊断鉴定书）；

⑥两个以上见证人出具的书面证明及见证人身份证明；

⑦如果企业未在规定的时限内提出，需提供延期申请及理由予以说明；

⑧其他需提交的材料（比如认定劳动者和用人单位之间存在劳动关系的司法文书等）。

（2）申请人为工伤人员本人或者其直系亲属，应当提交的材料包括：

①《劳动合同书》及其他证明有劳动关系、人事关系的证明（如工作证、单位开具的证明、工资凭证等）；

②身份证明（身份证及复印件、户籍证明或公安部门证明）；

③用人单位在受理机关管辖范围内的证明（如注册地查询可到工商局、人事局等）；

④《工伤认定申请表》一式四份（在社保科领取）；

⑤工伤指定医院或抢救医院初次治疗诊断证明，或者依法承担职业病诊断的医疗机构出具的职业病诊断证明书（或者职业病诊断鉴定书）；

⑥两个以上证明人证明材料及其身份证明；

⑦其他需提交的证明。

（3）不论由哪一方向劳动部门提出工伤认定申请，都需要提交下列证明伤害事故发生的经过及原因、后果的材料：

①职工死亡的，提交死亡证明；

②属于在工作时间和工作场所内，因工作原因受到事故伤害或者工作时间前后在工作场所内，从事与工作有关的预备性或者收尾性工作受到事故伤害的，提交事故的相关证据材料；

③属于在工作时间和工作场所内，因履行工作职责受到暴力等意外伤害的，提交公安部门的证明或者人民法院的判决或者其他证明；

④属于因工外出期间，由于工作原因受到伤害或者发生事故下落不明的，提交人民法院的判决或者公安部门的证明；

⑤属于在上下班途中，受到机动车事故伤害的，提交公安交通管理部门出具的《交通事故责任认定书》或相关证明材料；不属于公安交通管理部门处理的，提交相关部门的证明；

⑥属于在工作时间和工作岗位，突发疾病死亡或者在 48 小时之内经抢救无效死亡的，提交医疗机构的抢救和死亡证明；

⑦属于在抢险救灾等维护国家利益、公共利益活动中受到伤害的，提交县级以上民政部门、公安部门或企业出具的相关证明；

⑧属于职工原在军队服役，因战、因公负伤致残，已取得革命伤残军人证，到用人单位后旧伤复发的，提交《革命伤残军人证》及医疗机构对旧伤复发的诊断证明。

72. 劳动部门如何认定工伤?

区、县劳动保障行政部门收到工伤认定申请后，应当在 15 日内进行审查，决定是否受理。工伤认定申请有下列情形之一的，不予受理：（1）自事故发生之日或者被诊断、鉴定为职业病之日起超过 1 年提出申请的；（2）受伤害人员是用人单位聘用的离退休人员或者超过法定退休年龄的；（3）属于非法用工的情形的。对不予受理的，区、县劳动保障行政部门应当自收到申请之日起 15 日内书面告知申请人。

在受理申请人的工伤认定申请后，工伤认定程序即可启动。劳

工伤认定申报流程

申　请

申请人按规定向劳动行政部门提出工伤认定申请，并提供相关的材料。

↓ **受　理**

1. 保险科接到申请后15日内进行审查。对符合条件的应当受理，对不属于本管辖的告知申请人。

2. 申请材料不齐全的，一次性告知申请人在30日内补齐材料。

↓ **认　定**

1. 经审查符合认定条件的60日内（特殊情况可以延长30日）作出工伤认定结论通知书并告知单位和个人。

2. 对不能提供劳动关系或事实劳动关系证明的，告知申请人提起劳动仲裁以确定劳动关系，仲裁时间不累计在受理的规定时间内。

3. 对不符合认定条件的要告知申请人。

4. 对认定为工伤的发给工伤证。

↓ **鉴　定**

停工留薪期满或经治疗伤情基本稳定的，申请人向劳动能力鉴定委员会提出劳动能力鉴定评定伤残等级。

↓ **工伤保险待遇**

经鉴定符合享受工伤保险待遇条件的，申请人向社保中心申请待遇审核。根据核定的待遇，社保中心在规定的时间内，向工伤职工给付待遇。

动保障行政部门根据审核需要可以对事故伤害进行调查核实，用人单位、职工、工会组织、医疗机构以及有关部门应当予以协助，据实提供情况和证明材料。劳动保障行政部门工作人员进行调查核实，应由两名以上人员共同进行，并出示执行公务的证件。劳动保障行政部门工作人员进行调查核实时，可以行使下列职权：根据工作需要，进入有关单位和事故现场；依法查阅与工伤认定有关的资料，询问有关人员；记录、录音、录像和复制与工伤认定有关的资料。

根据《职业病防治法》的有关规定，职业病诊断应当由省级以上人民政府卫生行政部门批准的医疗卫生机构承担。劳动者可以在用人单位所在地或者本人居住地依法承担职业病诊断的医疗卫生机构进行职业病诊断。职业病诊断，应当综合分析下列因素：病人的职业史；职业病危害接触史和现场危害调查与评价；临床表现以及辅助检查结果等。没有证据否定职业病危害因素与病人临床表现之间的必然联系的，在排除其他致病因素后，应当诊断为职业病。职业病诊断、鉴定需要用人单位提供有关职业卫生和健康监护等资料时，用人单位应当如实提供，劳动者和有关机构也应当提供与职业病诊断、鉴定有关的资料。承担职业病诊断的医疗卫生机构在进行职业病诊断时，应当组织3名以上取得职业病诊断资格的执业医师集体诊断。职业病诊断证明书应当由参与诊断的医师共同签署，并经承担职业病诊断的医疗卫生机构审核盖章。当事人对职业病诊断有异议的，可以向作出诊断的医疗卫生机构所在地地方人民政府卫生行政部门申请鉴定。当事人对设区的市级职业病诊断鉴定委员会的鉴定结论不服的，可以向省、自治区、直辖市人民政府卫生行政部门申请再鉴定。

由于职业病诊断证明书或者职业病诊断鉴定书的作出已经经过了充分的调查核实和严格的程序，劳动者已经取得职业病诊断证明书或者职业病诊断鉴定书的，劳动保障行政部门不再进行调查核实。职业病诊断证明书或者职业病诊断鉴定书不符合国家规定的格式和要求的，劳动保障行政部门可以要求出具证据部门重新提供。

劳动保障行政部门应自受理工伤认定申请之日起60日内作出结论，书面通知用人单位和职工或者其直系亲属。认定决定包括工伤或视同工伤的认定决定和不属于工伤或不视同工伤的认定决定。对认定为工伤或者视同工伤的，应当核发《工伤证》。用人单位不得扣留《工伤证》。

工伤认定决定应当载明下列事项：（1）用人单位全称；（2）职工的姓名、性别、年龄、职业、身份证号码；（3）受伤部位、事故时间和诊治时间或职业病名称、伤害经过和核实情况、医疗救治的基本情况和诊断结论，劳动保障行政部门应当根据医疗诊断证明书，确定工伤职工的伤害部位或者职业病名称。由工伤直接导致的疾病，经劳动能力鉴定委员会确认后，一并列入伤害部位；（4）认定为工伤、视同工伤或认定为不属于工伤、不视同工伤的依据；（5）认定结论；（6）不服认定决定申请行政复议的部门和期限；（7）作出认定决定的时间。工伤认定决定应加盖劳动保障行政部门工伤认定专用印章。

劳动保障行政部门应当自工伤认定决定作出之日起20个工作日内，将工伤认定决定送达工伤认定申请人以及受伤害职工（或其直系亲属）和用人单位，并抄送社会保险经办机构。

73. 工伤认定中由哪一方承担举证责任?

举证责任，是指当事人应当收集或提供证据证明应予认定的案件事实或有利于自己的主张的责任，否则将承担不利于自己的认定后果的法律责任。举证责任要解决的问题是，在工伤认定中涉及的事实，应当由谁提供证据加以证明以及在认定结束时，如果职业事故事实仍然处于真伪不明的状态，应当由谁来承担不利的认定后果。《工伤保险条例》第19条第2款规定："职工或者其直系亲属认为是工伤，用人单位不认为是工伤的，由用人单位承担举证责任。"

工伤认定包括了工伤认定机构和人员的主观判断，涉及对申请人所提供的相关材料以及材料真实性的审查判断，工伤认定通过审查程序，确认职工所遭受的人身伤害是职业伤害，并且符合法律规定的工伤相关条件。工伤认定机构在认定是否属于工伤时，应当坚持有利于劳动者的原则，在存在可认定可不认定，或者界限模糊、不易查明事实的情况下，应当作出有利于劳动者的结论。

职工或者其直系亲属认为是工伤，用人单位不认为是工伤的，由该用人单位承担举证责任，并在区、县劳动保障行政部门规定的时限内提交证据。用人单位应举证证明职工是基于其他事由引起的受伤或该项工作不存在引起伤害的可能性。用人单位拒不举证的，劳动保障行政部门可以根据受伤害职工提供的证据依法作出工伤认定结论。工伤职工认为工伤直接导致其他疾病的，还应当提交工伤医疗机构出具的相关证明，此时举证责任由职工承担。

※生活实例※用人单位不同意认定职工工伤应承担举证责任[①]

郑某系某通讯器材公司的职工。2006 年 5 月 2 日 19 时许，郑某在下班回家途中，所乘车辆与徐某驾驶的车辆接触，造成身体多处受伤。2007 年 2 月 1 日，郑某向劳动保障部门提出工伤认定申请，因所提交材料不齐，劳动保障部门作出《工伤认定申请补正材料通知书》，后于 2007 年 3 月 20 日受理此案。2007 年 3 月 21 日，劳动保障部门向郑某单位送达《工伤认定调查通知书》，要求其在 7 日内办理是否同意给郑某认定工伤的举证手续，并提交相应证明材料。通讯器材公司在规定期限内未提交郑某所受伤害不属工伤的证据材料。2007 年 4 月 23 日，劳动保障部门作出《工伤认定通知书》，并送达给用人单位和郑某。用人单位不服《工伤认定通知书》，向市劳动保障局申请行政复议。复议结论是维持《工伤认定通知书》。

通讯器材公司向法院提起行政诉讼，认为郑某在其公司正常下班，后在办理私事过程中发生交通事故。郑某发生交通事故的时间和地点不是上下班时间，也不是上下班正常路线。郑某发生的交通事故与工作没有任何关系，所受伤害不属于工伤，应由交通事故肇

---

① 田丽娟：《用人单位不同意认定职工工伤应承担举证责任》，载北京法院网。

事方负赔偿责任。劳动保障部门没有依法进行调查，也没有核实相关证据，作出了错误认定，诉请法院撤销《工伤认定通知书》。

法院审理后认为，劳动保障部门所作《工伤认定通知书》并无不当，遂判决维持了《工伤认定通知书》。

◈**分析解答**◈通讯器材公司不认为属于工伤事故的应当承担举证责任。举证责任首先体现为行为意义上的责任，即通讯器材公司应当向工伤认定机构提供相应的证据；其次体现为结果意义上的责任，如果通讯器材公司不提供证据或者提供的证据不能证明其主张的事实，即认为郑某是办私事过程中发生的交通事故，交通事故的时间和地点不是上下班时间，也不是上下班正常路线，则应当承担对通讯器材公司不利的认定后果，即应当认定为工伤。

74. 劳动者或者用人单位对工伤认定不服如何救济?

按照我国现行的工伤认定制度，工伤认定机构是行政机构，劳动和社会保障部门作出的不予受理决定或者工伤认定结论，都属于具体行政行为的一种，前者属于不作为的具体行政行为，后者属于作为的具体行政行为。对这两种具体行政行为不服，都可以通过一定的程序寻求救济。

工伤认定争议是指双方当事人对工伤认定结论存在争议，也即劳动者认为属于工伤，而用人单位则持否定态度。争议过程中，双方往往对彼此是否存在劳动法意义上的劳动关系，或者是否在工作时间和工作岗位上致残存在分歧。

对上述争议的法律救济，根据《工伤保险条例》第53条的规定：申请工伤认定的职工或者其直系亲属、该职工所在单位对工伤认定结论不服的，可以依法申请行政复议，对复议决定不服的，可以依法提起行政诉讼。因此，法院对属不属于工伤的工伤认定争议是通过行政诉讼的方式进行司法审查的。

※生活实例※未签合同出工伤 属事实劳动关系也获赔①

2007年3月29日，王某在北京市门头沟区某建筑公司工作中左手手指被电锯锯伤，被送到门头沟区医院进行治疗。后王某被门头沟区劳动和社会保障局认定为工伤。2007年9月28日，经门头沟区劳动能力鉴定委员会鉴定，王某伤势达到职工工伤与职业病致残程度鉴定标准十级。因公司拒绝支付王某6个月的一次性伤残补助金，王某于2008年10月23日向北京市劳动争议仲裁委员会申请仲裁。

仲裁中，公司称王某与其未签订劳动合同，不应该支付王某工伤补偿。仲裁委员会认为，王某虽未与公司签订劳动合同，但形成了事实劳动关系，且王某被认定为工伤，并经鉴定为伤残十级。根据《工伤保险条例》第35条、第61条规定，公司应一次性支付王某伤残补助金9842元；依据《北京市实施〈工伤保险条例〉暂行办法》第31条规定，公司应支付伤残鉴定费200元。故裁决北京市门头沟区某建筑公司自裁决生效之日起7日内一次性支付王某一次性伤残补助金、鉴定费共计10042元。裁决后，被诉公司未向法院提起诉讼，逾期不履行义务，被王某申请强制执行，法院从公司账户强制扣划拖欠的补偿款。

※分析解答※对劳动局的工伤认定不服的，应当通过行政复议或行政诉讼的方式寻求救济，如果在工伤认定的结论出来之后，不及时提起复议或者行政诉讼，而是在随后的民事赔偿诉讼中去否定这一结论，不会得到法院的支持。

75. 对工伤认定不服的可以申请行政复议吗？

行政复议是指行政相对人认为行政机关的行政行为侵犯其合法权益，依法向上级行政机关提出申请，由受理申请的行政机关对行

① 高旭：《未签合同出工伤 属事实劳动关系也获赔》，载 http://bjgy.chinacourt.org/public/detail.php?id=72952。

政行为依法进行审查并作出处理决定的活动。行政复议的目的是为了防止和纠正违法的或者不当的具体行政行为，保护公民、法人和其他组织的合法权益，保障和监督行政机关依法行使职权。

对不予受理决定不服或者对工伤认定结论不服的，用人单位或者劳动者可以作为行政复议申请人向工伤认定机构的上一级行政机关提起行政复议。工伤认定机构一般是用人单位营业执照登记的住所地的区、县劳动保障行政部门，区县人民政府和地市级劳动和社会保障部门都是其上一级行政机关，用人单位或者劳动者可以选择向其中的一个提出复议申请。

用人单位或者劳动者申请行政复议的，应当在知道该不予受理决定不服或者对工伤认定结论不服之日起60日内提出申请。对于复议机关的复议结论不服的，可以向人民法院起诉。

❈生活实例❈并非工伤莫强求①

某进出口总公司部门副经理周先生以所患肾病是因工作劳累为由，要求其单位进出口总公司为他申报工伤。进出口总公司于2001年11月6日向东城区劳动和社会保障局提出书面申请，要求依法认定周先生是否属于工伤。东城区劳动和社会保障局依据《北京市企业劳动者工伤保险规定》，于2002年1月22日作出了不予认定工伤的结论。

周先生对此不服，向东城区政府申请行政复议。在复议期间，东城区劳动和社会保障局于2002年6月18日撤销了上述认定结论，表示待周先生补充提供新证据后重新进行认定。为此，周先生撤回了复议申请。在2002年6月至2004年4月间，周先生委托母亲向区劳动和社会保障局陆续递交了相关的补充材料。

2004年4月12日，东城区劳动和社会保障局再次作出非工伤认定的结论。他们根据国务院《工伤保险条例》第14条工伤认定和第15条视同工伤认定范围的规定，认定周先生于1996年9月9日发生的伤害，不符合工伤（视同工伤）认定范围，不予认定工

① 翊文：《并非工伤莫强求》，载北京法院网。

伤。周先生不服，向东城区政府提出复议申请。东城区政府于7月20日作出了行政复议决定书，维持了东城区劳动和社会保障局的决定。

周先生不服这个认定，起诉到法院，经过一审和二审，法院认为，周先生没有职业病诊断医疗机构出具的职业病诊断证明书，也不符合职业病应具备的其他条件，所以周先生所患肾病不属于《工伤保险条例》认定的工伤和视同工伤，也不属于事故伤害。东城区劳动和社会保障局的认定结论，是在收到周先生的全部相关材料后作出的，是正确的，依法应予维持。

❖**分析解答**❖在现行医疗诊断条件下，很难确定劳动者患有的某一疾病与其长期工作期间的超强度、超负荷的工作，积劳成疾有关，因此，劳动者由此提出的工伤认定申请很难获得支持。

76. 对工伤认定不服的，可以向人民法院提起行政诉讼吗？

《工伤认定办法》规定，职工或者其直系亲属、用人单位对不予受理决定不服或者对工伤认定决定不服的，可以依法申请行政复议或者提起行政诉讼。《行政诉讼法》第37条规定，对属于人民法院受案范围的行政案件，公民、法人或者其他组织可以先向上一级行政机关申请复议，对复议不服的，再向人民法院提起诉讼，也可以直接向人民法院提起诉讼。据此，职工或者其直系亲属、用人单位对不予受理决定不服或者对工伤认定决定不服的，可以选择先进行行政复议，再视情况决定是否进行行政诉讼，也可以选择直接进行行政诉讼，行政复议不是终局的。

劳动者和用人单位直接向人民法院提起诉讼的，应当在知道作出工伤处理决定之日起3个月内提出。劳动者和用人单位先提出行政复议的，申请人不服复议决定的，应当在收到复议决定书之日起15日内向人民法院提起诉讼。

在工伤认定争议的行政诉讼中，被告是受理工伤认定申请的劳动和社会保障部门，受理这一行政诉讼的法院是该劳动和社会保障部门所在地的基层人民法院。人民法院受理这一行政案件，对不予受理决定或者对工伤认定决定是否合法进行审理并作出相应的裁判，一般不对决定的合理性进行审查。在诉讼中，劳动和社会保障部门应当证明其作出的处理决定合法，否则，便应承担败诉的后果。

❈生活实例❈职工自杀被判因工死亡①

2006年11月底，北京铁路局职工杨涛参加单位组织的更换混凝土轨枕施工过程中，被一根10多公斤重的铁撬棍击中头部。单位立即送杨涛到卫生服务站。卫生站诊断为头顶部3厘米皮裂伤，并为杨涛进行了简单的包扎，打了一针破伤风疫苗，没有进行影像学检查。12月14日，回到家中休养的杨涛曾前往卫生院就诊。当时他自述说，头部受了外伤，最近总感觉头晕、恶心、头痛，而且总睡不着觉。2006年12月15日凌晨，杨涛在自己家中久久不能入睡，他突然起身从厨房拿来菜刀，挥刀砍向熟睡中的妻儿。将妻子和儿子砍伤后，他又举刀自杀，最终割腕而亡。案发后，警方委托精神疾病司法鉴定中心对这起少见的案件进行司法精神医学鉴定，鉴定结论指出杨涛作案时存在严重的抑郁情绪，他的作案动机受情绪障碍的影响，在抑郁情绪影响下发生扩大性自杀。

杨涛死后不久，他的妻子向海淀区劳动和社会保障局提出申请，要求将杨涛的自杀死亡认定为因工死亡。杨涛的妻子认为，杨涛是在单位施工中头部受伤后造成的外伤性精神病，并最终导致扩大性自杀的严重后果。但是，我国《工伤保险条例》明确规定，“自残或自杀”不得认定为工伤。海淀区劳动局据此认定杨涛“自杀”不属于因工死亡。杨妻不服，提起行政复议与行政诉讼。最终二审法院认为，现既无证据证明杨涛在头部受伤后还受过其他伤

① 邱伟：《北京铁路局职工自杀首次被判因工死亡》，参见《北京晚报》2008年10月6日报道。

害，也无证据证明杨涛受伤前有精神疾病，应认定杨涛自杀时的精神状态是由于他的头部受伤引起的，在该精神状态下杨涛的自杀行为与他在工作中受到的头部伤害存在因果关系，应认定为工伤。法院判决推翻了“自杀不能认定为工伤”的习惯性理解，认为《工伤保险条例》第16条关于自残或者自杀不得认定为工伤的情形，应指并非因工作和工作事故受伤害的情况。而杨涛的自杀行为是他在工作中头部遭受事故伤害后，导致精神障碍所表现出的一种后果，与《工伤保险条例》第16条所规定的情形并非同一性质。

※分析解答※本案中，劳动者的直系亲属、用人单位对不属于工伤的认定决定不服，先后依法申请了行政复议和提起了行政诉讼，并最终在行政诉讼的二审阶段获得了认定为工伤的终审判决。

三、劳动能力鉴定

77. 什么是劳动能力的鉴定？劳动能力的鉴定由哪个机构负责？

劳动能力鉴定是指劳动能力鉴定委员会对劳动者身体或精神所受到的损害导致本人工作能力减弱状况所作的专业性的结论性意见或证明，包括伤残等级鉴定、生活自理障碍等级鉴定、工伤直接导致其他疾病确认、延长停工留薪期确认、配置辅助器具确认、更换辅助器具确认、复查鉴定。同时，职工因病提前退休（职）及医疗期满的鉴定也由劳动能力鉴定委员会负责。

省、自治区、直辖市和设区的市分别设立劳动能力鉴定委员会，直辖市各区县均设立有劳动能力鉴定委员会。劳动能力鉴定委员会由劳动保障行政部门、人事行政部门、卫生行政部门、工会组织、经办机构代表以及用人单位代表组成。劳动能力鉴定委员会的办事机构设在各级劳动保障行政部门。省级劳动能力鉴定委员会不直接受理当事人的劳动能力鉴定申请。

劳动能力鉴定委员会按照《工伤保险条例》要求建立医疗卫生专家库。劳动能力鉴定委员会作出鉴定结论应充分尊重专家组的鉴定意见，切实保证鉴定结论的客观、公正、准确。

劳动能力鉴定是职业伤害的受害人及其亲属享受工伤保险待遇高低的依据。在审查工伤纠纷案件中，应以劳动行政部门作出的工伤认定及劳动鉴定委员会作出的伤残等级鉴定结论作为处理依据，对其他鉴定部门作出的工伤认定均应不予采纳。

78. 劳动能力认定的具体程序是怎样规定的？

（1）鉴定的申请主体

根据《工伤保险条例》第 23 条的规定，用人单位、工伤职工或者其直系亲属，都可以向区、县劳动能力鉴定委员会提出劳动能力鉴定申请。目前，劳动能力鉴定的费用由财政负担，劳动者不用交费，但是，用人单位未参加工伤保险或者未给工伤职工缴纳工伤保险费的，工伤职工的劳动能力鉴定费用由用人单位支付。用人单位申请劳动能力鉴定委员会确认工伤职工是否延长停工留薪期的，所需费用由用人单位支付。

（2）鉴定申请的材料

病伤职工医疗期满或者基本治愈的，申请人提出工伤评残、工伤直接导致其他疾病的确认、延长停工留薪期确认、配置辅助器具确认、更换辅助器具确认、因病提前退休（职）劳动能力鉴定、医疗期满和复查鉴定申请时，应当填写《劳动能力鉴定、确认申请表》，并提交申请人申请劳动能力鉴定的申请和相关资料：工伤认定结论、《工伤证》和工伤职工选定的工伤医疗机构出据的诊断证明及按照《医疗事故处理条例》规定复印或复制的病历等。

（3）申请鉴定的时间

工伤认定程序是劳动能力鉴定的前置程序，没有工伤认定就无法启动劳动能力鉴定程序。根据《工伤保险条例》第 23 条的规定，职工发生工伤，经治疗伤情相对稳定后存在残疾、影响劳动能力的，应当进行劳动能力鉴定。

确定伤情相对稳定一般要考虑如下因素：①原发性操作得到修复或者治愈。如骨折达到复位愈合、器官操作得到修复、损伤创口得到愈合，无并发症的发生。②功能障碍的恢复稳定。神经的损伤，听力、视力等功能障碍的恢复相对处于稳定或静止的阶段。③损伤和医疗过程引发的并发症得到控制。如伤者感染得到有效控制。

根据《北京市实施〈工伤保险条例〉办法》第27条规定，工伤职工停工留薪期满或者停工留薪期内工伤治愈的，申请人可以提出鉴定申请。

(4) 鉴定过程

市（区）级劳动能力鉴定委员会受理鉴定申请后，应当从医疗卫生专家库中随机抽取3名或5名相关专业的医学专家组成专家组，进行劳动能力鉴定。劳动能力鉴定时医疗专家组应填写《医疗专家组劳动能力鉴定、确认意见表》，提出鉴定意见。医疗专家组认为需要作进一步医学检查的，劳动能力鉴定委员会办事机构应书面告知用人单位或职工。用人单位或职工应在接到书面告知书60日内将检查结果报到劳动能力鉴定委员会办事机构，否则视为未提出申请。职工作进一步医学检查和补正检查结果的时间不计算在劳动能力鉴定工作时限内。在提出劳动能力鉴定申请之日起的90日内，职工没有按照劳动能力鉴定委员会办事机构指定的时间、地点参加劳动能力鉴定的，视为未提出申请。

劳动能力鉴定结论应当及时送达申请鉴定的单位和个人。

(5) 复查鉴定

为避免工伤职工伤情恶化而工伤待遇不变的尴尬局面，《工伤保险条例》第28条规定了劳动能力复查程序：自劳动能力鉴定结论作出之日起1年后，工伤职工或者其直系亲属、所在单位或者经办机构认为伤残情况发生变化的，可以申请劳动能力复查鉴定。

经劳动能力鉴定委员会复查鉴定，工伤职工伤残等级、生活自理障碍等级发生变化的，自作出劳动能力鉴定结论次月起，其伤残津贴、生活护理费作相应调整。现实中，工伤事故发生后，往往职工已经被单位辞退，特别是七至十级伤残职工。我们认为，此时劳动者如果复查后伤残等级提高的，仍然可以向原用人单位要求补足相应待遇。

79. 劳动功能伤残程度与劳动能力有什么关系？

劳动功能障碍分为十个伤残等级，最重的为一级，最轻的为十级。生活自理障碍分为三个等级：生活完全不能自理、生活大部分不能自理和生活部分不能自理。劳动能力鉴定标准由国务院劳动保障行政部门会同国务院卫生行政部门等部门制定。现行的因工伤而影响劳动能力的，对劳动能力进行鉴定的标准为《职工工伤与职业病致残程度鉴定 GB/T16180—2006》，这一标准于 2007 年 5 月 1 日开始实施，是对旧标准（《职工工伤与职业病致残程度鉴定 GB/T16180—1996》）的修改和完善。职工非因工伤残或因病丧失劳动能力的，适用《职工非因工伤残或因病丧失劳动能力程度鉴定标准（试行）》。

（1）影响伤残等级的因素

确定伤残等级的依据可以归纳为五类因素：器官损伤、功能障碍、医疗依赖、护理依赖、心理障碍，依据伤病者于医疗期满时的器官损伤、功能障碍及其对医疗与护理的依赖程度，适当考虑了由于伤残引起的社会心理因素影响，对伤残程度进行综合判定分级。

①器官损伤。器官损伤是工伤的直接的后果，但职业病不一定有器官缺损。

②功能障碍。工伤后功能障碍的程度与器官缺损的部位及严重程度有关，职业病所致的器官功能障碍与疾病的严重程度相关。对功能障碍的判定，应以医疗期满后的医疗检查结果为依据，根据评残对象逐个确定。

③医疗依赖。指伤、病致残后，于医疗期满后仍然不能脱离治疗者。

④护理依赖。指伤、病致残者因生活不能自理需依赖他人护理者。生活自理范围主要包括五项：进食；翻身；大小便；穿衣、洗漱；自我移动。护理依赖的程度分三级：完全护理依赖，指生活不能自理，上述五项均需护理者；大部分护理依赖，指生活大部不能自理，上述五项中三项需要护理者。部分护理依赖，指部分生活不能自理，上述五项中一项需要护理者。

⑤心理障碍。一些特殊残情，在器官缺损或功能障碍的基础上虽不造成医疗依赖，但却导致心理障碍或减损伤残者的生活质量，在评定残情时，应适当考虑这些后果。

（2）伤残等级分级的原则

一级，器官缺失或功能完全丧失，其他器官不能代偿，存在特殊医疗依赖，生活完全或大部分不能自理。

二级，器官严重缺损或畸形，有严重功能障碍或并发症，存在特殊医疗依赖，或生活大部分不能自理。

三级，器官严重缺损或畸形，有严重功能障碍或并发症，存在特殊医疗依赖，或生活部分不能自理。

四级，器官严重缺损或畸形，有严重功能障碍或并发症，存在特殊医疗依赖，生活可以自理者。

五级，器官大部缺损或明显畸形，有较重功能障碍或并发症，存在一般医疗依赖，生活能自理者。

六级，器官大部缺损或明显畸形，有中等功能障碍或并发症，存在一般医疗依赖，生活能自理者。

七级，器官大部分缺损或畸形，有轻度功能障碍或并发症，存在一般医疗依赖，生活能自理者。

八级，器官部分缺损，形态异常，轻度功能障碍，有医疗依赖，生活能自理者。

九级，器官部分缺损，形态异常，轻度功能障碍，无医疗依赖，生活能自理者。

十级，器官部分缺损，形态异常，无功能障碍，无医疗依赖，生活能自理者。

(3) 劳动能力程度

《职工工伤与职业病致残程度鉴定》将工伤职工丧失劳动能力的程度分为三个等级：完全丧失劳动能力、大部分丧失劳动能力和部分丧失劳动能力。凡伤残等级鉴定为一至四级的，可确定为完全丧失劳动能力；凡伤残等级鉴定为五至六级的，可确定为大部分丧失劳动能力；凡伤残等级鉴定为七至十级的，可确定为部分丧失劳动能力。其中一至四级和五至六级伤残程度分别列为本标准的完全丧失劳动能力和大部分丧失劳动能力的范围。

职工非因工伤残或因病丧失劳动能力程度鉴定标准，分完全丧失劳动能力和大部分丧失劳动能力两个程度档次。

80. 对劳动能力认定不服的可以向法院起诉吗?

《最高人民法院关于审理劳动争议案件适用法律若干问题的解释（二）》第 7 条第 3 项规定，劳动者对劳动能力鉴定委员会的伤残等级鉴定结论或者对职业病诊断鉴定委员会的职业病诊断鉴定结论的异议纠纷不属于劳动争议。

事实上，这种异议根本不属于人民法院受理的范围，不由人民法院处理。对劳动能力鉴定结论有异议的，既不能申请行政复议，也不可以提起行政诉讼。职工对劳动鉴定委员会作出的伤残等级鉴定结论不服的，只可以向当地劳动鉴定委员会办公室申请复查，对复查鉴定结论不服的，可以向上一级劳动鉴定委员会申请重新鉴定，不得向人民法院提起诉讼。省、自治区、直辖市一级劳动能力鉴定委员会的劳动能力鉴定结论为最终结论。

在诉讼过程中，当事人仅请求工伤赔偿，或对劳动能力鉴定结论有异议又不申请复查而请求工伤赔偿的，人民法院经审查认为劳动能力鉴定委员会所作出的鉴定结论确有不妥，可不予采信，以人民法院审理认定的案件事实作为处理的依据。

四、工伤保险待遇

81. 职工工伤保险待遇有哪些项目?

工伤保险待遇是社会保险经办机构或者用人单位根据工伤职工所受到的人身伤害程度和劳动能力降低程度，而给予工伤职工或其直系亲属的物质性帮助。

工伤保险待遇可以分为下列几类：

（1）工伤医疗待遇。工伤医疗待遇是指职工在工伤医疗期内所享有的待遇。

（2）停工留薪待遇。停工留薪期是指职工因工负伤、患职业病需要接受工伤医疗而暂停工作，由用人单位继续发给原工资福利待遇的一段期间。

（3）因工伤残待遇。因工伤残待遇是指职工因工受伤医疗终结后经劳动能力鉴定机构作出劳动能力鉴定结论后，根据伤残程度和劳动能力下降程度而享受的社会保险待遇，包括护理费、辅助器具费、一次性伤残补助金、伤残津贴、一次性医疗补助金和就业补助金等。

（4）因工死亡待遇。因工死亡待遇是指职工因工伤事故直接导致死亡、停工医疗期间死亡、工伤旧伤复发死亡时，社会保险经办机构支付给工伤职工所供养亲属的相关待遇，包括丧葬补助金、供养亲属抚恤金和一次性工亡补助金等。

82. 职工在工伤医疗期间享有什么待遇?

工伤医疗待遇，是指职工因工作遭受事故伤害或者患职业病进行治疗，在特定的医疗机构治疗，所需费用由工伤保险基金支付，或者有关交通食宿费用由用人单位支付的待遇。

具体来讲，工伤医疗待遇包括：

(1) 医疗费，治疗工伤所需费用由工伤保险基金按规定支付；

(2) 住院伙食补助费，工伤职工需要住院治疗的按照本单位因工出差伙食补助标准的70%，由所在单位发给住院伙食补助费；

(3) 就医所需交通费，需要到所在地的市（县）以外就医的，所需交通、食宿费用由所在单位按照本单位职工因工出差标准报销；

(4) 康复性治疗费用，工伤职工到签订服务协议的医疗机构进行康复性治疗的费用，从工伤保险基金中支付。

上述几项待遇中，治疗工伤所需医疗费用及工伤职工到签订服务协议的医疗机构进行康复性治疗的费用，要符合国家规定的工伤保险医疗项目目录、工伤保险药品目录、工伤保险住院服务标准，方可由工伤保险基金支付。对于不符合规定标准的费用、治疗非工伤引发的疾病等不属于工伤医疗待遇范围的费用，原则上工伤保险基金不予以支付。

参加工伤保险的职工治疗工伤，情况紧急时可先到就近的医疗机构急救，在伤情稳定后5日内应转往签订服务协议的医疗机构继续治疗。受伤职工认定工伤前发生的医疗费用，先由用人单位垫付，待认定工伤后，医疗费用中符合工伤保险医疗支付项目的，由社会保险经办机构给予报销。未按规定就医所发生的医疗费用，工伤保险基金不予支付。

工伤职工治疗非工伤引发的疾病，不享受工伤医疗待遇，参加基本医疗保险的，按照基本医疗保险规定处理。

应当注意的是，工伤医疗待遇中的有关费用，必须有相关的证据，证明用于治疗工伤，如医生诊断、医疗单据等。

83. 停工留薪期有什么待遇?

工伤职工停工留薪期是指职工发生工伤或者患职业病后，停止工作接受治疗，继续享受原工资福利待遇的期限。在停工留薪期内，原工资福利待遇不变，由所在单位按月支付。职工在停工留薪期内，用人单位不得与其解除或者终止劳动关系。

停工留薪期应连续计算，一般不超过12个月。伤情严重或者情况特殊，经劳动能力鉴定委员会确认，可以适当延长，但延长不得超过12个月，即停工留薪期最长不得超过24个月。职工停工留薪期满，工伤医疗机构出具继续休假证明的，可以延长停工留薪期。用人单位不同意延长的，由用人单位向区、县劳动能力鉴定委员会提出确认申请，用人单位未提出确认申请的，视为同意延长。也就是说，工伤职工在停工留薪期满时，如果已明确向单位表达了需要延长停工留薪期的意愿，并一直向单位出具休假证明，单位则在没有向劳动能力鉴定委员会提出确认延长停工留薪期申请前，应视为同意职工延长。但延长停工留薪期的时间，从停工留薪期满之日起计算，无论是否经过劳动能力鉴定委员会确认，延长时间都不得超过12个月。

工伤职工评定伤残等级后，停发原待遇，按照《工伤保险条例》的有关规定享受伤残待遇。工伤职工在停工留薪期满后仍需治疗的，工伤医疗待遇继续享受。生活不能自理的工伤职工在停工留薪期需要护理的，由所在单位负责。

《工伤保险条例》中对由哪个机构确定停工留薪期并无规定，只是提到停工留薪期的延长须经设区的市级劳动能力鉴定委员会确认。许多工伤案件都涉及双方对工伤医疗期（停工留薪期）到底是多少天有争议。对此，《北京市工伤职工停工留薪期管理办法》第3条规定，工伤职工应及时将工伤医疗机构出具的诊断证明或者休假证明报送给所在单位。由用人单位根据工伤医疗机构的诊断证明，按照《停工留薪期目录》，确定工伤职工的停工留薪期，并书面通知工伤职工本人。按照这个规定，停工留薪期是由用人单位确定的。《停工留薪期目录》是北京市劳动和社会保障局制定的对应各种不同的伤情而确定的不同的停工留薪期的期限。

工伤职工旧伤复发后需要继续治疗的，凭工伤医疗机构出具的休假证明休假，休假时间一般不超过3个月。职工休假时间超过3个月且用人单位提出异议的，可参照停工留薪期争议处理办法办理，休假期间应当照发工资。

84. 因工伤残的待遇是什么？

因工伤残待遇包括护理费、辅助器具费、一次性伤残补助金、伤残津贴、一次性医疗补助金和就业补助金等，不同的待遇采用不同的标准。

(1) 护理费

工伤职工已经评定伤残等级并经劳动能力鉴定委员会确认需要生活护理的，从工伤保险基金中按月支付生活护理费。生活护理费按照生活完全不能自理、生活大部分不能自理或者生活部分不能自理3个不同等级支付，其标准分别为统筹地区上年度职工月平均工资的50%、40%或者30%。

(2) 辅助器具费

辅助器具，是因伤致残的受害人为补偿其遭受创伤的肢体器官功能、辅助其实现生活自理或者从事生产劳动而购买、配置的生活自助器具。工伤职工因日常生活或者就业需要，经劳动能力鉴定委员会确认，可以安装假肢、矫形器、义眼、义齿和配置轮椅等辅助器具，所需费用按照国家规定的标准从工伤保险基金中支付。

工伤职工需要配置辅助器具的，应由其就诊的工伤医疗机构根据工伤职工伤残及职业病状况提出配置建议，出具医疗诊断证明书。用人单位持医疗诊断证明书和有关病历资料，向所在区、县劳动能力鉴定委员会申请配置或者更换辅助器具，填报《劳动能力鉴定、确认申请表》，经区、县劳动能力鉴定委员会确认配置辅助器具后，工伤职工必须持《工伤职工配置、更换辅助器具确认通知书》到辅助器具配置机构配置辅助器具。工伤职工配置的辅助器具超过使用年限的，本人可以提出更换。由用人单位持书面申请到所在区、县劳动能力鉴定委员会办理更换手续。

由第三方责任造成职工因工伤残，已由事故责任方为工伤职工配置辅助器具或者给付费用的，工伤保险基金不再支付配置费用，符合更换条件并经劳动能力鉴定委员会确认后，由工伤保险基金予以支付。

(3) 一次性伤残补助金

一次性伤残补助金是按伤残程度给付的一次性补偿，由工伤保险基金按伤残等级支付，具体标准为：一级伤残为 24 个月的本人工资，二级伤残为 22 个月的本人工资，三级伤残为 20 个月的本人工资，四级伤残为 18 个月的本人工资，五级伤残为 16 个月的本人工资，六级伤残为 14 个月的本人工资，七级伤残为 12 个月的本人工资，八级伤残为 10 个月的本人工资，九级伤残为 8 个月的本人工资，十级伤残为 6 个月的本人工资。

(4) 伤残津贴

伤残津贴是指根据法律法规规定按月、以工伤职工工资水平的一定比例发放给工伤职工的生活补助。根据《工伤保险条例》的规定，一至四级伤残的职工伤残津贴由工伤保险基金按月支付，标准为：一级伤残为本人工资的 90%，二级伤残为本人工资的 85%，三级伤残为本人工资的 80%，四级伤残为本人工资的 75%。伤残津贴实际金额低于当地最低工资标准的，由工伤保险基金补足差额；工伤职工达到退休年龄并办理退休手续后，停发伤残津贴，享受基本养老保险待遇。基本养老保险待遇低于伤残津贴的，由工伤保险基金补足差额。

职工因工致残被鉴定为一至四级伤残的，保留与原用人单位的劳动关系，退出工作岗位，由用人单位和职工个人以伤残津贴为基数，缴纳基本医疗保险费。

职工因工致残被鉴定为五级、六级伤残的，保留与用人单位的劳动关系，由用人单位安排适当工作。难以安排工作的，由用人单位按月发给伤残津贴，标准为：五级伤残为本人工资的70%，六级伤残为本人工资的60%，并由用人单位按照规定为其缴纳应缴纳的各项社会保险费。伤残津贴实际金额低于当地最低工资标准的，由用人单位补足差额。

（5）一次性医疗补助金和就业补助金

职工因工致残被鉴定为五至十级伤残的，并不完全丧失劳动能力，仍然可以在原单位参加工作。如果工伤职工与原用人单位之间的劳动关系解除，为了对职工再就业能力进行补偿，需要由用人单位支付一次性工伤医疗补助金和伤残就业补助金。一次性工伤医疗补助金和伤残就业补助金合并计算，具体标准由省、自治区、直辖市人民政府规定。根据北京市的规定，标准为解除或者终止劳动关系时5至30个月的本市上一年度职工月平均工资。其中五级30个月，六级25个月，七级20个月，八级15个月，九级10个月，十级5个月。

五至十级工伤职工有下列情况之一的，由用人单位向工伤职工支付一次性工伤医疗补助金和伤残就业补助金，收回《工伤证》并交至经办机构，办理工伤职工的工伤保险关系终止手续：

①工伤职工本人书面提出自愿与用人单位解除或者终止劳动关系的；工伤职工距法定退休年龄超过五年（含五年）的，应当支付全额的一次性工伤医疗补助金和伤残就业补助金；不足五年的，每减少一年扣除全额的20%，但最高扣除额不得超过全额的90%。

②因为劳动者有严重违反劳动纪律或者用人单位规章制度，或者严重失职，营私舞弊，对用人单位利益造成重大损害，或者被依法追究刑事责任的情形，用人单位解除劳动关系的。

③七至十级工伤职工劳动合同期满，用人单位不再续签劳动合同而终止劳动关系的。

④用人单位依法破产、解散的。

工伤职工达到退休年龄或者办理退休手续的，不享受一次性工伤医疗补助金和伤残就业补助金。

85. 因工死亡职工供养亲属可以享受什么待遇?

职工因工死亡，其直系亲属按照下列规定从工伤保险基金中领取丧葬补助金、供养亲属抚恤金和一次性工亡补助金：

（1）丧葬补助金为6个月的统筹地区上年度职工月平均工资。

（2）供养亲属抚恤金按照职工本人工资的一定比例发给由因工死亡职工生前提供主要生活来源、无劳动能力的亲属。标准为：配偶每月40%，其他亲属每人每月30%，孤寡老人或者孤儿每人每月在上述标准的基础上增加10%。核定的各供养亲属的抚恤金之和不应高于因工死亡职工生前的工资。

因工死亡职工供养亲属，是指该职工的配偶、子女、父母、祖父母、外祖父母、孙子女、外孙子女、兄弟姐妹。子女，包括婚生子女、非婚生子女、养子女和有抚养关系的继子女，其中，婚生子女、非婚生子女包括遗腹子女；父母，包括生父母、养父母和有抚养关系的继父母；兄弟姐妹，包括同父母的兄弟姐妹、同父异母或者同母异父的兄弟姐妹、养兄弟姐妹、有抚养关系的继兄弟姐妹。

上述人员，依靠因工死亡职工生前提供主要生活来源，并有下列情形之一的，可按规定申请供养亲属抚恤金：

①完全丧失劳动能力的；

②工亡职工配偶男年满60周岁、女年满55周岁的；

③工亡职工父母男年满60周岁、女年满55周岁的；

④工亡职工子女未满18周岁的；

⑤工亡职工父母均已死亡，其祖父、外祖父年满60周岁，祖母、外祖母年满55周岁的；

⑥工亡职工子女已经死亡或完全丧失劳动能力，其孙子女、外孙子女未满18周岁的；

⑦工亡职工父母均已死亡或完全丧失劳动能力，其兄弟姐妹未

满18周岁的。

因工死亡职工供养亲属享受抚恤金待遇的资格，由统筹地区社会保险经办机构核定。因工死亡职工供养亲属的劳动能力鉴定，由因工死亡职工生前单位所在地设区的市级劳动能力鉴定委员会负责。

领取抚恤金人员有下列情形之一的，停止享受抚恤金待遇：

①年满18周岁且未完全丧失劳动能力的；

②就业或参军的；

③工亡职工配偶再婚的；

④被他人或组织收养的；

⑤死亡的。

领取抚恤金的人员，在被判刑收监执行期间，停止享受抚恤金待遇。刑满释放仍符合领取抚恤金资格的，按规定的标准享受抚恤金。

（3）一次性工亡补助金标准为48个月至60个月的统筹地区上年度职工月平均工资。具体标准由统筹地区的人民政府根据当地经济、社会发展状况规定，报省、自治区、直辖市人民政府备案。北京市的一次性工亡补助金标准为48个月的北京地区上年度职工月平均工资。

已经认定工伤的职工，在停工留薪期满后，劳动能力鉴定之前，由治疗的工伤定点医疗机构诊断为因工伤伤害导致死亡的，享受因工死亡待遇。

86. 如何办理工伤保险待遇核准手续？

工伤保险待遇核准的办理机构为社会保险管理中心支付管理部。参保单位的工伤职工进行待遇核准的应出具《工伤认定申请表》、《工伤认定结论通知书》、《工伤证》、《劳动能力鉴定、确认申请表》、《劳动能力鉴定结论或确认结论》、工伤职工本人受伤

（或死亡）前12个月平均缴费工资证明，并填写《工伤职工登记表》到所属区、县社保经办机构办理。

享受供养亲属抚恤金待遇的还需提供：被供养人属于孤寡老人、孤儿的街道办事处、乡（镇）人民政府出具的被供养人经济状况证明；被供养人属于养父母、养子女的公证书；被供养人户口簿、身份证，在校学生证明；被供养人完全丧失劳动能力的，提交劳动能力鉴定委员会的劳动能力鉴定结论。

社会保险管理中心支付管理部核准后，书面通知用人单位、工伤职工或因工死亡职工亲属，并在《工伤证》打印工伤职工应享受待遇的给付项目、给付标准、给付起始日期等，并加盖公章。

87. 工伤保险待遇如何支付？

工伤保险待遇的支付程序是：

（1）参保单位、社保所在每月25日前将工伤职工享受的一次性伤残补助金、伤残津贴、生活护理费或一次性工亡补助金、丧葬费、供养亲属抚恤金及鉴定申请人垫付的劳动能力鉴定费填入《工伤保险基金支付月报表（一）》，如有符合工伤保险待遇补支条件的还需填写《北京市工伤保险基金参保单位补支表》和《工伤保险基金参保单位补支个人明细表》，报送所属区、县社保机构业务岗。

（2）每月5日前区、县社保经办机构业务人员将《工伤保险基金支付月报汇总表》、《工伤保险基金参保单位补支汇总表》报送市社保中心工伤科，经市社保中心工伤科审核汇总后，转财务科，财务科于25日前报送市财政局。

（3）市财政局于每月30日前，将本市支付参保单位工伤职工的工伤保险基金，拨付到区、县财政局。

（4）区、县财政局于次月2日前拨付到区、县社保经办机构。区、县社保经办机构于次月10日前拨付到参保单位或社保所。参保单位或社保所应及时发放给工伤职工。

下列情况的工伤保险待遇不予补支：未参加工伤保险的用人单位的在职职工发生工伤事故；参加工伤保险的参保单位少报、漏报在职职工的人员发生工伤事故；少报在职职工工资总额的，造成工伤职工享受工伤保险待遇降低的，待参保单位补足工伤保险费后，工伤保险基金不再补支工伤保险待遇的差额部分。

88. 农民工工伤待遇有什么特点？

原劳动和社会保障部《关于农民工参加工伤保险有关问题的通知》指出，对跨省流动的农民工，即户籍不在参加工伤保险统筹地区（生产经营地）所在省（自治区、直辖市）的农民工，一至四级伤残长期待遇的支付，可试行一次性支付和长期支付两种方式，供农民工选择。在农民工选择一次性或长期支付方式时，支付其工伤保险待遇的社会保险经办机构应向其说明情况。一次性享受工伤保险长期待遇的，需由农民工本人提出，与用人单位解除或者终止劳动关系，与统筹地区社会保险经办机构签订协议，终止工伤保险关系。一至四级伤残农民工一次性享受工伤保险长期待遇的具体办法和标准由省（自治区、直辖市）劳动保障行政部门制定，报省（自治区、直辖市）人民政府批准。

被认定为工伤且劳动能力鉴定伤残等级达到一至四级的外地农民工，享受的伤残津贴、护理费，按月支付，直至丧失领取条件时止；本人自愿选择一次性领取工伤保险待遇的，一次性支付标准按照工伤发生之日或者职业病诊断之日的年龄以及伤残等级核定，具体标准为：（1）满16周岁不满30周岁伤残等级一级的为20万元；二级为18万元；三级为15万元；四级为13万元。（2）满30周岁不满50周岁伤残等级一级的为15万元；二级为12万元；三级为11万元；四级为9万元。（3）满50周岁以上伤残等级一级的为9万元；二级为8万元；三级为7万元；四级为6万元。

因工死亡的外地农民工的供养亲属，符合享受供养亲属抚恤金条件的，按月支付，直至丧失领取条件时止。本人自愿选择一次性领取供养亲属抚恤金的，一次性支付的标准为：配偶为8万元；其他供养亲属为5万元，其中子女（含弟、妹）按照年满18周岁终止领取的供养余年计算。供养亲属有数人的，按上述标准一次性支付总额不超过15万元。

外地农民工一次性领取工伤保险待遇的，本人应当在申请核定一次性伤残补助金、丧葬费、一次性工亡补助金待遇时确定，并由本人与用人单位和区县社会保险经办机构签署协议，一次性领取各项工伤保险待遇后，终止工伤保险关系，用人单位和区县社会保险经办机构不再支付工伤保险待遇。已经按月领取伤残津贴、护理费、供养亲属抚恤金待遇的，不得再一次性领取工伤保险待遇。

用人单位在北京市和外地均未给外地农民工缴纳工伤保险费，外地农民工在北京市工作期间受到事故伤害或者患职业病的，用人单位、外地农民工或者其直系亲属可以作为申请人，按照《工伤保险条例》和《北京市实施〈工伤保险条例〉办法》的规定申请工伤认定、劳动能力鉴定、核定工伤保险待遇。外地注册的用人单位，应当到北京市生产经营地的区县劳动保障行政部门、劳动能力鉴定机构、社会保险经办机构，申请工伤认定、劳动能力鉴定，核定工伤保险待遇。北京市注册的用人单位，应当到注册地的区县劳动保障行政部门、劳动能力鉴定机构、社会保险经办机构，申请工伤认定、劳动能力鉴定、核定工伤保险待遇。认定为工伤的外地农民工，其工伤保险待遇、劳动能力鉴定费等按照北京市的标准由用人单位支付。

89. 外派劳务人员工伤待遇有什么特点？

外派劳务人员因工伤亡保险待遇应参照劳动部《关于外派劳务人员伤、残、亡善后处理问题的复函》、《关于外派劳务人员因工伤亡保险待遇问题的复函》和《企业职工工伤保险试行办法》等文件的有关规定处理。

《劳动部关于外派劳务人员伤、残、亡善后处理问题的复函》指出：外派劳务人员伤残或死亡属于外国有关方面造成的，外派单位应积极索赔，不应为外方承担伤害赔偿责任。外方付给的赔偿金，原则上应归当事人或其家属所有。但单位已垫付的诉讼费（包括索赔支出的费用）、医疗费、护理费、治疗期间工资以及事故善后处理等费用，应从国外赔偿金中扣还。外派劳务人员在国外发生伤、亡后，应按照因工伤亡对待。国外赔偿金与国内工伤保险待遇相重复的费用可酌情扣发，但国外赔偿金中的精神损失赔偿不作为重复待遇计算。国外没有赔偿金的，按国内工伤保险待遇处理，所在单位应给予适当照顾。

《劳动部办公厅关于在国内发生并由外方支付赔偿的工伤事故待遇处理问题的复函》指出，在国内发生由外国人造成的工伤事故，并由外方给付赔偿金的，外方支付的赔偿金，属于人身伤害赔偿性质，应归被伤害职工所有。同时，该职工应从外方赔偿金中偿还企业为处理该工伤事故垫付的医疗费用、工伤津贴的费用。

《劳动部办公厅关于外派劳务人员因工伤亡保险待遇问题的复函》指出，外派劳务人员在外因工伤亡，属于工伤。认定工伤后，其具体待遇的处理也按照上述文件的精神办理，外方给付的赔偿金，原则上归个人所有，但国内工作保险待遇按照不重复享受的原则处理。在获得国外赔偿金之前，如果单位已先期垫付的医疗费、护理费、治疗期间工资以及为索赔支出的诉讼费用等，应从国外相应的赔偿金中扣还，扣还后工伤人员享受的工伤待遇应比国内工伤者所享受的待遇略高。

90. 工伤保险纠纷处理程序有什么特殊之处？

根据我国劳动法律、法规和相关司法解释，我国劳动争议案件实行劳动仲裁前置的“一调一裁二审”的“单轨”处理体制。而对于工伤保险纠纷，更是综合了我国普通劳动争议和行政争议的处理程序，是我国目前各种类型的纠纷中处理程序最为复杂的一种特殊情形。

对于工伤事故赔偿案件的处理，现行法律规定了不同于一般民事案件的处理程序。首先要进行工伤认定（30日内提出申请，60日内作出认定），对工伤认定不服的可以申请行政复议（60日内提出申请，60日内作出复议决定），对行政复议不服的还可以提起行政诉讼（15日内提起，3个月内审结），或者不经过行政复议直接提起行政诉讼，行政诉讼实行二审终审制（15日内上诉，2个月内审结）；然后进行伤残等级鉴定和劳动能力鉴定（30日内提出申请，60日内作出鉴定结论），对鉴定结论不服的可以申请复查（15日内提出申请，复查期限无规定，以60日计算），对复查结果不服的还可以向上一级鉴定委员会申请重新鉴定（15日内提出申请，重新鉴定无规定，以60日计算）；接着是劳动仲裁阶段（60日内提起，60日内作出裁决）；对劳动仲裁裁决不服的可以提起民事诉讼（15日内提起，3个月或6个月内审结），民事诉讼也实行二审终审制（15日内提起，3个月内审结）。如果以上程序都走一遍，即使都在审限内结案，最长要花费1050天，接近3年，剔除了提出申请的时间后，也还要两年多。可以看出，工伤赔偿实行一套十分烦琐的程序，整个处理过程十分复杂和冗长，直接影响了工伤赔款的及时支付。

许多用人单位正是看到了上述程序中的漏洞，滥用诉权，走完调解、仲裁、一审和二审的全部程序，其结果既达到了拖延和逃避法律责任的目的，也使对方当事人在漫长的仲裁和诉讼过程中，被拖得精疲力竭，最后不得不放弃权利主张。

91. 工伤保险待遇相关的争议如何解决?

工伤保险待遇相关的争议分为两种情况：一种是与用人单位的

争议，另一种是与社保经办机构的争议。

工伤待遇争议，是指劳动者发生伤亡事故后，向用人单位主张工伤待遇或者对劳动仲裁裁决的工伤待遇不服而引发的争议。这一争议，法院可以直接受理。

根据相关法律、法规的规定，劳动者在执行工作职责中因工负伤后，有选择工伤待遇或民事赔偿的权利。如果劳动者在劳动仲裁时请求工伤待遇，对仲裁裁决不服时，可以同样的诉讼理由提起民事诉讼，法律并没有禁止劳动者的这一诉权。

社会保险经办机构不在劳动争议仲裁当事人的范围内，不能作为第三人参加劳动争议仲裁。

工伤保险经办机构因支付各项工伤保险待遇与工伤职工发生的争议不属于劳动争议仲裁委员会的受案范围，应当依法通过行政复议或者行政诉讼的方式解决。但是，工伤职工及其家属在申报工伤和处理工伤保险待遇时与用人单位发生争议的，按照劳动争议处理的有关规定办理。

※生活实例※在工伤保险待遇纠纷中法院不处理工伤认定争议①

朱辉系鑫杰公司裁剪工，双方未签订劳动合同，但鑫杰公司曾为朱辉办理过工伤保险参保手续。2006 年 11 月，朱辉工作时不慎被裁剪机轧伤右手，伤愈后未再上班。2007 年 2 月，常熟市劳动和社会保障局认定朱辉受伤性质属于工伤。7 月，苏州市劳动鉴定委员会对朱辉的工伤伤残情况进行了鉴定，最终确认伤残等级为九级。10 月，常熟市劳动争议仲裁委员会受理朱辉的工伤保险待遇申请后作出裁决：一、解除朱辉与鑫杰公司之间的劳动关系及工伤保险待遇关系。二、鑫杰公司支付朱辉停工留薪期工资 4400 余元、一次性伤残补助金 1.4 万余元、一次性工伤医疗补助金 3.5 万余元、一次性伤残就业补助金 1.6 万余元，共计 7 万余元。

① 孔维寅、徐仪锋：《常熟宣判一起工伤保险待遇纠纷案 用人单位被判败诉》，载 http：//rmfyb. chinacourt. org/public/detail. php？ id = 116037。

2007年11月，鑫杰公司向法院提起诉讼，声称朱辉所受伤害系工作时醉酒、神志不清所致，根据《工伤保险条例》的相关规定，因醉酒导致伤亡的情形不得认定为工伤或者视同工伤。因此，鑫杰公司请求法院驳回朱辉要求给付工伤保险待遇的请求。

案件审理中，朱辉称工伤事故发生时他没有喝酒。

法院审理后认为，根据法律规定，劳动者所受伤害是否属于工伤，应通过行政程序进行确认。本案中，朱辉在鑫杰公司工作期间的受伤事件已经通过行政程序确认为工伤，为此，法院理应保护朱辉依法享有的工伤保险待遇权利。在常熟市劳动争议仲裁委员会认定朱辉所受伤害构成工伤、裁决的各项工伤保险待遇均符合国务院《工伤保险条例》及《江苏省实施〈工伤保险条例〉办法》的情况下，法院依法支持常熟市劳动争议仲裁委员会的仲裁裁决，保护朱辉要求鑫杰公司给付工伤保险待遇的权利。

※分析解答※在民事诉讼中，法院无权审查朱辉是否构成工伤，仅对朱辉所享受的各项工伤保险待遇是否符合法律、法规的相关规定，有权进行司法审查。

五、与工伤相关的特殊问题

92. 企业停业后职工能享受工伤保险待遇吗?

已参加工伤保险的用人单位依法注销、被关闭、被撤销以及被工商行政管理部门吊销营业执照的，其未达到退休年龄的伤残等级为一至四级伤残职工应当办理退休手续，停发伤残津贴，计发基本养老保险待遇。核定基本养老金时，工伤职工基本养老金低于伤残津贴的差额部分由工伤保险基金补足，并由其户籍所在地的街道、乡（镇）社会保障事务所负责工伤保险待遇的社会化管理服务工作；未居住在本市的，由原用人单位所在地的街道、乡（镇）社会保障事务所负责办理工伤保险待遇手续。

已参加工伤保险的用人单位依法注销、被关闭、被撤销以及被工商行政管理部门吊销营业执照的，其伤残等级为五至十级的工伤职工，未核定领取一次性伤残补助金的，社会保险经办机构应当为其核定一次性伤残补助金。

用人单位依法破产、解散后，工伤职工的住院伙食补助费，根据工伤职工实际情况，由用人单位与工伤职工协商确定补助金额并一次性支付。

※生活实例※工伤后公司注销怎么办?[①]

被告万某、齐某等人于2005年6月成立某船舶修造有限公司，于2006年8月申请注销。原告唐某在该公司从事煅工工作，双方未签订书面劳动合同。工作期间，该公司未为原告办理工伤保险。2005年10月22日，唐某在工作中左手被卷扬机齿轮绞伤，当即被送往医院。出院后，经鉴定其伤残等级为六级。2006年3月23日，湖北省沙洋县人事劳动和社会保障局认定此次事故为工伤。同年8月31日，沙洋县劳动争议仲裁委员会作出仲裁裁决书。裁决书生效后，唐某向法院申请执行，法院经审查以仲裁裁决程序错误等为由作出不予执行的裁定。唐某遂向法院起诉。

法院审理后认为，唐某到某船舶修造有限公司工作，双方虽未签订书面合同，但形成了事实上的劳动关系，且唐某已经被相关职能部门认定为工伤。因该公司未为唐某办理工伤保险，唐某的工伤待遇应由该公司承担。该公司注销后，其股东应对此承担相应的民事责任。遂判决由公司原股东万某、齐某等人在其出资额内连带赔偿原告唐某各项工伤待遇共计5.5万余元。

※分析解答※根据《民法通则》第47条的规定："企业法人解散，应当成立清算组织，进行清算。企业法人被撤销、被宣告破产的，应当由主管机关或者人民法院组织有关机关和有关人员成立清算组织，进行清算。"所以，作为公司的出资人，在发生法人终

---

① 苏菊、孙艳青：《股份公司虽已注销工伤仍由股东赔偿》，载 http：//rmfyb.chinacourt.org/public/detail.php？id=123433。

止的原因后，万某和齐某等人应对该船舶修造有限公司进行清算，对内及时清算船舶修造有限公司的账目和财产，对外清偿船舶修造有限公司所负债务、收取债权、缴纳税款等，并以清理出来的公司的现有财产清偿债务，其中当然也包括对自己雇员的工伤责任。如果万某和齐某等人出资不实的，万某、齐某等人在其出资额内对债务承担连带责任。此外，根据《工伤保险条例》的规定，公司应对唐某给予一次性补偿，补偿标准不得低于该条例中规定的工伤保险待遇。

93. 非法用工引起伤害的赔偿责任如何承担?

根据《工伤保险条例》第 63 条规定，非法用工分为两种情形：

一是“用人单位”不合法。无营业执照或者未经依法登记、备案的单位以及被依法吊销营业执照或者撤销登记、备案的单位，不是合法的用人单位，其招聘员工属于非法用工。

二是“劳动者”不合法。用人单位不得招用不满 16 周岁的未成年人。根据我国有关法律的规定，16 周岁的未成年人属于限制民事行为能力人，不能与用人单位签订劳动合同，即使订立了劳动合同，劳动合同也是无效的。

根据《非法用工单位伤亡人员一次性赔偿办法》的规定，非法用工单位应向伤残职工或死亡职工的直系亲属、伤残童工或者死亡童工的直系亲属给予一次性赔偿。一次性赔偿包括受到事故伤害或患职业病的职工或童工在治疗期间的费用和一次性赔偿金，一次性赔偿金数额应当在受到事故伤害或患职业病的职工或童工死亡或者经劳动能力鉴定后确定。劳动能力鉴定按属地原则由单位所在地设区的市级劳动能力鉴定委员会办理。劳动能力鉴定费用由伤亡职工或者童工所在单位支付。

职工或童工受到事故伤害或患职业病，在劳动能力鉴定之前进行治疗期间的生活费、医疗费、护理费、住院期间的伙食补助费及所需的交通费等费用，按照《工伤保险条例》规定的标准和范围，全部由伤残职工或童工所在单位支付。

一次性赔偿金按以下标准支付：一级伤残的为赔偿基数的16倍，二级伤残的为赔偿基数的14倍，三级伤残的为赔偿基数的12倍，四级伤残的为赔偿基数的10倍，五级伤残的为赔偿基数的8倍，六级伤残的为赔偿基数的6倍，七级伤残的为赔偿基数的4倍，八级伤残的为赔偿基数的3倍，九级伤残的为赔偿基数的2倍，十级伤残的为赔偿基数的1倍。受到事故伤害或患职业病造成死亡的，按赔偿基数的10倍支付一次性赔偿金。赔偿基数，是指单位所在地工伤保险统筹地区上年度职工年平均工资。

伤残职工或死亡职工的直系亲属、伤残童工或者死亡童工的直系亲属就赔偿数额与单位发生争议的，按照劳动争议处理的有关规定处理。

◈生活实例◈雇佣童工生悲剧　单位赔偿34万①

原告龙某诉称，2003年11月，他经人介绍到被告公司工作。2005年1月13日，他被派去操作皮革脱水机。通常脱水机是两个人操作，但当天下午，由于另一位工人离岗，只有他单独操作，不幸右臂卷入脱水机。出事后，被告公司为他支付了住院期间的医疗费用。2月24日，经鉴定他为三级伤残。被告公司作为非法用工单位，对他人身伤害后果负有完全责任。他因不服劳动仲裁委员会的裁决起诉到法院。

被告公司辩称，原告龙某到其公司时，自称戴某某，17岁，其公司不是非法使用童工。

对于这起工伤事故损害赔偿纠纷案，法庭经审理认为，用人单位使用童工造成伤残的，应支付童工住院治疗期间的护理费、伙食补助费等。现被告公司非法使用童工，致使原告龙某在工作中受伤，被确认已达到职工工伤与职业病致残程度鉴定标准三级。原告

---

① 彭超：《雇佣童工生悲剧　单位赔偿34万》，载北京法院网。

龙某要求被告公司支付一次性伤残赔偿金、住院伙食补助费、劳动能力鉴定费的诉讼请求，证据充分，遂判决被告公司给付龙某住院伙食补助费、护理费、鉴定费、一次性赔偿金共计34万余元。

※**分析解答**※用人单位在招聘劳动者时，应认真核查劳动者的身份。由于童工没有达到法定年龄，在用人单位和童工之间没有形成合法的劳动关系，为保护童工的合法权益，对于不满16周岁的童工因工受伤的，雇佣单位应给予不低于工伤保险待遇的赔偿。

94. 双重劳动关系中发生工伤谁负责?

目前，在我国社会生活中，具有双重身份的劳动者非常普遍，包括兼职、停薪留职、离岗挂编等。在国有企业改制过程中，企业采取下岗分流等方式，使大量劳动者在保持与原用人单位劳动关系、享受相关福利待遇和最低生活保障的同时，寻找新的工作机会，这些劳动者也具有双重身份。有观点认为这些情况构成双重劳动关系，一个是法定的劳动关系，另一个是事实上的劳动关系。在人民法院的审判实践中，一般都不承认双重劳动关系，其主要理由在于：劳动关系是具有法定的权利义务内容的特殊法律关系，一旦形成对于双方均具有法定的约束力。劳动关系中的权利义务的许多方面对于劳动者或用人单位而言具有唯一性，如劳动者只能有一个社会保险账户，只有一个公积金账户，只能有一份档案并由一个部门保管。因此，双重劳动关系在法律上是不存在的，也不为法院所认可，具有双重劳动关系的劳动者与原单位形成的是劳动关系，与实际工作的单位形成的只能是劳务关系。

但是，工伤保险具有一定的特殊性，原劳动部的一些规章要求第二个工作单位应当为劳动者缴纳工伤保险。人民法院也支持劳动部的这种规定。《最高人民法院公报》2008年第9期刊载了“北京国玉大酒店有限公司诉北京朝阳区劳动和社会保障局工伤认定行政纠纷案”，在该案中，法院强调：劳动和社会保障部《关于实施

〈工伤保险条例〉若干问题的意见》第1条规定："职工在两个或两个以上用人单位同时就业的，各用人单位应当分别为职工缴纳工伤保险费。职工发生工伤，由职工受到伤害时其工作的单位依法承担工伤保险责任。"根据该规定，下岗、待岗职工又到其他单位工作的，该单位也应当为职工缴纳工伤保险费；职工在该单位工作时发生工伤的，该单位应依法承担工伤保险责任。

※生活实例※临时工出交通事故也算工伤①

2006年9月20日早，老陈自其住所骑一辆三轮车上班。6时5分，老陈在途中发生交通事故受伤，经抢救无效死亡。后经北京市公安局公安交通管理局朝阳交通支队交通事故认定老陈无责任。2006年11月24日，老陈的妻子余女士向朝阳区劳动保障局提出了工伤认定申请。2007年1月15日，朝阳区劳保局作出《工伤认定结论通知书》，认定老陈系工伤。

然而，工伤认定结论作出后，老陈工作的单位北京某大酒店却与劳保局有着不同的看法。酒店认为，老陈作为酒店停车场的管理员，系下岗后该单位聘用的临时工，老陈原本是北京某餐饮有限责任公司的国有员工，其劳资、社保关系都由该公司继续管理缴纳。因此，老陈遇交通事故死亡认定为工伤系证据不足，事实错误。同时，该酒店还称事故发生日是老陈的休息日而非工作日，且事故发生地也不在老陈上下班途中。故诉请法院撤销工伤认定。

朝阳法院经审理查明，老陈系酒店的职工，双方签有书面劳动协议书，但未明确约定每日工作时间及工休时间，酒店未给老陈缴纳工伤保险费。法院经审理认为，《工伤保险条例》关于"在上下班途中受到机动车事故伤害"的规定，并没有"途中"必须是必经之路的限定条件。结合《工伤保险条例》的立法原意，对于"上下班途中"不应作过于机械的理解。一般情况下，只要在合理的路途中即可认定。另外，由北京某餐饮有限公司出具的书面证明能够说明老陈系该单位待岗职工，但不能否定酒店与老陈之间的劳

① 石岩：《临时工出交通事故也算工伤 用人单位告劳保局败诉》，载北京法院网。

动关系，因此也不能免除酒店依法应当承担的工伤赔偿责任。

朝阳区劳动保障局受理申请后，审核了相关材料，依法进行了调查并制作了调查笔录。在对证据进行分析认证，确定被采纳的证据能够互相印证并形成完整证据链条的基础上，认定老陈与酒店存在劳动关系，并认定老陈构成工伤，依法作出的工伤认定结论，认定事实清楚、适用法规正确、程序合法，依法应予维持。最终，法院判决维持了劳保局的工伤认定结论。

❈**分析解答**❈原劳动部《关于实施《工伤保险条例》若干问题的意见》的规定，职工在两个或两个以上用人单位同时就业的，各用人单位应当分别为职工缴纳工伤保险费。职工发生工伤，由职工受到伤害时其工作的单位依法承担工伤保险责任。因此，酒店应当承担工伤保险责任。

95. 劳务派遣中的工伤责任如何承担?

按照劳动合同法的规定，劳务派遣只可适用于那些临时性、季节性的岗位，而不能不加限制地扩大到各个行业。而在实践中，由于劳动力市场供大于求，劳动法规不健全，劳动监察不到位等情况，致使劳务派遣业“畸形”发展。劳务派遣成为企业规避劳动法上的义务而创造出的一种人力资源管理手法。企业明明需要招聘劳动者，却偏偏不与之签订劳动合同，而是找一家劳务派遣公司签订劳务派遣合同，劳动者以派遣员工的名义从事劳动。在此情况下，企业本应与劳动者存在的事实劳动关系通过劳务派遣合同的订立，将企业的义务转嫁给了派遣单位，企业变成了与劳动者没有劳动关系的第三方。

正是由于劳务派遣的特殊性，实践中劳动者的合法权益往往难以得到充分的保护，尤其是在发生工伤等重大事故时，派遣单位与用工单位相互推诿，让劳动者无所适从，加上法律法规对劳务派遣的规定相对缺失，增加了劳动者维权的难度。

《劳动合同法》第92条规定："劳务派遣单位违反本法规定的……给被派遣劳动者造成损害的，劳务派遣单位与用工单位承担连带赔偿责任。"根据对劳动合同法相关条文的理解，用工单位虽然与受派遣的劳动者没有建立劳动关系，但该劳动者在用工单位从事劳动，受用工单位的指挥和管理，用工单位对该劳动者负有安全生产保障义务，涉及劳动者工伤赔偿待遇的诉讼，如果用工单位有过错的，应当追加用工单位作为共同被告，与劳务派遣单位承担连带赔偿责任。

※生活实例※保洁女工因工受伤　保洁公司拒赔败诉[1]

蒲某某系北京某保洁服务有限公司保洁员，双方未签订劳动合同。2005年9月5日，某保洁公司与某丰田汽车销售服务有限公司签订《合同书》，双方约定：某保洁公司负责丰田销售公司的保洁服务。双方同时约定：某保洁公司保洁人员共同接受某保洁公司与丰田销售公司的领导。蒲某某受保洁公司委派，担任丰田销售公司的保洁员。2005年11月4日，蒲某某在丰田销售公司从事保洁工作时，丰田销售公司前台服务员安排其刷洗鱼缸。在刷洗鱼缸的过程中，蒲某某不慎被鱼缸碎玻璃将手腕划伤。2006年12月21日，北京市宣武区劳动和社会保障局出具《工伤认定结论通知书》，认定："属工作时间工作场所内从事工作过程中因玻璃划伤所致，符合工伤认定范围。"2007年3月23日，北京市宣武区劳动能力鉴定委员会出具《劳动能力鉴定、确认结论通知书》，认定蒲某某的伤情"目前已达到职工工伤与职业病程度鉴定标准伤残柒级"。同年4月4日，北京市宣武区社会保险基金管理中心为蒲某某出具了《北京市一至十级工伤待遇核准表》，核准受伤前十二个月平均月缴费工资为1417.4元、其一次性伤残补助金数额为17008.8元。

同月23日，蒲某某向宣武区劳动仲裁委员会提出申诉，要求某保洁公司支付其一次性伤残补助金、工伤医疗补助金和伤残就业补助金、医疗费，并要求解除劳动关系。宣武区劳动仲裁委员会作

---

① 郭京霞：《保洁女工因工受伤　保洁公司拒赔败诉》，载北京法院网。

出裁决书，裁决蒲某某与某保洁公司解除劳动关系，并裁决某保洁公司支付蒲某某医疗费932.72元、一次性伤残补助金17008.8元、一次性工伤医疗补助金和伤残就业补助金60161.6元。

2007年6月，某保洁公司不服宣武区劳动仲裁委员会的裁决，起诉至法院，称蒲某某是在为丰田销售公司作保洁时，擅自为该公司刷鱼缸导致受伤，超出了工作范围，其所受伤害应由丰田销售公司负责。

法院经审理认为，职工在工作时间和工作场所内，因工作原因受到事故伤害的，应当认定为工伤。根据某保洁公司与丰田销售公司之间的合同约定，刷洗鱼缸并不在汽车展厅保洁范围及标准（日常部分）之内。但双方同时又约定，蒲某某在为丰田销售公司从事保洁工作时，应同时接受该两公司的领导。故法院认为，蒲某某系受丰田销售公司安排而刷洗鱼缸，其因刷洗鱼缸所受伤害，属于在工作时间和工作场所内，因工作原因而受到的事故伤害，并未超出其工作范围，应认定为工伤。最终，法院根据《工伤保险条例》所规定的职工因伤致残被鉴定为七级伤残的给付标准，判令保洁公司支付蒲某某医疗费九百三十二元七角二分、一次性伤残补助金一万七千零八元八角、一次性工伤医疗补助金和伤残就业补助金六万一千六百元。

※分析解答※在劳务派遣法律关系中，劳动者遭受工伤伤害的，首先应由劳动者的用人单位即劳务派遣单位承担工伤保险责任，如果对于工伤事故的发生，用工单位有过错的，用工单位与劳务派遣单位承担连带赔偿责任。本案中劳动者因工作中意外受伤，属于工伤，用工单位没有过错，因此，工伤保险责任由劳务派遣单位独自承担。

96. 离退休人员被用人单位聘用后，发生伤亡事故是否纳入工伤行政认定？

2005年2月23日，中央办公厅、国务院办公厅以中办发

〔2005〕9号文件转发了《关于进一步发挥离退休专业技术人员作用的意见》，规定各单位聘请离退休专业技术人员都要按照平等协商、报酬合理的原则，通过合同的方式明确双方的权利义务，保障双方的合法权益。……离退休专业技术人员受聘工作期间，因工作发生职业伤害的，应由聘用单位参照工伤保险的相关待遇标准妥善处理；因工作发生职业伤害与聘用单位发生争议的，可通过民事诉讼处理；与聘用单位之间因履行聘用合同发生争议的，可通过人事或劳动争议渠道解决。

原劳动部《关于实行劳动合同制度若干问题的通知》第13条规定，已享受养老保险待遇的离退休人员被再次聘用时，用人单位应与其签订书面协议，明确聘用期内的工作内容、报酬、医疗、劳动待遇等权利和义务。原劳动部办公厅对《关于实行劳动合同制度若干问题的请示》的复函第2项规定：离退休人员与用人单位应当按照聘用协议的约定履行义务，聘用协议约定提前解除书面协议的，应当按照双方约定办理，未约定的，应当协商解决。离退休人员聘用协议的解除不能依据《劳动法》第28条执行。离退休人员与用人单位发生争议，如果属于劳动争议仲裁委员会受案范围的，劳动争议仲裁委员会应予受理。

2008年1月1日实施的《劳动合同法》第44条规定，劳动者开始依法享受基本养老保险待遇的，劳动合同终止。《劳动合同法实施条例》第21条规定：“劳动者达到法定退休年龄的，劳动合同终止。”可见，已经享受基本养老保险待遇的退休人员不再是劳动法上合法的用工主体，其与用人单位签订的聘用合同不属于劳动合同，而是属于劳务合同。如果劳动者办了退休手续但没有享受养老保险待遇，即使劳动合同期限未满，也应终止劳动关系，不再发放经济补偿金，劳动者开始享有退休待遇。

因此，用人单位返聘退休人员，一般作为劳务关系处理，不会作为劳动关系看待；而工伤认定一般以认定双方之间存在劳动关系为前提，没有劳动关系就谈不上工伤的问题，应作为《民法通则》中的人身侵权损害赔偿来处理。

❈生活实例1❈退休职工再工作受到人身伤害不适用《工伤保险条例》①

廉学谦原系河北省海运总公司的职工，2000年进入天津东洋精密铸造有限公司（以下简称东洋公司）从事电工工作。廉学谦于2001年11月与河北省海运总公司办理了退休手续，并从2001年12月起享受基本养老保险待遇。2002年8月30日，廉学谦与东洋公司签订了聘用协议，约定：工资待遇为每月800元（保险由原单位负担），双方如有一方要解除协议，随时可以解除。廉学谦于2003年11月发病。2003年11月26日，廉学谦家属怀疑其患白血病与工作中接触苯有关，遂提出对廉学谦做职业病鉴定的申请。2004年1月9日，天津市职业病防治院作出《职业病诊断证明书》，诊断结论为"职业性慢性重度苯中毒（白血病）"。2004年1月14日，廉学谦向天津市劳动和社会保障局（以下简称天津市劳动局）提出工伤认定申请。东洋公司对天津市职业病防治院作出的《职业病诊断证明书》有异议，提出申请进行鉴定。2004年5月11日，天津市职业病诊断鉴定委员会作出《职业病诊断鉴定书》，鉴定意见诊断为"职业性苯白血病"。东洋公司对此不服，曾提起行政诉讼。2004年6月30日，天津市劳动局依据廉学谦的申请，根据《工伤保险条例》第14条第（4）项的规定，作出《工伤认定决定书》，认定廉学谦为工伤（职业病）。

东洋公司向天津市第一中级人民法院提起诉讼，请求撤销天津市劳动局作出的《工伤认定决定书》。一审判决后，廉学谦不服，提出上诉。

天津市高级人民法院经审理认为：劳动保障行政机关在受理工伤认定申请时，应当首先审查劳动者与用人单位之间是否形成符合劳动法律、法规规定的主体资格，只有具备合法的劳动关系，才能得到劳动法律的保护，依法进行工伤认定。廉学谦作为退休职工在

① 张福祥：《退休职工在受聘期间因工受伤的法律适用》，载 http：//rmfyb.chinacourt. org/public/detail. php？ id＝99435。

享受了养老保险待遇之后，又重新参加工作与东洋公司所产生的劳动关系，显然不属于《劳动法》调整的劳动关系范畴，同样也不适用《工伤保险条例》。因此，天津市劳动局对廉学谦于2004年1月14日提出的工伤认定申请予以受理并作出工伤认定，属于适用法律错误，廉学谦关于进行工伤认定的主张不能得到支持。廉学谦如果认为自己在东洋公司工作期间受到人身伤害，可以通过民事诉讼途径予以解决。遂终审判决撤销天津市劳动局2004年6月30日作出的《工伤认定决定书》。

❈**分析解答**❈用人单位与退休职工之间发生的关系是平等主体之间的民事法律关系，退休职工在受聘单位工作过程中受到伤害，应按民事侵权法律关系的有关规定予以救济，适用民法“无过错责任”的归责原则，由用人单位作为赔偿义务人承担法律责任。

当然，如果有地方性法规规定，已达法定退休年龄或已办理退休手续的再聘人员应聘到用人单位，在工作过程中发生工伤待遇时应该参照《工伤保险条例》规定的执行的，则适用地方法法规，劳动者应当享有相应的待遇。

比如《上海市工伤保险实施办法》第62条规定：“用人单位聘用的退休人员发生工伤的，由用人单位参照本办法规定支付其工伤保险待遇。”2007年8月，上海市黄浦区人民法院就全市首例退休人员工伤认定案作出一审判决：退休人员被聘用的，构成特殊劳动关系，工作时受伤属工伤，劳动局具有作出工伤认定结论的法定职权。

❈生活实例2❈　上海首例退休人员工伤认定案①

陈老师退休后受聘于上海商业会计学校做老师。她在校园走道上被迎面奔跑而来的一名学生撞倒在地，经医院诊断为左肱骨外科颈骨折。2006年8月，陈老师直接向上海市黄浦区劳动局申请工伤认定。因为学校与陈老师对双方是否存在劳动关系发生争议，在向区劳动争议仲裁委员会申请仲裁后，劳动局于2006年9月中止

① 《2007年十大劳动争议案件》，载《法制日报》2008年1月20日第10版。

了工伤认定审查。期间，陈老师分别向区劳动仲裁委员会和法院申请确认事实劳动关系，均被告知“不予受理”。2006 年 12 月，区劳动局恢复工伤认定审理，经调查核实，于 2007 年 1 月作出工伤认定结论。根据上海市劳动和社会保障局颁布的《关于特殊劳动关系有关问题的通知》，区劳动局认定商业会计学校与陈老师之间存在特殊劳动关系，因此，陈老师的伤属于工伤。商业会计学校认为区劳动局认定其与陈老师存在特殊劳动关系参照的依据不属于法律、行政法规，对其合法性表示异议，遂向区政府申请行政复议。学校不仅提出撤销关于陈老师的工伤认定的要示，还要求市政府审查并撤销上海市劳动和社会保障局关于特殊劳动关系的两份规范性文件。上海商业会计学校称，其系事业单位，陈老师是学校聘用的已退休人员。学校承认陈老师确实在学校被撞骨折，但学校与她没有劳动合同，双方只存在民事劳务关系，不存在劳动关系，因此不符合申请工伤认定的条件。学校提出，陈老师在校园内被学生撞倒致伤的事故是他人侵权造成，可提出民事损害赔偿请求，但不应通过工伤认定途径解决。因此，学校并未按有关规定在 3 日内向区劳动局提出工伤认定申请。

2007 年 4 月，上海市政府给出了审查意见，认为《特殊劳动关系通知》符合《工伤保险条例》以及国家劳动和社会保障部《关于确定劳动关系有关事项的通知》的基本精神，没有创设新的法律关系，不违反相关法律规定。另外，《上海市工伤保险实施办法》第 18 条规定，提出工伤认定申请应当提交“与用人单位存在劳动关系（包括事实劳动关系）的证明材料”。从这一点来看，陈老师申请工伤认定不是非得提供劳动合同不可。据此，区政府维持区劳动局作出的关于陈老师的工伤认定。

商业会计学校又向黄浦区人民法院提起诉讼，要求撤销关于陈老师的工伤认定。

黄浦区法院对有关规范性文件审查后认为，《关于特殊劳动关系有关问题的通知》是上海市劳动和社会保障局在其行政职权范围内，针对本市劳动力市场的实际状况，为解决实际问题而作的规定。该规范性文件经上海市人民政府审查，认为符合相关行政法规、规章的基本精神，未创设新的法律关系，不违反法律规定。故对该规范性文件的合法性及在本案中的适用依法予以确认陈老师是商业会计学校雇用的退休人员的事实，既有区劳动局出示的工作人员胸卡、会议通知、工资存单等证据予以证实，又有陈老师本人的陈述相印证，同时，商业会计学校对此亦不曾否认，故根据上述规范性文件的规定，法院认为，陈老师与商业会计学校之间已形成了特殊劳动关系。此外，无论陈老师提出民事损害赔偿与否，均不妨碍区劳动局依其申请，作出工伤认定的具体行政行为。最终，法院认为区劳动局具有作出工伤认定结论的法定职权。被诉工伤认定结论认定事实清楚，行政程序合法，适用法律正确，依法应予维持。

❈**分析解答**❈本案的特殊之处在于，地方立法将用人单位雇佣退休人员等劳动者的关系界定为特殊劳动关系，同时，相关执法部门打破了认定工伤及劳动关系的传统劳动法理论，首次肯定了退休返聘人员的工伤。该案对于完善、推动我国劳动法制建设及理论研究有着积极的意义。

97. 劳动合同终止后发现工伤还能享受工伤保险待遇吗?

劳动者过去在工作期间受到潜在的伤害，退休后才发现受伤的后果，只要伤与过去工作有关，仍然可以构成工伤，享有相应的待遇。[①] 企业职工退休后被诊断为职业病的，应当自诊断之日起 1 年内办理工伤认定手续。认定工伤后进行劳动能力鉴定，达到伤残等级的按照工伤保险规定享受工伤保险待遇。

根据北京市的相关规定，终止或解除劳动关系后被确诊为职业病的无业人员，应由《职业病诊断书》中明确的单位承担工伤保

① 孙国庭、杨明辉：《退休职工应有权享有工伤待遇》，载《人民司法》2008 年第5 期。

险责任，自诊断之日起一年内，可由该单位委托区县劳动能力鉴定委员会对其进行劳动能力鉴定，鉴定结论为伤残一至四级的人员，劳动保障行政部门核发《工伤证》。自核发《工伤证》的次月享受工伤保险待遇。未达到退休年龄的，核定伤残津贴以终止或解除劳动关系时的本人工资为基数，本人工资低于当年本市上一年度职工月平均工资60%的，以本市上一年度职工月平均工资60%核定，单位参加工伤保险的由工伤保险基金支付。未参加工伤保险的，各项工伤保险待遇由单位支付。鉴定结论为伤残五至十级的人员，由《职业病诊断书》中明确的单位按照工伤保险规定给予一次性工伤医疗补助金和伤残就业补助金后终止工伤保险关系。

98. 用假身份证就业能获得工伤待遇吗？

劳动者冒用他人名义与用人单位订立劳动合同的，应按实际劳动关系确定主体。用人单位以劳动者假冒身份证明为其投保而遭受社会保险损失的，用人单位和劳动者应按各自的过错承担相应的民事责任。不满16周岁的未成年人冒用他人名义与用人单位订立劳动合同或形成事实劳动关系的，劳动合同无效，但用人单位仍应按合同的约定支付报酬。该未成年人因工作遭致伤害的，应由用人单位负人身损害赔偿责任。

❖生活实例❖用假身份证打工导致工伤如何处理？

半年前，某甲离开老家外出打工，钱包和身份证在火车上被小偷偷去。由于回老家补办身份证太麻烦，某甲根据街头的广告，化名“兰晓敏”，找假证贩子办了个假身份证，并持此证与某家具厂签订了为期1年的劳动合同。在该厂上班5个月后，某甲发生工伤，左手被机器锯断。家具厂老板在支付了全部医疗费后，只愿再付给其10000元。某甲坚决不同意，要求家具厂按工伤保险待遇的标准给其赔偿。但老板说：“你用假名与我们签订劳动合同，该劳动合同是无效的，既然劳动合同无效，劳动关系也就不存在，故你不能享受工伤保险待遇。”请问：用假身份证签订的劳动合同有效吗？

❈**分析解答**❈本案的处理应该分别从两个法律关系来看。身份证是证明一个人身份的重要凭证，现在有的人丢了身份证或者出于其他方面的考虑，通过非法途径办理假身份证，用假身份证去从事各种活动，这是违法的。“兰晓敏”与家具厂之间的劳动合同无效，但作为一个劳动者，与家具厂之间形成了事实上的劳动关系，因此受到伤害的，家具厂应当按工伤保险待遇的标准给付赔偿。

99. 劳务关系中的劳动者能否认定为工伤?

最高人民法院《民事案件案由规定》规定了“工伤事故损害赔偿纠纷”和“雇员受害赔偿纠纷”两个不同类别的案由。雇员受害赔偿纠纷是指在雇员关系中，雇员在从事雇主授权或者指示范围内的生产经营活动或者其他劳务活动中受到伤害，由雇主承担赔偿责任而引起的纠纷。雇佣关系存在与否，是雇主责任的基础。在这种雇佣关系中，雇员利用雇主提供的条件，在雇主的指示、监督下，以自身的技能为雇主提供劳务，并由雇主提供报酬。工伤事故赔偿纠纷则是指各类企业职工在执行工作职责中因事故负伤、致残、致死，职工本人或家属要求企业予以经济赔偿的纠纷。因而，区分两类案件的关键取决于当事人之间是劳动关系还是劳务关系。

现实中，除了劳动者与用人单位形成具有一定人身依附性的劳动关系外，还经常出现劳务关系，劳务关系的雇主不限于用人单位，也可能包括个人，雇工不限于劳动法意义上的劳动者，也包括超过法定退休年龄的人员等。雇佣关系较之劳动关系更加灵活，双方权利义务关系不受劳动法律法规调整，而是基于双方雇佣合同的约定，受合同法的调整。劳务关系是指两个或两个以上的平等主体之间，就劳务事项进行等价交换过程中形成的一种经济关系。

通常认为，劳务关系中没有工伤问题，雇员在工作中受到伤害可以按普通侵权造成人身损害赔偿的标准承担赔偿责任。在程序上，这类案件案由为雇员受害赔偿纠纷，劳动者可以直接向人民法院起诉，不经过劳动仲裁程序。实践中，家庭保姆、钟点工、家庭教师等个人雇佣劳动中受到伤害发生的纠纷，属于雇员受害赔偿纠纷。未经工商部门依法核准登记的个人从事生产经营，不具有个体工商户的法律地位，所雇请的劳动者与之形成雇佣合同关系，即劳务关系，劳动者在受雇期间受伤，雇主应承担民事责任。如农村个人建房，取得这项工程的人（自然谈不上什么资质），又叫上其他人一起干，发生伤亡事故后发生的纠纷，属于雇员受害赔偿纠纷。

雇员受害赔偿纠纷适用无过错责任原则，责任的成立就不需要雇主主观上存在过错。最高人民法院《关于审理人身损害赔偿案件若干问题的解释》第 11 条第 2 款规定，雇员在从事生产活动中因安全生产事故遭受人身损害，发包人、分包人知道或者应当知道接受发包或者分包业务的雇主没有相应资质或者安全生产条件的，应当与雇主承担连带赔偿责任。因此，发包人、分包人负有保护雇员安全的义务，发包人、分包人承担的是一种过错责任。雇员受害赔偿责任虽为无过错责任，但并非雇主对雇员在完成受雇工作中任何情况下的损害都应承担完全的责任，劳动者有重大过失的，可以减轻赔偿义务人的赔偿责任。

※生活实例 1※雇员车祸致死　雇主承担责任①

原告孙某与刘某系夫妻关系，生有二子，孙庆（化名）是他们的第二个儿子。2004 年 8 月 12 日，孙庆受雇于被告李某期间，驾驶北京牌大货车为被告运货途中发生交通事故，当场死亡。经密云县公安局交通大队认定，孙庆不负本次事故责任。2005 年 3 月 11 日，原告提起诉讼，要求被告李某给付死亡赔偿金、丧葬费、被扶养人生活费共计 36.9 万余元。

法院认为，雇员在从事雇佣活动中遭受人身损害，雇主应承担赔偿责任。受害人孙庆在受雇期间发生交通事故死亡，二原告作为

① 高晓颖：《雇员车祸致死　雇主承担责任》，载北京法院网。

赔偿权利人有权请求被告李某承担赔偿责任。二原告请求赔偿的被扶养人生活费，已超出农村居民人均纯收入，依照有关规定作相应调整，遂判决被告给付原告生活费、丧葬费、死亡赔偿金等共计20.4万余元。

※分析解答※根据最高人民法院《关于审理人身损害赔偿案件适用法律若干问题的解释》第11条的规定，雇员在从事雇佣活动中遭受人身损害，雇主应当承担赔偿责任。“从事雇佣活动”，是指从事雇主授权或者指示范围内的生产经营活动或者其他劳务活动。本案中李某为雇主，孙庆为雇员，孙庆驾车为李某送货，属于“从事雇佣活动”，对此伤害，李某应依法承担民事赔偿责任。

※生活实例2※一案不再审　请求被驳回[①]

贾某雇佣曹某到其承揽的密云工地做水暖活。2002年10月3日，贾某与曹某同行返回密云工地途中与范某驾车相撞，曹某经抢救无效死亡。

2003年1月13日，平谷法院以交通肇事罪判处范某有期徒刑1年；赔偿曹某家属（妻子、父母、儿子）医药费、丧葬费、死亡补偿金、抚养费等共计人民币11.8万余元。判决生效后，范某无力给付，故曹某家属诉至法院，要求贾某给付丧葬费等共计16.7万余元。

法院认为：在贾某与曹某去工地途中，曹某因发生交通事故死亡，曹某家属可选择要求肇事人范某赔偿或选择要求贾某给予赔偿。曹某家属选择了要求肇事人范某赔偿，且已由本院作出判决。现原告再次以同一事实起诉，法院不予受理。依法驳回曹某家属的起诉。曹某家属不服，提起上诉，经二审开庭审理，作出维持原判的终审判决。

※分析解答※根据最高人民法院《关于审理人身损害赔偿案件适用法律若干问题的解释》第11条的规定：“雇员在从事雇佣活动中遭受人身损害，雇主应当承担赔偿责任。雇佣关系以外的第三

① 王海兰：《一案不再审　请求被驳回》，载北京法院网。

人造成雇员人身损害的，赔偿权利人可以请求第三人承担赔偿责任，也可以请求雇主承担赔偿责任。雇主承担赔偿责任后，可以向第三人追偿。”在从事雇佣活动中受到雇佣关系以外的第三人造成的人身损害是请求第三人承担赔偿责任，还是请求雇主承担赔偿责任，具有选择权。但一旦选定之后，便失去了向另一方再次要求赔偿的权利。

※生活实例3※违法发包造成作业人人身损害的责任确定[①]

原告马某系被告曹某的雇员。2004年10月11日，被告技术开发部与被告火车站签订了一份清洗维护协议，约定火车站候车室大厅玻璃由技术开发部承包进行清洗维护。该协议签订后，技术开发部即用同一份协议内容与曹某签订了清洗维护协议。2004年10月13日，曹某雇佣马某等人对火车站候车室玻璃进行清洗维护，下午5时许，马某在一站台楼梯通道东窗户外擦完玻璃收杆时，突然遭到附近高压电击，马某当即被击倒在地，后被送到医院抢救。经医院诊断，马某被高压电弧烧伤50% Ⅱ—Ⅲ度（全身多处），经鉴定为电弧烧伤五级。马某诉至法院，要求曹某、技术开发部、火车站赔偿其医疗费等各种损失共计354 184.44元。

法院经审理认为，马某与曹某系雇佣关系，马某在完成雇主曹某所指派的对火车站候车室玻璃进行清洗维护工作中遭电击致残，其所遭受的损害，雇主曹某应承担赔偿责任；由于清洗玻璃的作业场所处于高压电设备较多的危险区域，火车站将这一作业发包给不具备相应资质和安全生产条件的技术开发部，且既未进行安全事项告知，又未派专业人员到场进行安全作业指导，而技术开发部又将该作业转包给同样不具有安全生产条件的曹某，使得马某在作业中遭受人身损害。因此，法院依据最高人民法院《关于审理人身损害赔偿案件适用法律若干问题的解释》的规定，认定对于马某遭受的人身损害，火车站和技术开发部应当与曹某承担连带赔偿责任。

---

① 梁爱云：《违法发包造成作业人人身损害的责任确定》，载北京法院网。

❀**分析解答**❀在我国，建筑工程的施工往往采用承包的方法，由于管理不严，加之回扣盛行，导致层层转包、无效承包的现象十分严重。根据最高人民法院《关于审理人身损害赔偿案件适用法律若干问题的解释》第11条的规定：“雇员在从事雇佣活动中因安全生产事故遭受人身损害，发包人、分包人知道或者应当知道接受发包或者分包业务的雇主没有相应资质或者安全生产条件的，应当与雇主承担连带赔偿责任。”建设工程的承包人必须具有有关专业许可证，承包人若将自己承包的部分工作交由第三人完成，必须先行取得发包人的同意。法律禁止承包人将工程转包给不具备相应资质条件的单位，更不能转包给个人。但实践中，建筑工程公司把工程转包给私人包工负责人，包工负责人又组织务工人员去完成已司空见惯。对此，发包人、分包人知道或者应当知道接受发包或者分包业务的雇主没有相应资质或者安全生产条件的，应当与雇主承担连带赔偿责任。

原劳动和社会保障部《关于确立劳动关系有关事项的通知》第4条规定：“建筑施工、矿山企业等用人单位将工程（业务）或经营权发包给不具备用工主体资格的组织或自然人，对该组织或自然人招用的劳动者，由具备用工主体资格的发包方承担用工主体责任。”因此，对于建筑施工、矿山企业这种高风险行业，如果非法发包造成劳动者人身伤害的，可以认定企业与劳动者之间存在劳动关系，从而受到伤害的劳动者可以按《工伤保险条例》获得工伤保险待遇。

100. 承揽关系中的劳动者能否认定为工伤？

承揽关系是承揽人按照定作人的要求完成工作，交付工作成果，定作人给付报酬而形成的一种社会关系。承揽关系中承揽人提供的是一种独立性劳动，承揽人不接受用人单位管理、约束、支配，以自己的技能、设施、知识承担经营风险，基本不用听从单位有关工作指令，与工程发包单位没有身份上的隶属关系。

最高人民法院《关于审理人身损害赔偿案件适用法律若干问题的解释》第10条规定，承揽人在完成工作过程中对第三人造成损害或者造成自身损害的，定作人不承担赔偿责任。但定作人对定作、指示或者选任有过失的，应当承担相应的赔偿责任。因此，在承揽关系中，定作人一般不需要对承揽人在工作中的人身伤害承担损害赔偿责任。

※生活实例※为宾馆施工不慎受伤　责任由谁承担[①]

某宾馆将大堂改为客房后，因需安装防护窗和铝合金雨褡，遂聘请某施工公司安装。施工队员刘某在施工中不慎从高处跌落，右手被地上的碎玻璃扎伤，经两次手术缝合后，五指仍不能伸屈自如。现刘某要求某宾馆赔偿医药费、误工费等损失5000余元。

某宾馆与刘某无合同关系，也不存在侵权事实。该宾馆与施工公司为承揽合同关系，施工公司以自己的设备、技术和劳力，完成并交付工作成果。承揽人在完成工作过程中，造成自身损害的，应自己承担人身伤害意外风险，某宾馆作为定作人不承担赔偿责任。某施工公司与刘某存在雇佣合同关系，雇员在从事雇佣活动中受到人身损害的，雇主应承担赔偿责任。依据2004年1月1日起施行的《工伤保险条例》第14条第1款规定，刘某“在工作时间和工作场所内，因工作原因受到事故伤害”，应认定为工伤。依据《工伤保险条例》中“工伤保险责任由职工劳动关系所在单位承担”的规定，与刘某有劳动关系的某施工公司应为刘某承担工伤保险责任。

※分析解答※承揽关系中以承揽人自己负危险责任为原则，定作人只在其对定作、指示或者选任有过失的，才承担适当的赔偿责任。本案中施工公司自然有承揽安装简单民用工程的资质，宾馆在选任施工公司方面不存在过错，因此对事故不承担责任。

---

① 朱继红：《为宾馆施工不慎受伤　责任由谁承担》，载北京法院网。

101. 工伤与普通人身侵权的关系如何处理?

在我国，对于工伤保险和民事赔偿之间的适用关系问题的处理，主要依据最高人民法院《关于审理人身损害赔偿案件适用法律若干问题的解释》第12条，即:“依法应当参加工伤保险统筹的用人单位的劳动者，因工伤事故遭受人身损害赔偿，劳动者或者其近亲属向人民法院起诉请求用人单位承担民事赔偿责任的，告知其按《工伤保险条例》的规定处理。因用人单位以外的第三人侵权造成劳动者人身损害，赔偿权利人请求第三人承担民事赔偿责任的，人民法院应予支持。”

该规定具体有以下几层含义：第一，劳动关系中的劳动者因工伤事故遭受人身损害，应当按照国务院《工伤保险条例》的相关规定请求工伤保险赔偿，不能直接对用人单位提起人身损害赔偿的民事诉讼；第二，如果劳动者或者其近亲属对工伤保险赔偿有异议，属于劳动争议案件，不属于普通的民事侵权赔偿案件，应当先向劳动争议仲裁委员会申请仲裁，对于仲裁决定不服的，才可以向人民法院起诉；第三，职工工作期间因第三人侵权导致工伤的，其在获得工伤保险待遇后，可以再向第三人主张人身损害赔偿。

(1) 因用人单位实施的侵权行为导致劳动者人身损害同时又构成工伤的，工伤保险赔偿和民事损害赔偿如何协调。

在用人单位作为侵权人的工伤案件中，工伤保险赔偿和民事损害赔偿如何协调，有关部门和学者尚有分歧意见，较为普遍的一种观点认为，用人单位实施的侵权行为导致劳动者人身损害同时构成工伤的，劳动者不能针对用人单位提起侵权之诉，其理由如下：用人单位通过缴纳保险费的方式承担责任，对用人单位和劳动者双方都有利。因此，发生工伤事故，属于用人单位责任的，工伤职工应当按照《工伤保险条例》的规定享受工伤保险待遇，不能再通过民事诉讼获得双重赔偿。

※生活实例1※工伤保险数额低　民事赔偿作补充[①]

原告杨某于2001年2月到被告北京某机电设备安装公司做小工，双方于2003年8月1日签订为期1年的劳动合同。2004年4月23日，原告在工作中因事故受伤，住院治疗66天，住院期间的医疗费用由被告支付。2005年4月，延庆县劳动争议仲裁委员会裁决北京某机电设备安装公司支付杨某一次性工伤补助金9618元，以及生活费、住院期间护理费、伙食费。后原告两次诉至法院，要求被告赔偿损失，法院除判令被告给付相应的生活费外，驳回了原告的其他诉讼请求。2006年，原告伤情经司法鉴定属九级伤残，赔偿指数为25%。2007年原告再次诉至法院，要求被告赔偿残疾赔偿金4.7万余元及误工费、交通费、住院期间营养费、伙食费等，共计6.3万余元。

法院审理后认为，原告是被告公司的农民工，在工作中发生事故后，就原告的损失，被告应承担雇主责任。根据原告的伤情以及伤残程度，原有的工伤保险救济9618元，明显低于人身损害赔偿数额，被告欲以工伤保险取代雇主的侵权责任，不足以弥补原告的损失，所以民事赔偿应成为工伤保险救济的补充，被告已给付的工伤补助金9618元，应在残疾赔偿金中扣除，鉴定费800元属原告实际损失，法院予以支持，遂判令被告赔偿原告杨某残疾赔偿金2.9万余元、鉴定费800元。

※分析解答※在用人单位作为侵权人的工伤案件中，关于工伤保险赔偿和民事损害赔偿的关系，有一种观点是采用差额补足的理论，本案的审理即采用了这一观点。本案采用这一理论的理由应该主要是因为杨某的损失与所获得的工伤待遇差距过大，法院是基于公平原则来考虑的，我们认为本案中法院的处理方式不具有普遍性。

---

① 张立民：《工伤保险数额低　民事赔偿作补充》，载 http：//bjgy. chinacourt. org/public/detail. php？ id =50536。

(2) 因用人单位以外的第三人侵权造成劳动者人身损害同时又构成工伤的，工伤保险赔偿和民事损害赔偿如何协调。

工伤待遇与交通事故赔偿可以兼得的法理基础是两种请求权的基础不同。因道路交通事故导致的人身损害赔偿的请求权基础是民法上的侵权行为的损害赔偿请求权。工伤保险赔偿请求权的基础是劳动法上的工伤保险待遇请求权。职工发生工伤后享有工伤待遇是法律赋予的权利，也是保险机构和用人单位法定的义务。《职业病防治法》第52条和《安全生产法》第48条规定，职业病病人和因生产安全事故受到损害的从业人员，除依法享有工伤社会保险外，依照有关民事法律，尚有获得赔偿的权利的，有权向用人单位提出赔偿要求。

❈生活实例2❈职工获得工伤赔偿 不免除第三人责任[①]

2004年4月，庄某将其自建的未取得准建证的房屋出租给某服装公司。8月18日，该公司员工曹某在房屋中作业时，房屋突然倒塌，造成曹某第三、四腰椎骨折、脱位，骨髓圆锥马尾损伤，曹某因伤住院155天。经鉴定，曹某已达到职工工伤与职业病伤残四级。

2005年7月20日，曹某递交申诉要求该公司按照市工伤职工待遇标准为基础赔偿其一次性伤残津贴、伤残补助金、医疗补助金及住院医疗费用共计15万余元。后经大兴区劳动争议仲裁委员会调解，曹某与公司达成协议，公司支付曹某一次性伤残补助金、一次性工伤医疗补助金和伤残就业补助金共计13万元，解除劳动关系。

曹某认为，庄某将没有任何质量保障的劣质建筑物出租获利，导致重大倒塌事故，致使自己终身残疾，庄某理应承担赔偿责任。故曹某又将庄某告上法庭，要求庄某赔偿伤残补助金、护理费、误

---

① 赵玉东：《职工获得工伤赔偿 不免除第三人责任》，载 http：//bjgy.chinacourt.org/public/detail.php？id=43179。

工费、精神损失费等共计 17.3 万余元，并要求被告赔礼道歉。

而庄某认为，曹某发生工伤造成人身损害后，按照法律规定可以有两条途径主张自己的权利：一是根据劳动合同向其单位主张违约责任；二是向房屋的所有人或管理人主张侵权责任。但两者只能择其一，而曹某选择了主张违约责任，因此再起诉庄某没有法律依据。

法庭审理后认为，庄某将自建的没有合法准建手续的房屋出租给某服饰公司使用，主观上存有过错，其出租的房屋倒塌造成曹某身体伤害，应承担相应的民事赔偿责任。但由于曹某在规定时间内未递交伤残鉴定申请并缴纳伤残鉴定费，故对曹某主张的伤残补助金、精神抚慰金，法院不予支持。最终判决由房屋出租人庄某赔偿曹某护理费、误工费、辅助器具费、交通费、复印费、邮递费等共计 1.7 万余元。

※分析解答※职工获得工伤赔偿的，不免除第三人的责任。对此，可以参考《最高人民法院公报》2006 年第 8 期登载的“杨文伟诉宝二十冶公司人身损害赔偿纠纷案”，其裁判摘要明确指出：因用人单位以外的第三人侵权造成劳动者人身损害，构成工伤的，该劳动者既是工伤事故中的受伤职工，又是侵权行为的受害人，有权同时获得工伤保险赔偿和人身侵权赔偿；用人单位和侵权人均应当依法承担各自所负赔偿责任，即使该劳动者已从其中一方先行获得赔偿，亦不能免除或者减轻另一方的赔偿责任。

第四章 医疗费、医疗保险待遇纠纷

102. 什么是城镇居民基本医疗保险?

2007 年 7 月 10 日,《国务院关于开展城镇居民基本医疗保险试点的指导意见》(国发〔2007〕20 号)启动了城镇居民基本医疗保险制度的试点。城镇居民基本医疗保险的重点是保障城镇非从业居民的大病医疗需求,参保范围为不属于城镇职工基本医疗保险制度覆盖范围的中小学阶段的学生(包括职业高中、中专、技校学生)、少年儿童和其他非从业城镇居民,试点工作坚持自愿原则,由居民自愿参加城镇居民基本医疗保险。筹资水平由试点城市根据当地的经济发展水平以及成年人和未成年人等不同人群的基本医疗消费需求,并考虑当地居民家庭和财政的负担能力而确定。

城镇居民基本医疗保险以家庭缴费为主,政府给予适当补助。参保居民按规定缴纳基本医疗保险费,享受相应的医疗保险待遇,有条件的用人单位可以对职工家属参保缴费给予补助。对试点城市的参保居民,政府每年按不低于人均 40 元给予补助。在此基础上,对属于低保对象的或重度残疾的学生和儿童参保所需的家庭缴费部分,政府原则上每年再按不低于人均 10 元给予补助;对其他低保对象、丧失劳动能力的重度残疾人、低收入家庭 60 周岁以上的老年人等困难居民参保所需家庭缴费部分,政府每年再按不低于人均 60 元给予补助。

城镇居民基本医疗保险基金重点用于参保居民的住院和门诊大

病医疗支出，有条件的地区可以逐步试行门诊医疗费用统筹。城镇居民基本医疗保险医疗服务范围，由相关部门按照有关程序和权限，在城镇职工基本医疗保险医疗服务范围的基础上进行适当调整。

城镇居民基本医疗保险用药范围在国家和省（区、市）《基本医疗保险和工伤保险药品目录》的基础上，进行适当调整、合理确定。要把国家《基本医疗保险和工伤保险药品目录》甲类目录药品全部纳入城镇居民基本医疗保险基金的支付范围。国家根据儿童用药的特点，按照“临床必需、安全有效、价格合理、使用方便、兼顾中西药”的原则，适当增加儿童用药的品种及剂型。

城镇居民基本医疗保险实行定点医疗机构和定点零售药店管理。具体管理办法按照城镇职工基本医疗保险定点医疗机构和定点零售药店管理的有关规定执行。

103. 什么是新型农村合作医疗制度？

新型农村合作医疗制度是由政府组织、引导、支持，农民自愿参加，个人、集体和政府多方筹资，以大病统筹为主的农民医疗互助共济制度。从2003年起，在部分地区试点，从2007年开始，全国新型农村合作医疗由试点阶段进入全面推进阶段，覆盖全国80%以上的县（市、区）。

农民以家庭为单位自愿参加新型农村合作医疗，遵守有关规章制度，按时足额缴纳合作医疗经费；乡（镇）、村集体要给予资金扶持；中央和地方各级财政每年要安排一定专项资金予以支持，实行个人缴费、集体扶持和政府资助相结合的筹资机制。从2006年起，中央财政对中西部地区除市区以外的参加新型农村合作医疗的农民由每人每年补助10元提高到20元，地方财政也要相应增加10元。目前各地缴费水平不一，许多地方平均每人每年交费25

元，财政补助25元。

农村合作医疗基金是由农民自愿缴纳、集体扶持、政府资助的民办公助社会性资金，要按照以收定支、收支平衡和公开、公平、公正的原则进行管理，农村合作医疗基金由农村合作医疗管理委员会及其经办机构进行管理。农村合作医疗基金主要补助参加新型农村合作医疗农民的大额医疗费用或住院医疗费用。实行大病统筹加门诊家庭账户的地区，合作医疗基金主要用于建立大病统筹、门诊家庭账户和风险基金；实行住院统筹加门诊统筹的地区，合作医疗基金主要用于建立住院统筹、门诊统筹和风险基金；实行大病统筹的地区，合作医疗基金主要用于建立大病统筹基金和风险基金。新型农村合作医疗补偿方案主要包括起付线、封顶线、补偿比例和补偿范围等内容。

104. 如何办理城镇职工基本医疗保险登记?

凡参加基本医疗保险的用人单位，需到区县社会保险基金管理中心（以下简称区县社保中心）办理基本医疗保险登记手续。

用人单位需按规定填写《社会保险登记表》和《社会保险补充登记表》，并录入由社会保险经办机构发放的“信息采集软件”。在办理参保手续时，将单位基本信息导入软盘连同纸介一并上报参保地社会保险经办机构，由区县社保中心为其建立单位基本信息库。

初次参保人员需填写《参加社会保险人员情况登记表》，用人单位审核后，将其准确无误地录入“信息采集软件”，打印“信息采集表”交参保人员或委托人签字确认。用人单位在办理参保手续时，将个人基本信息导入软盘连同由个人签字的《参加社会保险人员情况登记表》一并上报参保地社会保险经办机构，由区县社保中心为其建立个人基本信息库。

※生活实例※医疗保险的“窗口期”应由用人单位承担相应责任[1]

2007年4月，史某与上海图维广告有限公司签订了3个月的试用期同意书，试用期自2007年4月9日起至2007年7月8日止。5月24日，史某因肾结石住院，进行了手术治疗。当天，图维公司为史某办理了招工入职手续和社保缴费登记，缴纳了4月至6月的社保费。6月，史某出院，支出医疗费2万余元，继续到岗上班。8月3日，图维公司辞退了史某。事后，由于史某的医保账户是在单位缴费后的6月份才能开始启用，史某支出的2万余元医疗费究竟由谁承担？史某与图维公司产生纠纷。史某向有关劳动仲裁委员会申请仲裁，图维公司最终被裁定报销史某的2万余元医疗费。图维公司不服，向法院提起诉讼。图维公司认为，按照目前社保费缴纳流程，单位在每月5日至25日期间办理的社会保险缴费登记，次月缴纳社会保险费。图维公司在5月24日为史某办理社保缴费登记，医疗账户将在6月份启用，因此史某不可能在5月份患病期间享受医疗保险待遇。因此，图维公司不应承担史某的上述医疗费。

法院经审理认为，图维公司与史某签署的“同意书”，是双方对工作期限、工作内容、劳动报酬及劳动纪律等内容进行约定的协议书，具备了劳动合同的主要条款。鉴于该协议仅约定了试用期，未约定劳动合同期限，故该试用期不成立，3个月试用期即应视为劳动合同期限。图维公司为史某办理社会保险缴费登记的行为是否符合相关规定，并不是判断其应否承担医疗费的依据。根据劳动法规定，劳动者拥有享受社会保险和福利的权利，用人单位应当依法建立和完善规章制度，保障劳动者享有劳动权利和履行劳动义务。2007年4月9日，史某与图维公司建立劳动关系，此后，作为用人单位的图维公司即应保障劳动者史某享受社会保险和福利。在劳

---

① 王海文、陶玲、张理：《工作时间过短导致医保“天窗”　上海一用人单位被判承担劳动者医疗费》，载 http：//rmfyb. chinacourt. org/public/detail. php？ id = 121129。

动关系存续期间史某支出医疗费2万余元，应为社保统筹基金支付的金额是近1.5万余元，因此法院最终认为，在史某与图维公司劳动关系存续期间，因未享受医疗保险待遇所发生的1.5万余元医疗费用，应由图维公司承担。

❈**分析解答**❈这一判决，法院确立了上述情况发生后由所在单位承担的操作规则，即用人单位在为劳动者办理社会保险缴费登记行为，即便在符合相关规定的情况下，仍须承担劳动关系建立至医保账户启用这一时间段内，劳动者不能享受社会保险待遇而产生的医疗费损失。

105. 哪些单位和职工必须参加基本医疗保险?

按照《国务院关于建立城镇职工基本医疗保险制度的决定》（国发〔1998〕44号）的规定，城镇所有用人单位，包括企业（国有企业、集体企业、外商投资企业、私营企业等）、机关、事业单位、社会团体、民办非企业单位及其职工，都要参加基本医疗保险。这就是说，必须参加城镇职工基本医疗保险的单位和职工，既包括机关事业单位也包括城镇各类企业，既包括国有经济也包括非国有经济单位，既包括效益好的企业也包括困难企业。

但对乡镇企业及其职工、城镇个体经济组织业主及其从业人员是否参加基本医疗保险，由各省、自治区、直辖市人民政府自行确定。这主要是考虑到对这部分人群管理的状况和医疗保险本身的特殊性。如果硬性纳入基本医疗保险，而管理能力又跟不上，则有可能导致医疗费用支出控制不住，增加基金超支的风险。

106. 如何建立基本医疗保险统筹基金和个人账户?

基本医疗保险费实行用人单位和职工个人双方负担、共同缴纳、全市统筹的原则。基本医疗保险基金实行社会统筹和个人账户相结合的原则。用人单位和职工应当按时足额缴纳基本医疗保险费。不按时足额缴纳的，不计入个人账户，基本医疗保险统筹基金不予支付其医疗费用。

按照《国务院关于建立城镇职工基本医疗保险制度的决定》（国发〔1998〕44号）的规定，个人账户的注入资金来自于个人缴费和单位缴费两部分：个人缴费的全部记入个人账户，单位缴费的一部分记入个人账户。单位缴费一般按30%左右划入个人账户。但由于每个年龄段职工的医疗消费支出水平存在很大差别，因此在统筹地区确定单位缴费记入每个职工划入账户比例时，要考虑年龄因素，确定不同年龄档次的不同划入比例。确定单位缴费划入个人账户的具体比例，由统筹地区根据个人账户的支付范围和职工年龄等因素确定。

统筹基金的注入资金主要来自单位缴费部分。单位缴费用于划入个人账户后剩余的部分即为统筹基金的资金。统筹基金和个人账户要划定各自的支付范围，分别核算，不得互相挤占。

职工个人医疗保险账户的本金和利息均归职工个人所有，可以结转使用和继承。因此，参加基本医疗保险的职工死亡后，其个人医疗账户仍有余额的，可作为遗产，由其亲属按《继承法》规定实施继承。同时，其个人医疗账户台账、《职工医疗社会保险手册》由医疗社会保险机构收回注销。

根据《北京市基本医疗保险规定》，北京市的用人单位按全部职工缴费工资基数之和的9%缴纳基本医疗保险费，职工按本人上一年月平均工资的2%缴纳基本医疗保险费。职工本人月平均工资低于上一年北京市职工月平均工资60%的，以上一年北京市职工月平均工资的60%为缴费工资基数，缴纳基本医疗保险费。职工本人上一年月平均工资高于上一年北京市职工月平均工资300%以上的部分，不作为缴费工资基数，不缴纳基本医疗保险费。无法确定职工本人上一年月平均工资的，以上一年北京市职工月平均工资为缴费工资基数，缴纳基本医疗保险费。

2001年4月1日前已退休的人员不缴纳基本医疗保险费。

2001年4月1日后参加工作，累计缴纳基本医疗保险费男满25年、女满20年的，按照国家规定办理了退休手续，按月领取基本养老金或者退休费的人员，享受退休人员的基本医疗保险待遇，不再缴纳基本医疗保险费。2001年4月1日前参加工作、2001年3月31日以后退休的，缴纳基本医疗保险费不满前述规定年限的，由本人一次性补足应当由用人单位和个人缴纳的基本医疗保险费后，享受退休人员的基本医疗保险待遇，不再缴纳基本医疗保险费。经劳动保障行政部门认定，职工的连续工龄或者工作年限符合国家规定的，视同基本医疗保险缴费年限。

社会保险经办机构应当为职工和退休人员建立基本医疗保险个人账户。个人账户的注入资金来自于个人缴费和单位缴费两部分：个人缴费的全部记入个人账户，单位缴费的一部分记入个人账户。其中，用人单位缴纳的基本医疗保险费的一部分按照下列标准划入个人账户：（1）不满35周岁的职工按本人月缴费工资基数的0.8%划入个人账户；（2）35周岁以上不满45周岁的职工按本人月缴费工资基数的1%划入个人账户；（3）45周岁以上的职工按本人月缴费工资基数的2%划入个人账户；（4）不满70周岁的退休人员按上一年北京市职工月平均工资的4.3%划入个人账户；（5）70周岁以上的退休人员按上一年北京市职工月平均工资的4.8%划入个人账户。

107. 城镇灵活就业人员可以参加基本医疗保险吗？

根据国家有关规定，已与用人单位建立明确劳动关系的灵活就业人员，要按照用人单位参加基本医疗保险的方法缴费参保。其他灵活就业人员，可以以个人身份缴费参保。灵活就业人员参加基本医疗保险的缴费率原则上按照当地的缴费率确定。参保的灵活就业人员的缴费水平和缴费时间，参照当地基本医疗保险的待遇水平，确定相应的医疗保险待遇，并明确医疗保险待遇与缴费年限和连续缴费相挂钩的办法。对首次参加医疗保险的灵活就业人员，可规定其参加基本医疗保险到开始享受相关医疗保险待遇的期限。

根据《北京市灵活就业人员参加职工基本医疗保险办法》（京政办发〔2008〕56号，2009年1月1日起执行），具有北京市城镇户籍、在法定劳动年龄内从事个体劳动或者自由职业，并在市、区（县）劳动保障部门开办的职业介绍服务中心、人事部门开办的人才交流服务中心和市社会保险经办机构委托的社会保险代理机构以个人名义存档的人员（统称灵活就业人员），可以参加城镇职工基本医疗保险。存档人员中与用人单位建立劳动关系或存在事实劳动关系的人员通过其所在单位参加基本医疗保险。

灵活就业人员以上年本市职工月平均工资的70%为缴费基数，按7%的比例缴纳基本医疗保险费。灵活就业人员缴纳的基本医疗保险费缴费基数的6.5%纳入基本医疗保险统筹基金，缴费基数的0.5%纳入大额医疗费用互助资金。灵活就业人员不建基本医疗保险个人账户。

灵活就业人员参加基本医疗保险，发生的符合基本医疗保险药品目录、诊疗项目目录以及服务设施范围和支付标准的下列医疗费用，纳入基本医疗保险统筹基金和大额医疗费用互助资金支付范围：

（1）门急诊医疗费用；

（2）住院治疗的医疗费用；

（3）急诊抢救留观并收入住院治疗的，其住院前留观7日内的医疗费用；

（4）恶性肿瘤放射治疗和化学治疗、肾透析、肾移植后服抗排异药的门诊医疗费用。

基本医疗保险统筹基金和大额医疗费用互助资金起付标准、报销比例执行用人单位在职职工参加基本医疗保险的报销规定。

灵活就业人员按本办法初次参加基本医疗保险，自缴费之月起6个月后发生的门急诊和住院医疗费用，由基本医疗保险基金按照《北京市基本医疗保险规定》的标准予以支付。但符合下列情况之一的，自缴费之月起发生的门急诊和住院医疗费用，由基本医疗保险基金支付：

（1）与用人单位终止、解除劳动关系后60天内按本办法参加基本医疗保险并缴费的；

（2）失业人员在停止领取失业保险金后60天内进行就业登记并参加基本医疗保险并缴费的。

灵活就业人员应当以委托银行代扣代缴方式按月足额缴纳基本医疗保险费。灵活就业人员参加基本医疗保险应当连续足额缴纳费用。逾期3个月未缴费，间断后再次缴费的，按初次参加基本医疗保险的情况享受待遇。

职介中心、人才中心和市社会保险经办机构委托的社会保险代理机构负责为灵活就业人员办理参加基本医疗保险手续，具体办理参保信息采集、保险手册发放、信息变更、人员增减、门诊医疗费用报销等事项。

灵活就业人员门诊的医疗费用，采取个人现金垫付、事后报销的方式，其中应由医疗保险报销的费用，个人应通过办理存档的职介中心、人才中心和市社会保险经办机构委托的社会保险代理机构办理报销申报手续，申报时间为每月10日前，当年医疗费用应当在次年1月15日前完成申报。申报医疗费用时，个人应当提供医疗保险手册、医疗费收费凭证、处方底方、急诊和转诊转院证明等。职介中心、人才中心和市社会保险经办机构委托的社会保险代理机构接到报销单据后，应当在5个工作日内报送到区县医疗保险经办机构。区县医疗保险经办机构接到报销单据，应当在15个工作日完成审核结算。报销的门诊医疗费由区县社保中心通过银行存入个人存折内。住院医疗费中应由个人支付的费用，个人在办理出院手续时由个人与医疗机构结清。

灵活就业人员达到国家规定的退休年龄且符合按月领取基本养老金和累计缴纳基本医疗保险费时间达到一定年限（男满25年，女满20年）条件的，自领取基本养老金之月起开始享受与用人单位退休人员相同的医疗待遇，并建立个人账户。

灵活就业人员达到国家规定的退休年龄，但未达到基本医疗保险缴费年限时，个人可以按照市劳动保障局关于此类情形的有关规定继续缴费和一次性趸缴不足规定年限的费用。

108. 退休人员如何建立其个人账户？

规定退休人员不缴纳基本医疗保险费，一是由社会医疗保险的性质决定的，社会医疗保险要体现互助共济，健康人帮助生病的人，退休职工一般患病较多，是需要社会照顾的弱势人群；二是为了均衡企业负担，为企业提供公平竞争的机会，参与市场竞争；三是考虑到退休人员在以前的工作期间，已经为社会作出了贡献，退休后收入低，特别是现在已经退休的职工，没有足够的用于医疗支出的积累，医疗负担较重。因此，《国务院关于建立城镇职工基本医疗保险制度的决定》除规定退休职工个人不缴纳医疗保险费外，还规定了在单位缴费划入个人账户的金额和个人负担医疗费用的比例给予照顾。

退休人员本人不缴费，但也要为其建立个人账户。建立退休人员个人账户的资金全部从单位缴费部分解决，且总的个人账户记入水平不得低于职工个人账户的水平。假如，一个统筹地区基本医疗保险筹资水平为6% +2%，当地确定50—60 岁老职工的单位缴费划入个人账户的比例为40%，则一个老职工当期个人账户记入金额为2% +6% ×40%，为4.4%，则退休人员个人账户的记入金额不得低于4.4%的水平。

109. 下岗职工的医疗保险问题如何解决？

中共中央、国务院《关于切实做好国有企业下岗职工基本生活保障和再就业工作的通知》（中发〔1998〕10 号）以及劳动和社会保障部《关于加强国有企业下岗职工管理和再就业服务中心建设有关问题的通知》（劳社部发〔1998〕8号）中都明确规定，下岗职工进入再就业服务中心托管时，由再就业服务中心负责为其缴纳医疗保险费，下岗职工享受相应的医疗保险待遇。没有实行医疗保险制度改革的地区，由再就业服务中心按规定报销下岗职工的基本医疗费用。为了适应国有企业深化改革的要求，有利于国有企业下岗职工的分流安置和促进劳动力的合理流动，保障下岗职工的基本医疗。《国务院关于建立城镇职工基本医疗保险制度的决定》规定，国有企业下岗职工的基本医疗保险费，包括单位缴费和个人缴费部分，均由再就业服务中心按照当地职工平均工资的60%为基数缴纳。

根据《北京市基本医疗保险规定》的具体规定，失业人员不缴纳基本医疗保险费，个人账户停止计入，余额可继续使用。失业人员在领取失业保险金期间，按照失业保险规定享受医疗补助待遇。

110. 单位缴费以什么为基数划入每个职工的个人账户?

以工资总额“单基数”作为用人单位缴费基数，主要是为了与养老、失业、工伤、生育保险统一缴费基数，便于社会保险统一管理，同时也是为了均衡新老单位的缴费负担。

基本医疗保险基金由统筹基金和个人账户构成。职工个人缴纳的基本医疗保险费，全部计入个人账户。用人单位缴纳的基本医疗保险费分为两部分，一部分用于建立统筹基金，一部分划入个人账户。划入个人账户的比例一般为用人单位缴费的30%左右，具体比例由统筹地区根据个人账户的支付范围和职工年龄等因素确定。

用人单位缴费率应控制在职工工资总额的6%左右，其中，一部分划入个人账户。划入个人账户的比例一般为用人单位缴费的30%左右，具体比例由统筹地区根据个人账户的支付范围和职工年龄等因素确定。

111. 个人如何缴纳基本医疗保险费?

首先，各统筹地区要确定一个适合当地职工负担水平的个人基本医疗保险缴费率，一般为工资收入的2%。其次，由个人以本人工资收入为基数，按规定的当地个人缴费率缴纳基本医疗保险费。个人缴费基数应按国家统计局规定的工资收入统计口径为基数，即以全部工资性收入，包括各类奖金、劳动收入和实物收入等所有工资性收入为基数，乘以规定的个人缴费率，即为本人应缴纳的基本医疗保险费。最后，个人缴费一般不需个人到社会保险经办机构去缴纳，而是由单位从工资中代扣代缴。

112. 建立统筹基金和个人账户后，基本医疗保险支付政策有何规定?

基本医疗保险统筹基金支付医疗费用的范围有一定的限制。对符合基本医疗保险统筹基金支付范围的医疗费用，要区分是属于统筹基金支付范围还是属于个人账户支付范围。

首先，基金支付医疗费用的数额有一定的上限和下限。下限即起付标准，基本医疗保险统筹基金支付的起付标准按上一年北京市职工平均工资的10%左右确定。个人在一个年度内第二次以及以后住院发生的医疗费用，基本医疗保险统筹基金支付的起付标准按上一年北京市职工平均工资的5%左右确定。上限为封顶线。基本医疗保险统筹基金在一个年度内支付职工和退休人员的医疗费用累计最高支付限额按上一年北京市职工平均工资的4倍左右确定。属于统筹基金支付范围的医疗费用，超过起付标准以上的由统筹基金按比例支付，最高支付到“封顶线”为止。

其次，基本医疗保险统筹基金支付下列医疗费用：住院治疗的医疗费用；急诊抢救留观并收入住院治疗的，其住院前留观7日内的医疗费用；恶性肿瘤放射治疗和化学治疗、肾透析、肾移植后服抗排异药的门诊医疗费用。

再次，应由基本医疗保险统筹基金支付的医疗费用项目，基金并不是全额支付，而只是支付一定的比例。在一个结算期内职工和退休人员发生的医疗费用，按医院等级和费用数额采取分段计算、累加支付的办法，由基本医疗保险统筹基金和个人按照一定比例分担。

最后，基本医疗保险统筹基金不予支付下列医疗费用：在非本人定点医疗机构就诊的，但急诊除外；在非定点零售药店购药的；因交通事故、医疗事故或者其他责任事故造成伤害的；因本人吸毒、打架斗殴或者因其他违法行为造成伤害的；因自杀、自残、酗酒等原因进行治疗的；在国外或者香港、澳门特别行政区以及台湾地区治疗的；按照国家和北京市规定应当由个人自付的。

职工患病的，其个人账户用于支付下列医疗费用：门诊、急诊的医疗费用；到定点零售药店购药的费用；基本医疗保险统筹基金起付标准以下的医疗费用；超过基本医疗保险统筹基金起付标准，按照比例应当由个人负担的医疗费用。

个人账户不足支付部分由本人自付。“封顶额”以上费用则全部由个人支付或通过参加补充医疗保险、商业医疗保险等途径解决。起付标准以下医疗费用可以由个人账户解决或由个人自付，个人账户有结余的，也可以支付统筹基金支付范围内应由个人支付的部分医疗费用。

113. 统筹基金的起付标准和最高支付限额是如何规定的?

制定统筹基金的起付标准和最高支付限额，目的就是限定统筹基金的支付范围，明确统筹基金的支付责任。统筹基金的支付范围明确以后，个人账户的支付范围也就相应明确，不在统筹基金支付范围的医疗费用，都可以由个人账户支付。统筹基金起付标准，就是准予进入统筹基金支付的“门槛”。假如这个“门槛”定为100，那么，一个人发生100以内的费用，不在统筹基金支付范围内，只有发生100以上的费用，才能由统筹基金对超出部分医疗费用按比例支付。

统筹基金最高支付限额，统筹基金所能支付的最高限额，也就是“封顶额”，也有称“封顶线”，实质不是一个统筹基金最高支付的范围，而是一个绝对额。这个“封顶额”类似商业保险的“最高赔付额”。假如这个“封顶额”为10000，那么一个人发生医疗费用20000时，社会保险经办机构首先要区分这部分医疗费用是否属于统筹基金支付范围，如果属于统筹基金支付范围（假定是住院医疗费用），还需要扣除起付标准以下医疗费用（假定是100），则统筹基金将对19900按规定比例（假定为90%）支付17910，但由于10000封顶，因此只能给付10000，实际统筹基金支付并不是17910。

统筹基金起付标准原则上控制在当地职工年平均工资的10%左右，是结合我国国情和各地经验提出的。从近几年各地实行大病医疗费用社会统筹的执行情况看，起付标准大多确定在当地职工年平均工资的5%—15%左右，起付标准以下的医疗费用个人一般都能承受，社会统筹部分的医疗基金也基本能够保证支付。从全国情况看，以1997年全国职工年平均工资的6470元计算，5%—15%的起付标准就是320元—970元。考虑全国各地经济发展和医疗消费水平差异，确定起付标准为当地职工年平均工资的10%，相当于650元左右，是比较适宜的，也给予了各地一定的调整幅度。

统筹基金最高支付限额控制在当地职工平均工资的4倍左右，是根据大额医疗费用人群分布情况测算确定的。1997年全国职工平均工资的4倍大致为2.6万元。根据全国40多个城市的抽样调查，绝大多数患病职工的年医疗费用都在3万元以内，超过3万元的，只占就医人群的不到0.4%。所以，以职工年平均工资的4倍确定统筹基金最高支付限额，可以解决绝大多数职工的大额医疗费用。

各地设定统筹基金起付标准要综合考虑三个方面的因素：一要考虑统筹基金的支付能力，保证收支平衡。限定统筹基金的支付范围和责任，最重要的指标是确定好起付标准，定低了，进入统筹支付的人群过多，费用过大，统筹基金承受不了，势必发生超支；二要考虑个人的负担能力，起付标准定得过高，享受人群很少，个人账户支付范围过大，个人负担过重，而统筹基金结余过多，就失去了社会共济的意义；三要区别不同统账结合方式，一般按费用或病种划分统账支付范围的，可以年度累计发生费用设定统筹基金起付标准，职工在一个年度内，累计达到一定费用（如1000元），就可以进行统筹基金支付。如以门诊住院划分统账支付范围的，则统筹基金起付标准控制在工资10%左右，还要考虑门诊中个人负担医疗费用的因素，不能单纯在住院费用中按10%的控制标准设定起付标准。住院起付标准也不能就设定一个，在一个年度内住院病人每次都要跨这个“门槛”或跨一次后再住院就不跨“门槛”，这两种做法，前者多次住院病人负担过重，后者对统筹基金产生的支付压力过大。比较适宜的办法是依次递减设定每次住院起付标准，如每次住院起付标准为当地年平均工资的7%，第二次为5%，第三次为3%。

114. 参保职工如何就医？如何按规定支付医疗费用？

第一，参保人员要在基本医疗保险定点医疗机构就医、购药，也可持处方到定点零售药店外购药品。在非定点医疗机构就医和非定点药店购药发生医疗费用，除符合转诊等规定条件外，基本医疗保险基金不予支付。

第二，所发生医疗费用必须符合基本医疗保险药品目录、诊疗项目、医疗服务设施标准的范围和给付标准的医疗费用才能由基本医疗保险按规定予以支付。超出部分，基本医疗保险将按规定不予支付。

基本医疗保险可支付的医药服务范围主要有四个方面的限定：一是在指定的可选择的定点医疗机构和定点药店就医和购药；二是符合基本医疗保险药品目录范围；三是符合基本医疗保险诊疗项目范围；四是符合基本医疗保险医疗服务设施标准范围。对符合上述规定所发生的医疗费用，将由基本医疗保险基金按规定予以支付。

第三，对符合基本医疗保险支付范围的医疗费用，要区分是属于统筹基金支付范围还是属于个人账户支付范围。属于统筹基金支付范围的医疗费用，亦即属于统筹基金起付标准以上费用由统筹基金按比例支付，最高支付到“封顶额”为止。个人也要负担部分医疗费用，“封顶额”以上费用则全部由个人支付或通过参加补充医疗保险、商业医疗保险等途径解决。起付标准以下的医疗费用由个人账户解决，个人账户有结余的，也可以支付统筹基金支付范围内应由个人支付的部分医疗费用。假定：某职工在一个年度内到规定的定点医疗机构，看了一次门诊，发生医疗费用 200 元；两次住院发生医疗费用分别为 20000 元和 10000 元，其中两次住院分别发生超出基本医疗保险药品目录和诊疗项目等费用 2000 元和 1000 元；当地统账支付范围按门诊和住院划分，住院起付标准第一次为 800 元，第二次为 500 元，统筹支付范围费用的支付比例为 90%，最高支付限额为 20000 元。那么，这些医疗费用该怎样支付呢？

（1）门诊的医疗费用将直接由个人账户支付，如果该职工个人账户有 500 元，则支付 200 元，尚有 300 元结余。

（2）对第一次住院费用的 20000 元，需要先扣除超基本医疗保险支付范围医疗费用 2000 元，再扣除起付标准 800 元，对剩余部分的医疗费用的 17200 元，将由统筹基金支付 15480 元。

（3）对第二次住院费用的 10000 元，需要先扣除超基本医疗保险支付范围医疗费用 1000 元，再扣除起付标准 500 元，对剩余部分的医疗费用的 8500 元，可由统筹基金支付 7650 元，但由于第一次住院已经由统筹基金支付 15480 元，而最高支付限额为 20000 元，因此，对第二次住院费用也只能由统筹基金支付 4520 元。从该职工全年医疗费用负担情况看，总共花费医药费 30200 元，统筹基金支付了 20000 元，个人账户可支付 500 元，个人需要负担 9700 元。

115. 医疗保险参保职工如何选择定点医疗机构?

基本医疗保险定点医疗机构是指经统筹地区劳动保障行政部门审查获得定点医疗机构资格，并经社会保险经办机构确定且与之签订了有关协议的，为统筹地区城镇职工基本医疗保险参保人员提供医疗服务并承担相应责任的医疗机构。

根据劳动保障部等部门《关于印发城镇职工基本医疗保险定点医疗机构管理暂行办法的通知》（劳社部发〔1999〕14 号）的规定，参保人员在获得定点资格的医疗机构范围内，提出个人就医的定点医疗机构选择意向，由所在单位汇总后，统一报送统筹地区社会保险经办机构。社会保险经办机构根据参保人的选择意向统筹确定定点医疗机构。参保人员对选定的定点医疗机构，可在 1 年后提出更改要求，由统筹地区社会保险经办机构办理变更手续。

除获得定点资格的专科医疗机构和中医医疗机构外，参保人员一般可再选择 3 至 5 家不同层次的医疗机构，其中至少应包括 1 至 2 家基层医疗机构（包括一级医院以及各类卫生院、门诊部、诊所、卫生所、医务室和社区卫生服务机构）。

参保人员应在选定的定点医疗机构就医，并可自主决定在定点医疗机构购药或持处方到定点零售药店购药。除急诊和急救外，参保人员在非选定的定点医疗机构就医发生的费用，不得由基本医疗保险基金支付。

参保人员在不同等级的定点医疗机构就医，个人负担医疗费用的比例可有所差别，以鼓励参保人员到基层定点医疗机构就医。

116. 什么是定点零售药店?

定点零售药店是指经统筹地区劳动保障行政部门审查获得定点零售药店资格，并经社会保险经办机构具体确定并与之签订有关协议和发给定点零售药店标牌的，为城镇职工基本医疗保险参保人员提供处方外配服务并承担相应责任的零售药店。处方外配是指参保人员持定点医疗机构处方，在定点零售药店购药的行为。

参保人员到定点零售药店购药时，必须持定点医疗机构医生开具的处方，而且处方上有医师签名和盖有定点医疗机构专用章证明。处方要有药师审核签字，并保存2年以上以备核查。

117. 参加基本医疗保险后职工如何就医、购药?

基本医疗保险参保人员应在选定的定点医疗机构就医，并可自主决定在定点医疗机构购药或持处方到定点零售药店购药。也就是说，参保人员看病应到所选的定点医疗机构，至于看病后是在定点医疗机构购药还是在定点零售药店购药，由参保人员自己决定，如果参保人员选择在定点零售药店购药，定点医疗机构应及时在医生给参保人员开具的处方上盖章证明，以方便参保人员就医、购药。参保人员在非选定的定点医疗机构就医发生的费用，基本医疗保险基金将不给予支付。另外，参保人员在不同等级的定点医疗机构就医时，还要执行统筹地区劳动保障行政部门制定的转诊、转院管理办法。

118. 企业职工因患病来不及到定点医疗机构就医治疗时能否报销医疗费用?

根据劳动保障部等部门《关于印发城镇职工基本医疗保险定点医疗机构管理暂行办法的通知》（劳社部发〔1999〕14号）规

定，参保人员应在选定的定点医疗机构就医，并可自主决定在定点医疗机构购药或持处方到定点零售药店购药。除急诊和急救外，参保人员在非选定的定点医疗机构就医发生的费用，不得由基本医疗保险基金支付。因此，职工如患急病确实来不及到选定的医院医治，自己到附近的医院诊治，持有医院急诊证明，其医药费用，可由基本医疗保险基金按规定支付。

119. 什么是基本医疗保险诊疗项目？

基本医疗保险诊疗项目是指符合下列条件的各种医疗技术劳务项目和采用医疗仪器、设备与医用材料进行的诊断、治疗项目：

（1）临床诊疗必需、安全有效、费用适宜的诊疗项目。

诊疗项目一是指医疗技术劳务项目，如体现医疗劳务的诊疗费、手术费、麻醉费、化验费等，体现护理人员劳务的护理费、注射费等，但不包括一些非医疗技术劳务，如护工、餐饮等生活服务。二是指采用医疗仪器、设备和医用材料进行的诊断、治疗项目，如与检验有关的化验仪器，B 超、CT 等诊断设备，各种输液、导管、人工器官等医用材料等，不包括一些非诊断、治疗用途的仪器设备和材料，它们不属于诊疗项目的范围，如用于医院管理的仪器设备、改善生活环境的服务设施等。

作为医保报销的诊疗项目必须是临床必需、安全有效、费用适宜的诊疗项目。临床必需，就是临床治疗疾病必需，是相对于非疾病治疗的诊疗项目如美容等，以及疾病治疗的主要诊疗手段相对于辅助诊疗手段如音乐疗法等。安全有效，是指经临床长期使用被广泛公认的成熟的项目，相对于尚属于研究阶段、疗效不肯定的一些诊疗措施，如心、肺、脑移植等。费用适宜，就是要与基本医疗保险基金的支付能力相适应。在同等诊疗效果的诊疗项目中，选择价格合理的诊疗项目。

（2）由物价部门制定了收费标准的诊疗项目。

(3) 由定点医疗机构为参保人员提供的医疗服务范围内的诊疗项目。

只有社会保险经办机构确定的定点医疗机构提供的各种诊疗项目才有可能纳入基本医疗保险基金支付范围。非定点医疗机构提供的诊疗项目，基本医疗保险基金将不予支付。

参保人员发生的诊疗项目费用，属于基本医疗保险不予支付费用诊疗项目目录以内的，基本医疗保险基金不予支付。属于基本医疗保险支付部分费用诊疗项目目录以内的，先由参保人员按规定比例自付后，再按基本医疗保险的规定支付。属于按排除法制定的基本医疗保险不予支付费用和支付部分费用诊疗项目目录以外的，或属于按准入法制定的基本医疗保险准予支付费用诊疗项目目录以内的，按基本医疗保险的规定支付。

120. 哪些项目是基本医疗保险不予支付费用的诊疗项目?

参保人员发生的诊疗项目费用，属于基本医疗保险不予支付费用诊疗项目目录以内的，基本医疗保险基金不予支付。基本医疗保险不予支付费用的诊疗项目范围包括：

(1) 服务项目类

①挂号费、院外会诊费、病历工本费等。

②出诊费、检查治疗加急费、点名手术附加费、优质优价费、自请特别护士等特需医疗服务。

(2) 非疾病治疗项目类

①各种美容、健美项目以及非功能性整容、矫形手术等。

②各种减肥、增胖、增高项目。

③各种健康体检。

④各种预防、保健性的诊疗项目。

⑤各种医疗咨询、医疗鉴定。

（3）诊疗设备及医用材料类

①应用正电子发射断层扫描装置（PET）、电子束CT、眼科准分子激光治疗仪等大型医疗设备进行的检查、治疗项目。

②眼镜、义齿、义眼、义肢、助听器等康复性器具。

③各种自用的保健、按摩、检查和治疗器械。

④各省物价部门规定不可单独收费的一次性医用材料。

（4）治疗项目类

①各类器官或组织移植的器官源或组织源。

除肾脏、心脏瓣膜、角膜、皮肤、血管、骨、骨髓移植外的其他器官或组织移植。

②近视眼矫形术。

③气功疗法、音乐疗法、保健性的营养疗法、磁疗等辅助性治疗项目。

（5）其他

①各种不育（孕）症、性功能障碍的诊疗项目。

②各种科研性、临床验证性的诊疗项目。

121. 哪些项目是基本医疗保险支付部分费用的诊疗项目范围？

属于基本医疗保险支付部分费用诊疗项目目录以内的，先由参保人员按规定比例自付后，再按基本医疗保险的规定支付。基本医疗保险支付部分费用的诊疗项目范围包括：

（1）诊疗设备及医用材料类。

①应用χ－射线计算机体层摄影装置（CT）、立体定向放射装置（γ－刀、χ－刀）、心脏及血管造影χ线机（含数字减影设备）、核磁共振成像装置（MRI）、单光子发射电子计算机扫描装置（SPECT）、彩色多普勒仪、医疗直线加速器等大型医疗设备进行的检查、治疗项目。

②体外震波碎石与高压氧治疗。

③心脏起搏器、人工关节、人工晶体、血管支架等体内置换的人工器官、体内置放材料。

④各省物价部门规定的可单独收费的一次性医用材料。

（2）治疗项目类。

①血液透析、腹膜透析。

②肾脏、心脏瓣膜、角膜、皮肤、血管、骨、骨髓移植。

③心脏激光打孔、抗肿瘤细胞免疫疗法和快中子治疗项目。

（3）各省劳动保障部门规定的价格昂贵的医疗仪器与设备的检查、治疗项目和医用材料。

122.《基本医疗保险药品目录》如何构成？哪些类别的药品不能纳入《基本医疗保险药品目录》？

基本医疗保险用药范围通过制定《基本医疗保险药品目录》进行管理。《药品目录》所列药品包括西药、中成药、中药饮片。西药和中成药列基本医疗保险基金准予支付的药品目录，药品名称采用通用名，并标明剂型。中药饮片列基本医疗保险基金不予支付的药品目录，药品名称采用药典名。

药品一般有三种名称，即化学名、通用名和商品名。化学名是根据药品的化学成分确定的化学学术名称。通用名是国家医药管理局核定的药品法定名称，与国际通用的药品名称、我国药典及国家药品监督管理部门颁发药品标准中的名称一致。而商品名是药品生产厂商自己确定，经药品监督管理部门核准的产品名称，在一个通用名下，由于生产厂家的不同，可有多个商品名称。如解热镇痛药类的一种药品：对乙酰氨基酚为该药品的通用名，在这一通用名下，这种药品商品有百服宁、必理通、泰诺、安佳热等，百服宁、必理通、泰诺、安佳热则为该种药品的商品名。规定西药和中成药主要使用通用名，一则是为了保证目录中药品名称符合国家药品监督管理部门的行业规范；二则是为了在同一通用名下不同厂家生产的药品都能纳入基本医疗保险给付范围，促进生产企业在药品质量和价格上进行竞争，也可以避免生产厂家为了自己的产品进入目录，而可能诱发的在制定目录中的不良行为。

药品的剂型根据药品的应用途径分为口服和吸入剂型、注射剂型和外用剂型。按照药物的性状，将口服和吸入剂型分为片剂、糖衣片剂、泡腾剂、颗粒剂、控释剂、喷雾剂等；将注射剂型分为粉针剂、溶液剂等；将外用剂型分为膏剂、油剂、霜剂等。不同的剂型，价格差异较大。特别是随着药品生产技术的发展，各种新的药品剂型层出不穷，一些采用新剂型的药品比同类药品的其他剂型的价格要高出许多，如泡腾剂、控释剂等。因此，在药品目录中要标明剂型，将同类药品中疗效相当、价格低的剂型纳入基本医疗保险的用药范围。

《药品目录》中的西药和中成药在《国家基本药物》的基础上遴选，并分“甲类目录”和“乙类目录”。“甲类目录”的药品是临床治疗必需，使用广泛，疗效好，同类药品中价格低的药品。“乙类目录”的药品是可供临床治疗选择使用，疗效好，同类药品中比“甲类目录”药品价格略高的药品。“甲类目录”由国家统一制定，各地不得调整。“乙类目录”由国家制定，各省、自治区、直辖市可根据当地经济水平、医疗需求和用药习惯，适当进行调整，增加和减少的品种数之和不得超过国家制定的“乙类目录”药品总数的15%。

以下药品不能纳入基本医疗保险用药范围：

（1）主要起营养滋补作用的药品，如十全大补膏等；

（2）部分可以入药的动物及动物脏器，如鹿茸、蝎子、海马、胎盘等；

（3）用中药材和中药饮片泡制的各类酒制剂，如杜仲酒等；

（4）各类药品中的果味制剂、口服泡腾剂，如果味维生素C、阿斯匹林泡腾片等；

（5）血液制品、蛋白类制品，如冻干血浆、人血白蛋白等。

123. 基本医疗保险按什么原则支付药品费用?

基本医疗保险参保人员使用西药和中成药发生的费用，超出药品目录范围的基本医疗保险基金不予支付，属于药品目录范围内的按以下原则支付：一是使用“甲类名录”的药品所发生的费用，按基本医疗保险规定的标准给予支付；二是使用“乙类目录”的药品所发生的费用，先由职工自付一定比例后，再按基本医疗保险规定的标准给予支付。急救、抢救期间所需药品的使用可适当放宽范围。

使用中药饮片所发生的费用，属于药品目录内的，基本医疗保险基金不予支付，不在药品目录的，按基本医疗保险规定的标准给予支付。

例如，某统筹地区的起付标准为 800 元，最高支付限额为 2.5 万元，统筹基金支付范围内个人负担比例为 10%，乙类药品个人首先自付 20%。现在假定该市某一职工一次住院发生医疗费用 3 万元，其中，药品费用 1 万元，6000 元为使用甲类药品的费用，3000 元为使用乙类药品的费用，1000 元为非《基本医疗保险药品目录》内的药品费用。则该职工医疗费用支付办法如下：

（1）职工首先个人自付的乙类药品的费用为：

3000 元 × 20% = 600 元；

自付非《基本医疗保险药品目录》药品费用为 1000 元。

（2）甲类药品 6000 元、乙类药品费用在个人自付后余下的 2200 元与其他医药费用一并共 28400 元，纳入统筹基金支付范围，按基本医疗保险的规定支付起付标准以上费用为 27600 元，统筹基金按例支付：

——起付线以下由个人自付或个人账户支付：800 元

——起付线以上由统筹基金支付：27600 元 × 90% = 24840 元

个人自付：27600 × 10% = 2760 元

根据以上计算，该职工发生的 30000 元住院医疗费用中，个人自付和个人账户支付总额为：1000 + 600 + 800 + 2760 = 5160 元，统筹基金支付为 24840 元。

124. 医疗保险可以支付哪些基本医疗保险服务设施费用？

基本医疗保险医疗服务设施是指由定点医疗机构提供的，参保人员在接受诊断、治疗和护理过程中必需的生活服务设施。基本医疗保险医疗服务设施费用主要包括住院床位费及门（急）诊留观床位费。对已包含在住院床位费或门（急）诊留观床位费中的日常生活用品、院内运输用品和水、电等费用，基本医疗保险基金不另行支付，定点医疗机构也不得再向参保人员单独收费。

参保人员的实际床位费低于基本医疗保险住院床位费支付标准的，以实际床位费按基本医疗保险的规定支付；高于基本医疗保险住院床位费支付标准的，在支付标准以内的费用，按基本医疗保险的规定支付，超出部分由参保人员自付。

对基本医疗保险医疗服务设施的理解要把握三点：一是基本医疗保险医疗服务设施必须是由定点医疗机构提供的，非社会保险经办机构确定的定点医疗机构提供的不属于基本医疗保险医疗服务设施；二是必须是提供给参保人员的才有可能是基本医疗保险服务设施，提供给非参保人的不可能是基本医疗保险服务设施；三是基本医疗保险服务设施必须是诊断、治疗和护理过程中必需的生活服务设施，其他一些非必需的如娱乐设施等不属于基本医疗保险服务设施。

基本医疗保险基金不予支付的生活服务项目和服务设施费用，主要包括五类：一是就（转）诊交通费、急救车费；二是空调费、电视费、电话费、婴儿保温箱费、食品保温箱费、电炉费、电冰箱费及损坏公物赔偿费；三是陪护费、护工费、洗理费、门诊煎药费；四是膳食费；五是文娱活动费以及其他特需生活服务费用。之所以规定上述生活服务项目和服务设施费用不予支付，主要是考虑这些项目有的不是诊断、治疗和护理过程中必需的，如电视、电话、电冰箱等，有的虽必需，但属于个人或单位责任，如就诊交通费、急救车费、膳食费等。

基本医疗保险住院床位费支付标准，由各统筹地区劳动保障行政部门按照本省物价部门规定的普通住院病房床位费标准确定。

125. 农民工参加职工基本医疗保险吗？

劳动和社会保障部《关于贯彻两个条例扩大社会保障覆盖范围加强基金征缴工作的通知》（劳社部发〔1999〕10 号）规定，农民合同制职工参加单位所在地的社会保险，社会保险经办机构为职工建立基本医疗保险个人账户。农民合同制职工在终止或解除劳动合同后，社会保险经办机构可以将基本医疗保险个人账户储存额一次性发给本人。

关于农民工等流动就业人群的医疗保障的问题，人力资源和社会保障部有关负责人指出，国务院近期的实施方案已经明确提出来，在城镇能够稳定就业农民工要参加城镇职工基本医疗保险，其雇主要承担缴费责任。而没有条件参加职工医疗保障的，可以参加务工所在地的城镇居民基本医疗保险或参加原籍所在地的新型农村合作医疗。至于已经参加了家乡新型农村合作医疗又到城里来打工的农民工，他们的医疗费用报销问题，人力资源和社会保障部和卫生部正在共同研究制度之间的衔接和互通的政策。

126. 北京市关于农民工参加基本医疗保险有什么特殊的规定？

北京市关于农民工参加基本医疗保险的原则是“低缴费、保当期、保大病”，主要规定包括《北京市外地农民工参加基本医疗保险暂行办法》和《关于简化农民工参加工伤保险和基本医疗保险有关管理问题的通知》。按这两份文件的规定，北京市行政区域内的城镇所有用人单位，包括企业、机关、事业单位、社会团体、民办非企业单位招用在国家规定的劳动年龄内，具有外省市农业户口的外地农民工，应当在招用外地农民工30日内，到所在区县社会保险经办机构，为外地农民工办理参加基本医疗保险手续。

外地农民工参加本市基本医疗保险，由用人单位缴纳基本医疗保险费，外地农民工个人不缴费。用人单位以上一年本市职工月平均工资60%为基数、按2%的比例按月缴纳基本医疗保险费，其中1.8%划入基本医疗保险统筹基金，0.2%划入大额医疗互助资金。外地农民工不建个人账户，不计缴费年限，缴费当期享受相关待遇。

用人单位未按规定为外地农民工办理参加基本医疗保险手续缴纳基本医疗保险费的，外地农民工可以向用人单位所在区、县或者市劳动保障行政部门劳动监察机构举报。用人单位未按规定为外地农民工缴纳基本医疗保险费，致使外地农民工不能享受相应待遇，外地农民工与用人单位因此发生的争议，可以向用人单位所在区县劳动争议仲裁委员会申请仲裁。

用人单位为农民工办理参加基本医疗保险手续时，应当向区县社会保险经办机构递交《北京市农民工参加基本医疗保险人员花名册》和《北京市农民工参加基本医疗保险单位信息采集表》。参加基本医疗保险农民工个人的姓名、性别、公民身份号码、缴费人员类别的信息，由用人单位负责核实，并填入《北京市农民工参加基本医疗保险人员花名册》。农民工参加基本医疗保险原则上实行单位集中选择两家定点医疗机构的定点就医管理办法，单位选择的医疗机构，应当在区县社会保险经办机构指定的定点医疗机构范围内选择。农民工急诊就医或转诊转院，按照现行的基本医疗保险有关规定办理。单位集中选择的两家定点医疗机构情况，由单位负责填入《北京市农民工参加基本医疗保险人员花名册》。农民工参加基本医疗保险不再发放《北京市医疗保险手册》，由区县社会保险经办机构向用人单位发放《北京市基本医疗保险农民工住院就医卡》。农民工办理住院手续时应当同时出示本人身份证和《就医卡》，定点医疗机构认真核实农民工身份证和《就医卡》后，还应当通过“96102”电话确认个人参保及所在单位足额缴费情况。定点医疗机构确认无误后，农民工住院发生医疗费用，按照基本医疗保险有关规定进行结算；不符合要求的，其医疗费全部由农民工个人与定点医疗机构现金结算。

127. 北京市大病医疗互助制度有什么主要内容?

北京市在实行基本医疗保险的基础上，建立了大额医疗费用互助制度。参加基本医疗保险的用人单位及其职工和退休人员应当参加大额医疗费用互助，但实行国家公务员医疗补助办法的用人单位及其职工和退休人员除外。

大额医疗费用互助资金由用人单位和个人共同缴纳。用人单位按全部职工缴费工资基数之和的1%缴纳，职工和退休人员个人按每月3元缴纳。大额医疗费用互助资金在每月缴纳基本医疗保险费时一并缴纳。

大额医疗费用互助资金按比例支付职工和退休人员在一个年度内累计超过一定数额的门诊、急诊医疗费用和超过基本医疗保险统筹基金最高支付限额（不含起付标准以下以及个人负担部分）的医疗费用。

128. 因他人侵权受到伤害，医保报销后还能向侵权责任人索赔吗?

根据最高人民法院《关于审理人身损害赔偿案件适用法律若干问题的解释》第12条的规定，参加工伤保险统筹的用人单位的劳动者，因工伤事故遭受人身损害的，通过社会保障系统获得赔偿，但因用人单位以外的第三人侵权造成人身损害的，第三人仍应承担民事赔偿责任。根据这一司法解释确定的原则，参保者是在尽了相应的缴费义务后才享有医保待遇的，第三人不能因为交通事故受害人享有了社会保障而免责。

实践中，因他人侵权受到伤害，医保报销后是否还能向侵权责任人索赔，主要存在着两种不同的处理模式。第一种是在计算人身损害赔偿的医疗费时，扣除了受害人利用医保支付的医疗费用。该种观点认为，患者利用医保支付的费用不属于患者的实际损失，根据民法上的损失填补原则，侵权人在赔偿受害人的医疗费用时，应当扣除医保支付的费用。第二种是侵权人需赔偿受害人的全部医疗费用，包括受害人利用医保支付的费用。这种观点认为，医疗保险与侵权纠纷属于不同层次的救济制度，侵权人应当赔偿受害人的全部医疗费用，不应扣除利用医保支付的费用。如《北京市高级人民法院关于审理人身伤害赔偿案件若干问题的处理意见》第 8 条规定，受害人的损害赔偿请求权不因其所在单位已垫付或报销医疗费而消灭，受害人仍得以自己名义请求侵害人支付医疗费。作出生效裁判的法院可将处理结果告知受害人所在单位。第二种做法是一种普遍的做法。

※生活实例※交通肇事赔偿，不因受害人获得医保而免责①

2006 年 8 月 24 日，四川省成都市出租车司机蒋兴华驾驶的出租车与曾伟洪骑的摩托车相撞，导致曾伟洪受重伤，住院治疗花费 6 万余元，其中由医保统筹基金支付近 4 万元。当地交警部门出具的事故责任认定书认定，蒋兴华对此次事故负全部责任。2007 年 2 月，曾伟洪向法院提起诉讼，要求蒋兴华及出租汽车公司承担全部赔偿责任。蒋兴华辩称：损害赔偿以受害者实际损失为限，曾伟洪的医疗费通过医保统筹基金报销了近 4 万元，这部分金额应从赔偿金额中扣除，否则将造成曾伟洪获得双重赔偿。该案经区、市两级法院审理，最终判决蒋兴华和出租汽车公司赔偿曾伟洪各项损失共

① 张光宇、梅贤明：《交通肇事赔偿，不因受害人获得医保而免责》，载 http://rmfyb.chinacourt.org/public/detail.php?id=113278。

计 6 万元。

❈**分析解答**❈利用医保支付的医疗费用不能成为减轻侵权人赔偿责任的理由，侵权人应当就受害人实际发生的全部医疗费用承担赔偿责任。

129. 单位没有缴纳医疗保险，劳动者如何维权？

根据《北京市基本医疗保险规定》的规定，用人单位不按照规定缴纳基本医疗保险费或者大额医疗费用互助资金，致使基本医疗保险基金未能按照规定划入个人账户，职工和退休人员不能享受相关医疗保险待遇的，用人单位应当赔偿职工和退休人员由此造成的损失。

按医疗保险事务管理中心核定的数额承担用人单位应缴的保险数额，支付劳动者医疗费。在审理中，法院可以向医保中心咨询，按照医保规定，职工如参加医保，其治病的医疗费中，供可报销部分的数额，按此作出相应的判决。

关于赔偿金的问题。原劳动部《违反〈劳动法〉有关劳动合同规定的赔偿办法》第 3 条规定："本办法第 2 条规定的赔偿，按下列规定执行：……（三）造成劳动者工伤、医疗待遇损失的，除按国家规定为劳动者提供工伤、医疗待遇外，还应支付劳动者相当于医疗费用 25% 的赔偿费用；……"但作为该条规定适用的前提的该办法第 2 条以及劳动法和劳动合同法的规定中，并没有提及用人单位履行劳动合同中对劳动者造成损害的，应赔偿劳动者损失，所以该办法如何适用，实际仍然有法律的漏洞。《社会保险法》（草案）第 80 条也规定，用人单位不按期缴纳或者少缴社会保险费的，由有关主管部门责令限期补缴欠缴数额，并自欠缴之日起，按日加收万分之五的滞纳金；逾期仍不缴纳的，处欠缴数额二倍以上五倍以下的罚款。《社会保险法》（草案）也没有规定用人单位应付赔偿金的责任，因此，不宜在社会保险损害赔偿纠纷中主张和支持劳动者提出的额外赔偿金的请求。

※生活实例※未给外地农民工参保　医疗费用工单位承担[①]

小马是外地来京农民工，2006年6月起为房山区某建筑公司提供劳务。做瓦工期间，小马因继发性肺结核，于2006年12月至次年1月在中国人民解放军第二附属医院住院治疗，发生医疗费用7000余元。其间，建筑公司未按规定给小马办理医疗保险。小马出院后，因不适应工地工作，领取三个月补助工资4000余元后，主动离开建筑公司。经多次协商，建筑公司拒绝支付对小马工作期间发生的医疗费用。为此，小马将建筑公司告上法庭。

法院审理后认定，建筑公司与小马在存在劳动关系期间，未给小马办理医疗保险，劳动关系存续期间，小马的医疗费用应当由建筑公司承担。根据《北京市外地农民工参加基本医疗保险暂行办法》规定："用人单位未按规定为外地农民工办理参加基本医疗保险手续以及没有按时足额缴费，外地农民工发生的医疗费用由用人单位按照本规定支付标准支付"，即"住院费用支付标准，超过起付线（1300元）以上部分至3万元的部分，三级医院报销标准为85%"。最终，法院依法判令建筑公司支付小马医疗费5000余元。

※分析解答※劳动者的合法权益应当受到法律保护，用人单位与劳动者建立劳动关系之时即应为劳动者缴纳各种社会保险。现因被告的过错，致使原告住院花费的医疗费不能通过医疗保险的途径得到补偿，对此，应当由被告依法承担相应的民事责任。

① 段志刚：《未给外地农民工参保　医疗费用工单位承担》，载 http：//bjgy.chinacourt.org/public/detail.php？id=75166。

第五章　生育保险待遇纠纷

130. 什么是生育保险?

生育保险是指国家通过立法，对怀孕、分娩的女性劳动者给予生活帮助和物质帮助的一项社会保险制度。其目的为了维护企业女职工的合法权益，保障她们在生育（包括流产）期间得到必要的经济补偿和医疗保健。生育保险基金由劳动部门所属的社会保险经办机构负责收缴、支付和管理。

生育保险根据“以支定收，收支基本平衡”的原则筹集资金，由企业按照其工资总额的一定比例向社会保险经办机构缴纳生育保险费，建立生育保险基金。生育保险费的提取比例由当地人民政府根据计划内生育人数和生育津贴、生育医疗费等项费用确定，并可根据费用支出情况适时调整，但最高不得超过工资总额的1%。生育保险费由企业按月缴纳，职工个人不缴纳生育保险费。

目前，国家未出台有关生育保险的专项法律、法规，各地可制定适合本地实际的生育保险办法，扩大生育保险制度覆盖范围。北京市规定，生育保险的缴纳范围是城镇企业，在参保职工的范围上，除了北京市户籍人员外，具有北京市工作居住证的人员也能参加北京市的企业职工生育保险。那么，非京籍的外地女性中，无北京市工作居住证的，就不属于生育保险的参保范围。生育保险由企业按照其工资总额的0.8%向社会保险经办机构缴纳生育保险费，建立生育保险基金。

生育保险的法律依据主要是国务院制定的《女职工劳动保护规定》和原劳动部颁布的一系列规范性文件，包括:《企业职工生育保险试行办法》、《劳动部关于女职工生育待遇若干问题的通知》、《关于进一步加强生育保险工作的指导意见》、《关于妥善解决城镇职工计划生育手术费用问题的通知》等。

131. 女职工的产假有多长?

女职工生育按照法律、法规的规定享受产假。产假期间的生育津贴按照本企业上年度职工月平均工资计发，由生育保险基金支付。女职工产假期满，因身体原因仍不能工作的，经过医务部门证明后，其超过产假期间的待遇，按照职工患病的有关规定处理。

产假时间按自然天数计算。女职工正常生育的产假为 90 天；难产的增加 15 天，多胞胎生育的每多生育 1 个婴儿增加 15 天（累加计算），晚育的增加 30 天。女职工妊娠不满 12 周（含）流产的产假为 15 天；12 周以上 16 周（含）以内流产的产假为 30 天；16 周以上 28 周（含）以内流产的产假为 42 天。

※生活实例※超出规定的产假按病假对待①

赵女士系某幼儿园教师，在怀孕期间照常上班，却不幸在怀孕 5 个月的时候流产。赵女士遵循医嘱自流产之日起开始休息，共休息了 90 天。幼儿园按 60 天产假发放赵女士工资，其余 30 天按病假处理。赵女士对此不服，认为自己在上班过程中发生意外，要求幼儿园给予 90 天产假，并赔偿精神损失 1 万元。幼儿园予以拒绝，赵女士遂经劳动仲裁诉至人民法院。

人民法院审理后认为，《女职工劳动保护规定》第 8 条第 2 款原则性规定：女职工怀孕流产的，其所在单位应当根据医务部门的证明，给予一定时间的产假。而 1988 年当时劳动部发布的《关于女职工生育待遇若干问题的通知》第 1 条规定：女职工怀孕不满 4 个月流产的，应当根据医务部门的意见，给予 15—30 天的产假；

① 李盛荣、张旸：《加强女职工权益保护 构建和谐劳动氛围》，载 http://bjgy.chinacourt.org/public/detail.php?id=62349。

怀孕满4个月以上流产者，给予42天产假。产假期间工资照发。本案中，幼儿园给予赵女士的产假高于上述规定，故并无不当，赵女士要求享受90天正产产假的请求没有法律根据。同时，依据1988年劳动部《关于女职工生育待遇若干问题的通知》第3条规定，女职工产假期满，因身体原因仍不能工作的，经过医务部门证明后，其超过产假期间的待遇，按照职工患病的有关规定处理。因此幼儿园将其余30天按病假处理亦无不当。最后，女职工因生育引发的医疗费属生育保险范畴，具有福利性，故赵女士要求的因生育意外引发的精神损失赔偿没有合理基础和法律依据。综上，人民法院对赵女士的诉讼请求未予支持。

※**分析解答**※本案中关于生育保险待遇的分析，国家有关法律法规和规章对女职工生育的产假规定得很清楚，超出规定产假期限的，应当按病假对待。

132. 生育保险支付费用的范围和标准是怎么规定的?

生育医疗费用包括女职工因怀孕、生育发生的医疗检查费、接生费、手术费、住院费和药品费。计划生育手术医疗费用包括职工因计划生育实施放置（取出）宫内节育器、流产术、引产术、绝育及复通手术所发生的医疗费用。生育、计划生育手术医疗费用应符合基本医疗保险药品目录、诊疗项目和医疗服务设施项目规定。

女职工生育时花费的超出规定的医疗服务费和药费（含自费药品和营养药品的药费）由职工个人负担。超出规定的下列生育、计划生育手术医疗费用生育保险基金不予支付：不符合国家或者北京市计划生育规定的；不符合北京市基本医疗保险就医规定的；不符合北京市基本医疗保险药品目录、诊疗项目和医疗服务设施项目规定的；在国外或者港、澳、台发生的医疗费用；因医疗事故发生的医疗费用；治疗生育合并症的费用；按照规定应当由个人负担的费用。

133. 计划生育费用可以报销吗?

计划生育手术费用是指职工因实行计划生育需要，实施放置（取出）宫内节育器、流产术、引产术、绝育及复通手术所发生的医疗费用。

已经建立地方企业职工生育保险的地区，参保单位职工的计划生育手术费用可列入生育保险基金支付范围。没有建立企业职工生育保险的地区，在建立城镇职工基本医疗保险制度时，可以将符合基本医疗保险有关规定的参保单位职工计划生育手术费用纳入基本医疗保险统筹基金支付范围。没有参加生育保险和基本医疗保险的单位，职工计划生育手术费用仍通过原渠道解决。

参保职工在基本医疗保险定点医疗机构和经计划生育行政管理部门、劳动保障部门认可的计划生育服务机构实施计划生育手术，其费用可以由相应的社会保险基金支付。

经有关部门鉴定，属于职工计划生育手术并发症的治疗费用，由基本医疗保险基金支付，属于按照有关规定开支以外的必需费用，由用人单位解决。因计划生育手术造成的医疗事故，按照有关医疗事故处理的规定执行。

134. 生育保险对参保职工的就医医疗机构有要求吗?

生育保险实行医疗机构协议管理，签订协议的医疗机构范围要考虑基本医疗保险定点医疗机构和妇产医院、妇幼保健院等医疗机构。参保职工在生育保险协议医疗机构因生育所发生的符合规定的医疗费用，由生育保险基金支付。生育保险医疗费用支付的范围原则上按照基本医疗保险药品目录、诊疗项目和医疗服务设施标准执行，具体支付办法由各地根据实际情况制定。

135. 没有建立和缴纳生育保险的如何处理？

用人单位没有为职工参保生育保险的，女职工生育时所花费的本属于生育保险所支付的项目，应由用人单位支付。

具有北京市工作居住证的人员，可以参加北京市的企业职工生育保险；没有居住证的人员虽然不参加生育保险，但是他们的待遇应由用人单位负责支付。

136. 晚育奖励假是生育保险基金支付项目吗？

《人口与计划生育法》第25条规定，公民晚婚晚育，可以获得延长婚假、生育假的奖励或者其他福利待遇。晚育奖励假的津贴由生育保险基金支付。

《北京市人口与计划生育条例》第20条规定，机关、社会团体、企业事业组织的职工晚婚的，除享受国家规定的婚假外，增加奖励假7天。晚育的女职工，除享受国家规定的产假外，增加奖励假30天，奖励假也可以由男方享受，休假期间不得降低其基本工资或者解除劳动合同；不休奖励假的，按照女方一个月基本工资的标准给予奖励。个体工商户的雇工晚婚、晚育的，由雇主按照本条前述规定奖励。《北京市人口与计划生育条例》规定的晚育奖励假由夫妻双方一方享受。女职工享受晚育奖励假的，生育津贴按女职工缴费基数计算，由社会保险经办机构通过女职工单位支付给个人；男职工享受晚育奖励假的，其奖励假的津贴按男职工缴费基数计算，由社会保险经办机构通过男职工单位或女职工单位支付给个人。男职工享受的晚育奖励假津贴为本人同期休假的工资，其晚育奖励假津贴低于本人工资标准的，差额部分由男职工单位负责补足。

137. 生育保险待遇只能由女职工享有吗?

参加生育保险的女职工生孩子或者流产时，可以得到检查费、生育费、营养费、生育津贴等各项费用。女职工除了可以报销生产费用，还可以得到生育津贴。顺产按 4 个月缴费基数支付，难产按 4.5 个月缴费基数支付。

男性同样享受生育保险待遇，根据一些地方的规定，凡是符合报销条件的男职工，即参保职工到生育或实施计划生育手术时缴费未中断且已连续缴费满一年的，其配偶的生育医疗费用将由生育保险基金按照规定支付标准报销的 50%。这就是说，男职工的妻子如果没有参加生育保险，可以享受男职工的生育保险并报销生育医疗费，但报销额度只能是正常女职工的一半。另外，女性生产期间丈夫的护理津贴，及男职工的输精管结扎、输精管复通术等计划生育手术费用，均属于生育保险支付的待遇。男职工还可以享受晚育奖励假。

138. 非婚生子的能否享受生育保险待遇?

妇女生育享受的产假是法定的，不管其生育是否符合计划生育政策，只要员工提出要求休产假，企业都应当无条件批准。国家规定的产假为 90 天，妇女只要有生产的事实，就应当享受 90 天的产假。

但是，未婚生育违反了我国的计划生育政策，产假期间不能和符合计划生育政策的员工一样享受相关待遇，包括检查费、接生费、手术费、住院费和药费、产假期间的生育津贴等。

139. 独生子女费是生育保险待遇吗?

独生子女费是国家通过机关企事业单位对执行计划生育政策的

职工的奖励，不属于生育保险的支付范围，其法律依据是《人口与计划生育法》及相应的地方法规和规章。独生子女费等奖励和优待虽然不是生育保险，但二者也有一定的关联。一些计划生育的奖励和优待由生育保险支付，如因为是独生子女而获批增加的3个月产假，而不符合国家或者北京市计划生育规定的手术医疗费用生育保险基金不予支付。

《人口与计划生育法》第27条规定，自愿终身只生育一个子女的夫妻，国家发给《独生子女父母光荣证》。获得《独生子女父母光荣证》的夫妻，按照国家和省、自治区、直辖市有关规定享受独生子女父母奖励。法律、法规或者规章规定给予终身只生育一个子女的夫妻奖励的措施中由其所在单位落实的，有关单位应当执行。《北京市人口与计划生育条例》第21条规定，一对夫妻生育（包括依法收养）一个子女后不再生育，其子女在十八周岁以内的，由夫妻双方申请，经所在单位核实（没有单位的和农村居民，经户籍所在地居民委员会或者村民委员会核实），由女方户籍所在地乡镇人民政府或者街道办事处发给《独生子女父母光荣证》，凭证享受以下奖励和优待：

（1）每月发给10元独生子女父母奖励费，奖励费自领取《独生子女父母光荣证》之月起发至其独生子女满十八周岁止；

（2）女职工除享受本条例第20条规定的休假外，经所在单位批准，可以再增加产假三个月，但减免三年独生子女父母奖励费；

（3）独生子女的托幼管理费和十八周岁之前的医药费，由夫妻双方所在单位依照有关规定报销；

（4）独生子女父母，女方年满五十五周岁，男方年满六十周岁的，每人享受不少于1000元的一次性奖励；

（5）农村在推行养老保险制度时，应当为独生子女父母优先办理养老保险。农村安排宅基地，对独生子女父母应当给予优先和照顾；

（6）乡镇人民政府和农村集体经济组织应当扶持独生子女家庭发展生产。

第一胎生育双胞或者多胞的夫妻，不领取《独生子女父母光荣证》，凭女方户籍所在地乡镇人民政府或者街道办事处出具的证明，享受前述第4项规定以外的奖励和优待，但只享受一份独生子女奖励待遇。

已婚育龄夫妻按照规定可以生育第二个子女，但书面表示不再生育的，由各自所在单位或者乡镇人民政府、街道办事处给予表彰，并给予每人不少于500元的一次性奖励。

140. 职工婚假是生育保险待遇吗？

婚假待遇不属于生育保险待遇的范畴，这里作一简单介绍。

目前我国关于职工婚假天数的文件是原国家劳动总局、财政部《关于国营企业职工请婚丧假和路程假问题的通知》（劳总薪字〔1980〕29号），该文件规定，职工本人结婚或职工的直系亲属（父母、配偶和子女）死亡时，可以根据具体情况，由本单位行政领导批准，酌情给予1至3天的婚丧假。职工结婚时双方不在一地工作的；职工在外地的直系亲属死亡时需要职工本人去外地料理丧事的，都可以根据路程远近，另给予路程假。在批准的婚丧假和路程假期间，职工的工资照发。途中的车船费等，全部由职工自理。

婚姻法和计划生育法以及劳动法中没有婚假以及晚婚假期具体天数的规定，关于晚婚晚育的奖励天数，多见于地方规范性文件，比如《北京市人口与计划生育条例》规定晚婚的在国家规定基础上增加7天。

第六章　失业保险待遇纠纷

141. 失业保险的参保范围是什么?

失业保险是指国家通过立法强制实行的，由社会集中建立基金，对因失业而暂时中断生活来源的劳动者提供物质帮助的制度。失业保险的法律依据主要是《失业保险条例》和《失业保险金申领发放办法》，为落实失业保险制度，各地也制定了相应的地方规章，如《北京市失业保险规定》等。

失业保险主要是为了保障有工资收入的劳动者失业后的基本生活而建立的，其覆盖范围为各类企业事业单位及其工作人员。企业包括国有企业、城镇集体企业、股份制企业及各类联营企业、外商投资企业和港、澳、台商投资企业、城镇私营企业和其他城镇企业。省、自治区、直辖市人民政府根据当地实际情况，可以决定本行政区域内的社会团体及其专职人员、民办非企业单位及其职工、有雇工的城镇个体工商户及其雇工是否参加失业保险。

142. 如何申报缴纳失业保险费?

在失业保险制度覆盖范围内的单位及其职工必须参加失业保险并履行缴费义务。新成立的单位，应自办理营业执照或其他批准成立的证明之日起 30 日内，进行失业登记并缴纳失业保险费。

用人单位进行失业保险登记后，应当按照下列规定申报缴纳失业保险费。企业到工商营业执照注册地的区、县社保中心申报缴费；事业单位、社会团体以及招用合同制工人的机关，到单位所在地的区、县社保中心申报缴费；市、区（县）职业介绍服务中心（以下简称职介中心）负责个人存档人员、自由职业人员以及城镇个体工商户雇主及其雇用的本市和外省市城镇人员、农村劳动力的申报缴费。个体工商户雇工的申报缴费，由雇主统一办理。

城镇企业事业单位按照本单位工资总额的2%缴纳失业保险费。城镇企业事业单位职工按照本人工资的1%缴纳失业保险费。城镇企业事业单位招用的农民合同制工人，本人不缴纳失业保险费。省、自治区、直辖市人民政府根据本行政区域失业人员数量和失业保险基金数额，报经国务院批准，可以适当调整本行政区域失业保险费的费率。比如，根据《北京市失业保险规定》的规定，国有企业、城镇集体企业、股份制企业及各类联营企业、私营企业和事业单位，按本单位上年职工月平均工资总额的1.5%缴纳失业保险费；外商投资企业和港、澳、台商投资企业按本单位中方职工上年月平均工资总额的1.5%缴纳失业保险费；职工个人按本人上年月平均工资的0.5%缴纳失业保险费。职工本人月平均工资高于上一年本市职工月平均工资300%以上的部分，不作为缴纳失业保险费的基数。

缴纳失业保险费，需要首先确定缴费基数。用人单位与职工个人缴纳失业保险费的工资基数，按照下列方法确定：

（1）实行劳动工资统计制度的用人单位，按照上年《劳动情况表》中的在岗职工年平均工资标准，折算为月平均工资后，确定单位的月缴费工资基数；职工个人月缴费工资基数，为职工本人上年月平均工资。

（2）未实行劳动工资统计制度（无《劳动情况表》）的用人单位，按照市统计部门公布的上年本市职工年平均工资，折算为月平均工资后，确定单位和职工个人的月缴费工资基数。

（3）在职介中心个人存档的人员、自由职业人员以及城镇个体工商户雇主及其雇工的月缴费工资基数，按照本市上年职工年平均工资，折算为月平均工资后确定。存档人员、自由职业人员个人参加失业保险的，由个人按照1.5%的比例缴纳失业保险费；个体工商户雇工，由雇主缴纳1.5%，雇工个人缴纳0.5%（农村劳动力个人不缴纳失业保险费）。

(4) 企业再就业服务中心及其职工按照本市最低工资标准，确定单位和职工个人的月缴费工资基数。

(5) 职工个人缴纳失业保险费的工资基数，最高不超过本市上年职工月平均工资的300%。

失业保险费按月缴纳。用人单位应缴纳的失业保险费，由社会保险经办机构委托用人单位的开户银行按月代为扣缴。职工个人应缴纳的失业保险费，由用人单位代为扣缴。用人单位应于每月5日前，持《申报缴纳失业保险费月报表》或《申报缴纳失业保险费月报明细表》和《申报缴纳失业保险费月报汇总表》到参统的社保中心申报缴费。逾期未申报缴费的，按其上月的参统情况征缴。

143. 失业保险可以补缴吗?

由于单位原因应缴而未缴失业保险费，用人单位要求补缴的，可以向单位所在地区（县）失业保险经办机构提出书面申请，并提交补缴期间的劳动合同或者劳动关系证明，以及工资收入凭证等，经区（县）失业保险经办机构核准后，可以补缴失业保险费，补缴基数以补缴相应年度的本人上年月平均工资为准。

144. 失业保险基金的支出范围是什么?

失业保险基金用于下列支出：

(1) 失业保险金；

(2) 领取失业保险金期间的医疗补助金；

(3) 领取失业保险金期间死亡的失业人员丧葬补助金和其供养的配偶、直系亲属的抚恤金；

(4) 领取失业保险金期间接受职业培训、职业介绍的补贴，补贴的办法和标准由省、自治区、直辖市人民政府规定；

（5）国务院规定或者批准的与失业保险有关的其他费用。

145. 参保人员什么情况下可以领取失业保险金？

具备下列条件的失业人员，可以领取失业保险金：

（1）按照规定参加失业保险，所在单位和本人已按照规定履行缴费义务满1年的；

（2）非因本人意愿中断就业。“非因本人意愿中断就业”指下列情形：终止劳动合同的；被用人单位解除劳动合同的；被用人单位开除、除名和辞退的；因用人单位以暴力、威胁或者非法限制人身自由的手段强迫劳动，或因用人单位未按照劳动合同约定支付劳动报酬或者提供劳动条件，以致劳动者通知用人单位解除劳动合同的；法律、行政法规另有规定的。

（3）已办理失业登记，并有求职要求的。

破产企业的留守人员因未中断就业，不属于享受失业保险待遇的对象。因为，根据《企业破产法》的规定，清算期间发生的清算机构人员的工资、差旅费、办公费等费用计入清算费用，由企业现有财产优先支付。所以，破产企业留守人员不能享受失业保险待遇，且还需继续缴纳各项社会保险费用，其报酬及各项社会保险费用应由企业现有财产优先支付，而不应从失业保险基金中支付。

失业人员申领失业保险金应填写《失业保险金申领表》，并出示下列证明材料：①本人身份证明；②所在单位出具的终止或者解除劳动合同的证明；③失业登记及求职证明；④劳动保障行政部门规定的其他材料。

失业人员在领取失业保险金期间有下列情形之一的，停止领取失业保险金，并同时停止享受其他失业人员保险待遇：

①重新就业的。

②应征服兵役的。

③移居境外的。

④享受基本养老保险待遇的。

⑤被判刑收监执行或者被劳动教养的。失业人员在领取失业保险金期间因被判刑收监执行或者被劳动教养而停止领取失业保险金的，在其刑满、假释、缓刑、监外执行、劳动教养期满或者解除劳动教养后，未就业的，持有关证明、材料到户口所在地街道（乡镇）劳动保障部门办理失业登记和申领失业保险金手续，并按规定继续发放失业保险待遇。

⑥无正当理由，拒不接受劳动保障行政部门指定的职业介绍服务机构介绍的工作的。失业保险不是纵容"懒汉"的制度，根据北京市劳动局的规定，失业人员无正当理由三次不接受劳动保障行政部门指定的职业介绍服务机构介绍的工作，失业保险经办机构停发其失业保险金和其他失业保险待遇，并取消其在本次失业期间再次申领失业保险金的资格。其未领取的期限予以保留。失业人员在领取失业保险金期间，连续两个月无故不领取失业保险金的，失业保险经办机构停发其失业保险金和其他失业保险待遇，其未领取的期限予以保留。失业人员未就业的，可提出书面申请，恢复其发放失业保险金等失业保险待遇。

⑦有法律、行政法规规定的其他情形的。

146. 如何办理失业登记手续和申领失业保险金？

用人单位与职工终止、解除劳动（聘用）或工作关系之日起7日内将失业人员的名单报户口所在地区（县）社会保险经办机构备案，自终止、解除劳动（聘用）或工作关系之日起20日内，持缴纳失业保险的有关材料将职工的档案转移到职工户口所在地区（县）社会保险经办机构。用人单位应当及时为失业人员出具终止或者解除劳动（聘用）或工作关系的证明，并书面告知其按照规定享受失业保险待遇的权利。

失业人员应当在终止、解除劳动（聘用）或者工作关系之日起60日内，持用人单位开具的终止、解除劳动（聘用）或者工作关系证明、户口簿、身份证和3张一寸免冠照片到户口所在地的街道、镇劳动和社会保障部门办理失业登记，符合领取失业保险金的，同时办理申领失业保险金手续。失业保险金自办理失业登记之日起计算。未按照前述规定60日期限办理失业登记和领取失业保险金手续的人员，其申领失业保险金的资格予以保留。失业人员未就业的，可向失业保险经办机构说明情况并提交书面申请。符合条件的，从办理失业登记次月起，按规定领取失业保险金并享受其他失业保险待遇。

失业保险金由社会保险经办机构按月发放。失业人员领取失业保险金，应由本人按月到经办机构领取，同时应向经办机构如实说明求职和接受职业指导、职业培训情况。

❈生活实例❈公司迟延11个月交付退工证明　劳动者获赔偿①

1993年8月，柴先生进入仪表公司工作，双方未签订劳动合同。1997年8月起，公司为柴先生缴纳城镇社会保险费。2006年12月13日，柴先生与公司签订协议书，约定其与公司即日解除劳动关系。嗣后，公司长期扣押退工单，于2007年11月15日才将退工证明交给柴先生。柴先生不满公司此举，一纸诉状将公司告上法庭，要求公司按照其离职前工资水平赔偿迟延交付退工单期间的损失73547.76元及养老、医疗、失业保险费、公积金损失45967.35元。

法院受理后查明，原告柴先生与被告仪表公司于2006年12月13日协议解除劳动关系。2007年1月22日，被告为原告开具了上海市单位退工证明，并在上海市杨浦区职业介绍所为原告办理了移转档案的手续。11月15日，被告将退工证明交给原告。

---

① 刘燕枫：《公司迟延11个月交付退工证明　劳动者获赔偿》，载 http://www.chinacourt.org/public/detail.php?id=294985。

法院审理后认为，用人单位与全工时制职工终止或解除劳动关系后，应在7日内办妥退工登记备案手续。退工手续一般包括出具并交付退工证明、办理档案转移等手续。被告存在迟延交付退工证明及延期办理转移档案手续的情形，致使原告不能及时办理失业等登记手续造成损失，被告应按失业保险金规定予以赔偿。原告诉称被告应按其原工资标准赔偿的意见，无相应的事实依据，法院不予采纳。原、被告于2006年12月解除劳动关系，此后双方未再继续履行劳动权利、义务，被告没有继续为原告缴纳社会保险费及公积金的法定义务，因而不存在原告该期间社会保险费及公积金的损失，原告要求被告赔偿养老、医疗、失业保险费及公积金损失45967.35元的请求，没有事实依据，法院不予支持。

147. 失业人员享有哪些失业保险待遇？

根据《失业保险条例》的规定，失业保险基金用于下列支出：失业保险金；领取失业保险金期间的医疗补助金；领取失业保险金期间死亡的失业人员丧葬补助金和其供养的配偶、直系亲属的抚恤金；领取失业保险金期间接受职业培训、职业介绍的补贴，补贴的办支和标准由省、自治区、直辖市人民政府规定；国务院规定或者批准的与失业保险有关的其他费用。相应地，失业人员享受失业保险金以及医疗补助金、丧葬补助金、抚恤金、职业培训和职业介绍补贴等失业保险待遇，具体标准按照各省、自治区、直辖市人民政府的有关规定执行。

（1）失业保险金

失业人员失业前所在单位和本人按照规定累计缴费时间满1年不足5年的，领取失业保险金的期限最长为12个月；累计缴费时间满5年不足10年的，领取失业保险金的期限最长为18个月；累计缴费时间10年以上的，领取失业保险金的期限最长为24个月。按照《北京市失业保险规定》的有关规定，累计缴费时间1年以上不满 2 年的，可以领取 3 个月的失业保险金；累计缴费时间 2 年以上不满 3 年的，可以领取 6 个月的失业保险金；累计缴费时间 3 年以上不满 4 年的，可以领取 9 个月的失业保险金；累计缴费时间 4 年以上不满 5 年的，可以领取 12 个月的失业保险金；累计缴费时间 5 年以上的，按每满一年增发一个月的失业保险金的办法计算，确定增发的月数。领取失业保险金的期限最长不得超过 24 个月。失业人员重新就业后，再次失业的，缴费时间重新计算。再次失业领取失业保险金的期限可以与前次失业应领取而尚未领取的失业保险金的期限合并计算，但是最长不得超过 24 个月。

经办机构根据失业人员累计缴费时间核定其领取失业保险金的期限。失业人员累计缴费时间按照下列原则确定：实行个人缴纳失业保险费前，按国家规定计算的工龄视同缴费时间，与《失业保险条例》发布后（即 1999 年 1 月 22 日之后）缴纳失业保险费的时间合并计算。失业人员在领取失业保险金期间重新就业后再次失业的，缴费时间重新计算，其领取失业保险金的期限可以与前次失业应领取而尚未领取的失业保险金的期限合并计算，但是最长不得超过 24 个月。失业人员在领取失业保险金期间重新就业后不满一年再次失业的，可以继续申领其前次失业应领取而尚未领取的失业保险金。

(2) 医疗补助金

失业人员在领取保险金期间患病就医的，可以按照规定向社会保险经办机构申请领取医疗补助金。医疗补助金的标准由省、自治区、直辖市人民政府规定。按照《北京市失业保险规定》的规定，失业人员在领取失业保险金期间，患病（不含因打架斗殴或交通事故等行为致伤、致残的）到社会保险经办机构指定的医院就诊的，可以补助本人应领取失业保险金总额 60% 至 80% 的医疗补助金，具体标准为：

累计缴费时间不满 5 年的，其医疗费补助比例为 60%；累计医疗补助金不超过本人应领取失业保险金总额的 60%；

累计缴费时间满 5 年不满 10 年的，其医疗费补助比例为

65%；累计医疗补助金不超过本人应领取失业保险金总额的65%；

累计缴费时间满 10 年不满 15 年的，其医疗费补助比例为70%；累计医疗补助金不超过本人应领取失业保险金总额的70%；

累计缴费时间满 15 年不满 20 年的，其医疗费补助比例为75%；累计医疗补助金不超过本人应领取失业保险金总额的75%；

累计缴费时间满20年以上的，其医疗费补助比例为80%；累计医疗补助金不超过本人应领取失业保险金总额的80%；

失业人员在领取失业保险金期间患危重病，按前述规定给予补助后，个人及其家庭负担医疗费仍确有困难的，由本人申请，区（县）社会保险经办机构审查，报市社会保险经办机构批准，可给予一次性补助。但补助标准不得超过本人应领失业保险金总额的200%；

失业人员在领取失业保险金期间，符合国家计划生育规定生育或采取计划生育措施的，可按国家有关规定给予补助。

（3）丧葬补助金和抚恤金

失业人员在领取失业保险金期间死亡的，其家属可持失业人员死亡证明、领取人身份证明、与失业人员的关系证明，按规定向经办机构领取一次性丧葬补助金和其供养配偶、直系亲属的抚恤金。失业人员当月尚未领取的失业保险金可由其家属一并领取。按照《北京市失业保险规定》的规定，失业人员在领取失业保险金期间死亡，有供养直系亲属的，发给一次性抚恤金，抚恤金标准按失业人员死亡当月领取失业保险金的数额和供养人数发给。供养一人的，给付6个月；供养两人的，给付9个月；供养三人或三人以上的，给付12个月。自2009年1月1日起，丧葬补助金标准由800元调整为5000元。

（4）接受职业培训、职业介绍的补贴

失业人员在领取失业保险金期间，应积极求职，接受职业指导和职业培训。失业人员在领取失业保险金期间求职时，可以按规定享受就业服务减免费用等优惠政策。按照《北京市失业保险规定》的规定，失业人员在领取失业保险金期间从事个体经营、兴办企业，凭其营业执照，社会保险经办机构可以将其应领取的失业保险金一次性发给本人。

另外，失业人员符合城市居民最低生活保障条件的，按照规定享受城市居民最低生活保障待遇。

148. 如何办理就业转失业人员档案移交程序?

用人单位与本市城镇职工终止、解除劳动（聘用）合同或者工作关系，应当为其出具《终止、解除劳动（聘用）合同或者工作关系的证明书》，按下列规定办理失业人员的人事档案移交手续：

用人单位应自与职工终止、解除劳动（聘用）合同或者工作关系之日起7日内，将失业人员名单报其户口所在地的区、县失业保险经办机构备案，并在20日内，持《社会保险登记证》和失业人员档案，到其户籍（集体户口）所在地的区、县失业保险经办机构办理档案移交手续。

失业人员档案须具备下列证明和材料：

（1）失业人员情况表。

（2）档案材料清单。

（3）参加工作时间证明，包括以下几种证明中的一种：

①招工证明：1996年8月以前参加工作的，须有招工审批表或者《北京市技工学校毕业生分配表》（无招工审批表的，须有《工资转正定级表》、《职工登记表》和参加工作时单位及其上级主管部门出具的招工证明）；1996年9月以后参加工作的，须有《北京市城镇人员就业登记卡》；1979年4月27日至1988年12月31日期间从事过临时工作的，应当有《城镇待业青年工龄审批表》；

②《大中专毕业生派遣通知书》、《吸收录用干部审批表》或者《聘用干部审批表》；

③《入伍通知书》或者《入伍登记表》。

（4）终止、解除劳动（聘用）合同或者工作关系的证明（辞职和自动离职的还应有辞职证明或者自动离职处理证明）。

（5）《企业（单位）与个人缴纳失业保险费情况证明》。

（6）《养老保险个人账户转移单》（参加养老保险的单位）。

（7）《存档人员缴纳失业保险费管理卡片》或者《个体工商户及雇工、自由职业人员缴纳失业保险费台账》。

（8）其他档案材料。

解除劳动关系证明

我单位________同志，身份证号码____________，个人电脑号__________，因______________原因于________年____月____日与我单位终止（解除）劳动合同。

特此证明。

用人单位（盖章）

年　　月　　日

提示：①用人单位必须如实填写好解除劳动关系的原因。如合同期满、自动离职、旷工除名、破产遣散等，提前解约、开除、除名、辞退的原因一定要写清楚。

②失业人员从失业之日起六十日内，持身份证、解除劳动关系证明、就业失业手册（临时合同工带上用工审批表）或流动人员就业证（农民合同工带上本人银行存折复印件），到社会保险经办机构办理申领失业保险待遇的有关手续。

149. 农民工参加失业保险有什么待遇？

农民工是指用人单位招用的本市及外埠农村户口的劳动者，即

“农民合同制职工”。用人单位应自招用农民工之月起，与其签订劳动合同并为其办理参加失业保险的手续，缴纳失业保险费。农民合同制职工个人不缴纳失业保险费。单位招用的农民合同制工人连续工作满1年，本单位并已缴纳失业保险费，劳动合同期满未续订或者提前解除劳动合同的，由社会保险经办机构根据其工作时间长短，对其支付一次性生活补助金。补助的办法和标准由省、自治区、直辖市人民政府规定。

用人单位与农民合同制职工或外埠城镇职工终止、解除（聘用）劳动关系后，在申领一次性生活补助费和失业保险金时，应持以下材料：《社会保险登记证》、劳动和社会保障部门批准使用的证明、《缴纳失业保险费人员花名册》、《农民合同制职工和外埠城镇失业人员待遇申领表》和《农民合同制职工和外埠城镇失业人员待遇汇总表》、外埠城镇失业人员户口证明材料、终止解除劳动（聘用）合同证明。外埠城镇失业人员返回原籍的，由参统的社保中心负责将其应享受的失业保险待遇和失业保险关系，一并划转到本人户口所在地的社保经办机构。

❈生活实例❈未给民工缴纳失业保险　大学被判补偿五千①

1990年5月，潘女士从山东农村到北京某大学从事保洁工作。某大学自2003年4月起为潘女士办理并缴纳养老保险，但未办其他保险。2005年2月，潘女士满50周岁。3月25日，某大学通知潘女士停止从事保洁工作。4月，潘女士向仲裁委员会申请仲裁。仲裁委员会裁决某大学支付潘女士792元失业保险待遇、4455元终止劳动关系生活补助费、1921元养老保险金。2005年6月，潘女士起诉至一审法院称，某大学解除劳动关系后应依法支付自己合法的福利待遇，故要求撤销裁决，判令某大学支付1.5万余元经济补偿金、6900余元失业保险金，赔偿未办理养老保险的损失3330余元，补缴1999年6月1日至2005年3月的养老保险及失业保险，支付545元未提前30日通知的赔偿金。

① 高志海、龙云斌：《未给民工缴足保险　大学被判补偿五千》，载北京法院网。

法院经审理认为，某大学作为用人单位未按规定给潘女士按时、足额缴纳保险费，致使潘女士不能享受保险待遇，应予以补偿。某大学应按潘女士达到退休年龄之月时的北京市每月495元最低工资标准支付终止劳动关系的9个月的生活补助费，按每月198元的标准支付潘女士1999年6月1日至其达到退休年龄之日4个月的生活补助费。考虑潘女士已达养老年龄，由某大学就未参加社会保险直接对潘女士进行经济补偿更为适当，遂判决：某大学支付潘女士失业保险待遇、终止劳动关系生活补助费、养老保险金等共计7100余元，并给付5000元未按时、足额为潘女士缴纳社会保险费的经济补偿。

※分析解答※北京市关于农民工参与失业保险的规定主要是《农民合同制职工参加北京市养老、失业保险暂行办法》，该办法规定，凡北京市行政区域内的各类城镇企业、事业单位、党政机关、社会团体及其招用的农民合同制职工，应按照规定参加失业保险。农民合同制职工领取的一次性生活补助费，连续缴费每满一年，按照120元的标准发放。连续缴费时间超过12年的，按12年计算。农民合同制职工与单位终止、解除劳动合同后，未申领一次性生活补助费的，其缴费时间予以保留，与再次就业后的缴费时间合并计算。

第七章 住房公积金纠纷

150. 住房公积金与社会保险有什么区别?

住房公积金，是指国家机关、国有企业、城镇集体企业、外商投资企业、城镇私营企业及其他城镇企业、事业单位、民办非企业单位、社会团体及其在职职工缴存的长期住房储金。1999年4月3日国务院颁布并于2002年3月24日修订的《住房公积金管理条例》是我国住房公积金制度的法律基础。

住房公积金制度实际上是一种住房保障制度，是住房分配货币化的一种形式。住房公积金的主要目的是为了提高城镇居民的居住水平，宗旨是以一种国家支付的自助形式，通过金融互助，增加缴存公积金的职工的购房支付能力。公积金依托工作单位筹集，因此只对有单位的城镇在职职工建立，无工作单位的城镇居民和退休职工不建立。住房公积金是职工工资的组成部分，由职工个人缴存和职工所在单位为职工缴存两部分构成，这两部分都属于职工个人所有，但不以现金形式发放，而是存于住房公积金管理中心在银行开设的专户内，专款专用，存储期间只能用于职工购买、建造、翻建、大修自住住房或缴纳房租，不得挪作他用。职工只有在离退休、死亡、完全丧失劳动能力并与用人单位终止劳动关系时，才能提取本人账户内的社会公积金。

公积金不是社会保险的一个险种，但也具有社会保障功能，一般将公积金制度与社会保险制度放在一起介绍。相比社会保险的各个险种的覆盖范围，公积金缴纳的范围更广，不仅企业要为劳动者缴纳，而且所有的国家机关，都要为其工作人员缴存同样比例的住房公积金。

住房公积金制度采用的是“个人积累制”模式，即个人账户所积累的资金，完全归个人所有，强调“以自己的积累解决自身的住房需求”，与养老、失业等社会保障基金采用以社会统筹为主、以个人账户为辅的做法明显不同。

与社会保险通常由劳动部门所属的社会保险经办机构管理不同，住房公积金的管理实行住房公积金管理委员会决策、住房公积金管理中心运作、银行专户存储、财政监督的原则。住房公积金管理委员会的成员中，人民政府负责人和建设、财政、人民银行等有关部门负责人以及有关专家占 1/3，工会代表和职工代表占 1/3，单位代表占 1/3。住房公积金管理中心是直属城市人民政府的不以营利为目的的独立的事业单位，依法履行下列职责：

（1）编制、执行住房公积金的归集、使用计划；

（2）负责记载职工住房公积金的缴存、提取、使用等情况；

（3）负责住房公积金的核算；

（4）审批住房公积金的提取、使用；

（5）负责住房公积金的保值和归还；

（6）编制住房公积金归集、使用计划执行情况的报告；

（7）承办住房公积金管理委员会决定的其他事项。

151. 职工参加住房公积金有什么好处?

住房公积金制度是一种专门用于职工住房的保障制度，职工个人住房公积金账户内的资金，不管是职工个人缴交的部分还是单位为职工缴交的部分，都归职工所有，日积月累，就能形成一笔可观的“储蓄”。这笔“储蓄”自存入职工的账户之日起就可以获得利息，并且按年复利计算，不交利息所得税。该笔资金是否用于住房消费，完全决定于个人。因此，国家强制要求缴交住房公积金，实际上是以法定强制储蓄的形式为职工营造着一笔个人财富。

作为公积金的缴交者，职工享有包括申请住房公积金贷款在内的使用住房公积金的权利。相比商业性住房贷款，住房公积金贷款具有低利率优势，可以在一定程度上减轻职工购房的负担。而且，使用住房公积金归还住房贷款的办理手续相对简单一些。

单位为职工缴存的住房公积金是职工工资的组成部分，单位为职工缴存住房公积金是单位的法定义务，享受住房公积金政策是职工的合法权利。一些单位不给职工建立住房公积金制度的做法侵犯了职工个人应享有的合法权利。

152. 个体工商户应当缴存住房公积金吗?

单位应当到住房公积金管理中心办理住房公积金缴存登记，经住房公积金管理中心审核后，到受委托银行为本单位职工办理住房公积金账户设立手续。根据《住房公积金管理条例》的规定，下列单位及其在职职工应当缴存住房公积金：

（1）国家机关；

（2）国有企业、城镇集体企业、外商投资企业、城镇私营企业、其他城镇企业；

（3）事业单位；

（4）民办非企业单位；

（5）社会团体。

在职职工指公务员及与单位签订聘用合同、劳动合同或虽未签订合同但经过劳动仲裁部门认定存在事实劳动关系满6个月以上的职工。有条件的单位可以按照双方自愿的原则，为实际工作不满6个月未签订合同的职工建立住房公积金。

一般来说，现在社会保险的覆盖范围越来越广，个体工商户和灵活就业人员逐渐纳入社会保险的范围，目前，法律法规并没有规定有雇员的个体工商户和灵活就业人员必须缴纳住房公积金。但在个体工商户、自由职业者中推行住房公积金制度是大势所趋。2005

年1月10日，原建设部、财政部和中国人民银行《关于住房公积金管理若干具体问题的指导意见》中指出，有条件的地方，城镇单位聘用进城务工人员，单位和职工可缴存住房公积金；城镇个体工商户、自由职业人员可申请缴存住房公积金，月缴存额的工资基数按照缴存人上一年度月平均纳税收入计算。一些地方规范性文件也对个体工商户、自由职业者缴存住房公积金作了明确规定。比如，《北京住房公积金缴存管理办法》规定，个体工商户、自由职业者可以申请缴存住房公积金。2009年2月起开始实施的《河北省住房公积金管理办法》规定，城镇个体工商户和自由职业人员可以申请缴存住房公积金。城镇个体工商户和自由职业人员缴存住房公积金的，应当持身份证件、居住证明和合法收入等证明材料，到当地管理中心办理缴存登记、账户设立等手续。城镇个体工商户和自由职业人员申请缴存住房公积金的月缴存额的工资基数，按缴存人上一年度月平均纳税收入计算，也可以按其所在设区的市统计部门公布的上一年度在职职工月平均工资计算。

153. 单位如何办理住房公积金缴存登记?

新设立的单位应当自设立之日起30日内到住房公积金管理中心办理住房公积金缴存登记。单位名称、地址等登记信息发生变更的，应自发生变更之日起30日内持相关证明材料到管理中心办理变更登记。

单位合并、分立、撤销、解散或者破产的，应当自发生上述情况之日起30日内由原单位或者清算组织到住房公积金管理中心办理变更登记或者注销登记，并自办妥变更登记或者注销登记之日起20日内持住房公积金管理中心的审核文件，到受委托银行为本单位职工办理住房公积金账户转移或者封存手续。

单位经办人预先填制管理中心统一印制的《单位登记表》一份，加盖单位公章，携带下列相关材料到中心管理部办理登记手续：

（1）国家机关需出具单位设立批准文件；事业单位需出具机构编制管理机关核发的《事业单位法人证书》副本；国有企业、城镇集体企业、其他城镇企业需出具工商行政管理部门核发的《企业法人营业执照》副本；城镇私营企业需出具工商行政管理部门核发的《企业法人营业执照》副本或《营业执照》副本；外商投资企业及其经营性分支机构、办事处需出具工商行政管理部门核发的《中华人民共和国企业法人营业执照》副本或《中华人民共和国营业执照》或《外商投资企业办事机构注册证》；民办非企业单位需出具民政部门核发的《民办非企业单位登记证书》；社会团体需出具民政部门核发的《社会团体法人登记证书》副本；以上材料均需原件及复印件。

（2）国家质量技术监督部门颁发的组织机构代码证副本原件及复印件。

（3）法定代表人或负责人的身份证复印件。

（4）单位经办人的身份证原件及复印件。

154. 单位如何为职工缴存住房公积金？

单位应在办理完成住房公积金缴存登记之日起20日内持住房公积金管理中心的审核文件，到受委托银行为本单位职工办理住房公积金账户设立手续。单位录用职工，应自录用之日起30日内为职工办理住房公积金账户设立手续。

单位录用职工的，应当自录用之日起30日内到住房公积金管理中心办理缴存登记，并持住房公积金管理中心的审核文件，到受委托银行办理职工住房公积金账户的设立或者转移手续。每个职工只能有一个住房公积金账户。如果该职工以前没有缴存过住房公积金，则需要为该职工设立住房公积金账户，如果职工已经有公积金账户，则需要办理转移手续。

单位未按照规定的职工范围和标准缴存住房公积金的，应当为职工补缴。单位发生合并、分立、撤销、破产、解散或者改制等情形的，应当为职工补缴以前欠缴（包括未缴和少缴）的住房公积金。单位合并、分立和改制时无力补缴住房公积金的，应当明确住房公积金缴存责任主体，才能办理合并、分立和改制等有关事项。

管理中心应每年与缴存单位和职工对账。管理中心于每年7月31日前，向社会发布住房公积金对账公告。管理中心于每年8月31日前，向缴存单位和职工发放住房公积金对账凭证。

单位和职工有权查询本单位和个人住房公积金的缴存情况，管理中心应予配合。职工、单位对住房公积金账户缴存情况有异议的，可以向管理中心申请复核。管理中心应自收到申请之日起5日内给予书面答复。管理中心、受委托银行及相关工作人员应对职工的住房公积金账户信息保密。

管理中心为住房公积金缴存人提供住房公积金卡或住房公积金存折，作为缴存住房公积金的有效凭证。住房公积金自存入职工住房公积金账户之日起按照国家规定的利率计息。职工住房公积金账户封存期间，住房公积金照常计息。

155. 住房公积金的缴存基数和缴存比例如何确定?

住房公积金的月缴存额由职工住房公积金月缴存额和单位住房公积金月缴存额两部分组成。职工住房公积金的月缴存额为职工本人上一年度月平均工资乘以职工住房公积金缴存比例。单位为职工缴存的住房公积金的月缴存额为职工本人上一年度月平均工资乘以单位住房公积金缴存比例。住房公积金的月缴存额每年核定调整一次。

新参加工作的职工从参加工作的第二个月开始缴存住房公积金，月缴存额为职工本人当月工资乘以职工住房公积金缴存比例。单位新调入的职工从调入单位发放工资之日起缴存住房公积金，月缴存额为职工本人当月工资乘以职工住房公积金缴存比例。

职工工资扣除职工住房公积金月缴存额后，低于当地最低工资标准的，职工住房公积金月缴存额可以降低，以达到最低工资标准为限。单位住房公积金月缴存额不变。下岗、内退等类似情况职工工资扣除住房公积金月缴存额后，低于北京市劳动与社会保障局公布的当年下岗职工基本生活费的，职工住房公积金月缴存额可以降低，以达到下岗职工基本生活费为限。单位住房公积金月缴存额不变。

缴存住房公积金的月工资基数，原则上不应超过职工工作地所在设区城市统计部门公布的上一年度职工月平均工资的 2 倍或 3 倍。职工月平均工资应按国家统计局规定列入工资总额统计的项目计算。北京市规定，住房公积金月缴存额上限，按上一年度当地职工月平均工资的 300%，分别乘以当年单位和职工住房公积金缴存比例之和确定。单位超过月缴存额上限缴存住房公积金的，应经上级主管部门或监管部门同意，并经管理中心审核后报管委会审批；无上级主管部门或监管部门的，经管理中心审核后报管委会审批。

《住房公积金管理条例》规定职工和单位住房公积金的缴存比例均不得低于职工上一年度月平均工资的 5%。具体缴存比例由住房公积金管理委员会拟订，经本级人民政府审核后，报省、自治区、直辖市人民政府批准。比如，北京市 2008 年住房公积金年度（2008 年 7 月 1 日至 2009 年 6 月 30 日）住房公积金缴存比例为 12%。

职工个人缴存的住房公积金，由所在单位每月从其工资中代扣代缴。单位应于每月发放职工工资之日起 5 日内将单位缴存的和为职工代缴的住房公积金汇缴到管理中心在银行开设的住房公积金专户内。待资金到账后，管理中心将相应资金分配计入职工住房公积金个人账户。新参加工作的职工从参加工作第二个月起开始缴存住房公积金。新调入的职工从调入单位发放工资之月起缴存住房公积金。借调、外派职工，由与职工确立劳动关系的单位负责落实住房公积金的缴存。

用人单位应当按时、足额缴存住房公积金，不得少缴、多缴或者逾期缴存。单位多缴住房公积金的，管理中心应当依法退回。单位违反规定，逾期不缴或者少缴住房公积金的，职工可以投诉，由住房公积金管理中心责令限期缴存；逾期仍不缴存的，可以申请人民法院强制执行。

对缴存住房公积金确有困难的单位，经本单位职工代表大会或者工会讨论通过，并经住房公积金管理中心审核，报住房公积金管理委员会批准后，可以降低缴存比例或者缓缴；待单位经济效益好转后，再提高缴存比例或者补缴缓缴。

156. 如何办理住房公积金的封存、转移手续？

单位与职工终止劳动关系的，单位应当自劳动关系终止之日起30日内到住房公积金管理中心办理变更登记，并持住房公积金管理中心的审核文件，到受委托银行办理职工住房公积金账户转移或者封存手续。

根据有关规定，有下列情形的人员应当封存其住房公积金：

（1）调出原单位或与原单位解除劳动关系，未落实新单位或新单位未建立住房公积金的；

（2）调往外省市工作，所在单位未建立住房公积金的；

（3）单位被撤销、解散或者破产的；

（4）其他需要办理封存手续的。

职工与单位暂时中止工资关系但仍保留劳动关系的，单位应为职工办理住房公积金内部封存手续。

有下列情形之一的，单位或职工应办理个人住房公积金转移手续，其在原单位住房公积金账户下的个人住房公积金账户，转入新调入单位或集中封存库：

（1）职工在本市范围内调动工作的；

（2）职工调入、调离本地的；

（3）单位合并、分立的；

(4) 单位撤销、解散或者破产后，职工住房公积金进入集中封存库管理的；

(5) 集中封存库职工与新单位建立劳动关系的；

(6) 其他需要办理转移手续的。

单位与职工解除劳动关系，原单位应自与职工解除劳动关系之日起30日内，为职工办理住房公积金转移到集中封存库的手续。职工与新单位形成劳动关系后，新单位应自与职工建立劳动关系之日起30日内，为职工办理住房公积金账户转移手续。单位合并、分立、撤销、解散或者破产的，应自办妥变更登记或者注销登记之日起20日内持管理中心的审核文件，为本单位职工办理住房公积金账户转移或集中封存手续。

职工调动工作到另一设区城市的，调入单位为职工办理住房公积金账户设立手续后，新工作地的管理中心应当向原工作地管理中心出具新账户证明及个人要求转账的申请。原工作地管理中心向调出单位核实后，办理变更登记和账户转移手续；原账户已经封存的，可直接办理转移手续。账户转移原则上采取转账方式，不能转账的，也可以电汇或者信汇到新工作地的管理中心。调入单位未建立住房公积金制度的，原工作地管理中心可将职工账户暂时封存。

单位不为职工办理住房公积金账户转移、封存手续的，职工可以凭有效证明材料申请管理中心督促单位办理，经督促仍不办理的，管理中心可以依职工申请办理。

157. 职工的住房公积金可以提取吗？

根据《住房公积金管理条例》第24条和其他有关规定，职工有下列情形之一的，可以提取职工住房公积金账户内的存储余额：

(1) 购买、建造、翻建、大修自住住房的。目前在大部分省市，房屋装修还不符合提取条件。

(2) 离休、退休的。

（3）完全丧失劳动能力，并与单位终止劳动关系的。

（4）出境定居的。

（5）偿还购房贷款本息的。

（6）房租超出家庭工资收入的规定比例（一般规定为 5%）的。这种情况下职工及其配偶每年可以提取一次住房公积金，年提取总额不应高于年房租总额超出家庭年工资收入规定比例的部分。考虑到职工家庭工资收入的变动和房租水平，目前凡是租房居住的缴存人，只要能够提供房屋租赁合同和发票，公积金中心都会满足其提取要求。

（7）职工享受城镇最低生活保障。这种情况下提取不受额度限制，每月可以提取一次。

（8）职工与单位终止劳动关系未再就业、部分或者全部丧失劳动能力以及遇到其他突发事件，造成家庭生活严重困难的。这种情况下提取不受额度限制，每月可以提取一次。

（9）进城务工人员，与单位解除劳动关系的。

（10）在职期间判处死刑、判处无期徒刑或有期徒刑刑期期满时达到国家法定退休年龄的。

（11）住房公积金管理委员会规定的其他情形。

另外，职工死亡或者被宣告死亡的，职工的继承人、受遗赠人可以提取职工住房公积金账户内的存储余额。

除依法提取账户内的余额并注销住房公积金账户外，职工住房公积金账户内最低应保留人民币 10 元。

158. 住房公积金贷款提取额度有何要求？

职工购买、建造、翻建、大修自住住房，未申请个人住房公积金贷款的，原则上职工本人及其配偶在购建和大修住房一年内，可以凭有效证明材料，一次或者分次提取住房公积金账户内的存储余额。夫妻双方累计提取总额不能超过实际发生的住房支出。进城务工人员、城镇个体工商户、自由职业人员购买自住住房或者在户口所在地购建自住住房的，可以凭购房合同、用地证明及其他有效证明材料，提取本人及其配偶住房公积金账户内的存储余额。

职工购买商品房、经济适用房、合作建房、集资建房、廉租房、危改回迁房、标准租私房、二手房，未使用住房贷款的，职工及其配偶每年可提取一次住房公积金，累计提取总额不应超过实际发生的住房支出；使用购房贷款的，其中贷款购买经济适用房等政策性住房的职工及其配偶，每季度可以提取一次住房公积金，其他情况的每年可以提取一次，累计提取总额不应超过贷款购买自住住房所实际发生的住房支出（包括贷款本息及首付款）。

职工大修、翻修自住住房，职工及其配偶每年可以提取一次，累计提取总额不应超过大修、翻修自住住房所实际发生的住房支出。职工应提供职工所在乡、镇一级或乡、镇以上的房屋管理部门开具的大修、翻建证明、产权证明，职工提取住房公积金的可提取额度由购买材料的明细发票或分摊到个人的费用发票确定，不包含购买装修材料的发票金额。

职工自建自住住房，职工及其配偶每年可以提取一次，累计提取总额不应超过自建自住住房所实际发生的住房支出。职工应提供职工所在乡、镇一级或乡、镇以上的规划、房屋管理部门开具的宅基地批复或建房批准证明文件，职工提取住房公积金的可提取额度由购买材料及其他施工费用的费用发票确定，不包含购买装修材料的发票金额。

目前已有一些地方规定，购买、建造、翻建、大修自住住房的职工及其配偶均可以申请办理住房公积金约定按月提取业务。

159. 如何办理住房公积金的提取手续？

住房公积金提取，一般由所在单位代为办理。职工提取住房公积金账户内的存储余额的，所在单位应当予以核实，并出具提取证明。单位或者职工个人应当持提取证明向住房公积金管理中心申请提取住房公积金。职工首次提取住房公积金，应出示本人身份证明原件并提供身份证明复印件及相关证明材料。委托他人提取住房公积金（不含单位办理提取），应提供委托人签署的授权委托书、委托人身份证明。职工配偶提取住房公积金，应提供夫妻关系证明。

根据提取公积金的不同原因，职工应分别提供下列材料：

（1）购买、建造、翻建、大修自住住房，首次提取应提供下列证明材料：购买商品房、经济适用房、合作建房、集资建房等自住住房的，提供购房合同或购房协议、购房发票；购买危改回迁房的，提供拆迁协议、购房发票；购买二手房的，提供房产证、契税完税凭证；购买公有住宅楼房的，提供单位房管部门出具的购房协议或者购房证明、购房收据；大修、翻建自住房屋的，提供所属房管或物业部门的大修证明和产权证明、购买材料的明细发票或分摊到个人的费用发票；自建自住住房的，提供规划、房管部门宅基地批复或建房批准证明文件、购买材料及其他施工费用的费用发票。

（2）职工离休、退休提取的，应提供离、退休证或劳动部门相关证明。

（3）职工完全丧失劳动能力，并与单位终止劳动关系提取的，应提供劳动部门出具的职工丧失劳动能力鉴定、单位解除劳动关系证明。

（4）职工出境定居提取的，应提供户口注销证明。

（5）偿还购房贷款本息的，首次提取应提供借款合同、首付款发票。

（6）职工支付房租提取的，应提供房屋租赁合同、房租发票、承租人夫妻双方的收入证明。

（7）职工享受城镇最低生活保障。这种情况下提取不受额度限制，每月可以提取一次。

（8）职工生活困难，正在领取城镇最低生活保障金提取的，应提供《城市居民最低生活保障金领取证》。职工遇到突发事件，造成家庭生活严重困难提取的，应提供单位或所在街道办事处出具的证明材料。

（9）进城务工人员与单位解除劳动关系提取的，应提供户口证明和解除劳动关系的证明。

（10）职工在职期间判处死刑、判处无期徒刑或有期徒刑刑期期满时达到国家法定退休年龄提取的，应提供人民法院判决书。

（11）职工死亡或者被宣告死亡，其继承人、受遗赠人提取的，应提供职工死亡证明、公证部门对该继承权或受遗赠权出具的公证书或人民法院作出的判决书、裁定书或调解书。

经管理中心审核，应当自受理申请之日起3日内作出准予提取或者不准提取的决定。准予提取的，由受委托银行办理支付手续。管理中心审核准予提取的，在3日内将提取额直接划入职工本人银行储蓄存款账户。单位申请将提取额划入单位结算账户的，应经职工同意。管理中心审核不准予提取的，告知申请人不准予提取的原因。

职工符合规定情形，申请提取本人住房公积金账户内存储余额的，所在单位不为职工出具住房公积金提取证明的，职工可以凭规定的有效证明材料，直接到管理中心或者受委托银行申请提取住房公积金。

160. 如何办理住房公积金账户的注销手续？

根据《住房公积金管理条例》第24条和其他有关规定，职工在提取职工住房公积金的同时，应当注销职工住房公积金账户：

（1）离休、退休后提取住房公积金账户内余额的；

（2）完全丧失劳动能力，并与单位终止劳动关系，提取住房公积金账户内余额的；

（3）出境定居，提取住房公积金账户内余额的；

（4）职工死亡或者被宣告死亡后，职工的继承人、受遗赠人提取职工住房公积金账户内的存储余额的；

(5) 在职期间判处死刑、判处无期徒刑或有期徒刑刑期期满时达到国家法定退休年龄的；

(6) 职工死亡或者被宣告死亡后，无继承人也无受遗赠人的，职工住房公积金账户内的存储余额纳入住房公积金的增值收益的。

161. 办理住房公积金贷款应当符合什么条件?

住房公积金贷款（以下简称贷款）是指由住房公积金管理中心运用住房公积金，委托银行向购买、建造、翻建、大修自住住房的住房公积金缴存人和在职期间缴存住房公积金的离退休职工发放的贷款。目前，1—5 年期限贷款年利率为 3.33%，6—30 年期限贷款年利率为 3.87%。借款人的贷款期限最长可以计算到借款人 70 周岁，同时不得超过 30 年。

办理住房公积金贷款应当符合以下几个方面的条件：

(1) 贷款对象。

住房公积金的贷款对象为在住房公积金管理中心缴存住房公积金的在职职工和在职期间缴存住房公积金的离退休职工，或其他符合住房公积金管理中心依据国家有关规定而确认的借款人。

(2) 申请住房公积金贷款的条件为：

①具有合法有效的身份；

②具有完全的民事行为能力；

③具有稳定的职业和收入，信用状况良好，有偿还贷款本息的能力；

④购买、建造、翻建、大修自住住房；

⑤具有购买、建造、翻建、大修自住住房的合同或相关证明文件；

⑥符合住房公积金管理中心规定的有关贷款的住房公积金缴存条件：借款申请人须建立住房公积金账户 12 个月（含）以上，同时，足额正常缴存住房公积金 12 个月（含）以上（正常缴存包括

按月连续缴存、预缴、补缴住房公积金），且申请贷款时处于缴存状态。

对于经中心审批同意，处于缓缴状态的单位，其职工在满足建立住房公积金账户 12 个月（含）以上，且足额正常缴存住房公积金 12 个月（含）以上的条件下，可以申请贷款。

借款申请人为在职期间缴存住房公积金的离退休职工。

建立住房公积金账户的时间条件和缴存住房公积金的时间条件两项必须同时满足。补缴不能将建立住房公积金账户的时间提前。

购买政策性住房的借款申请人不再受住房公积金缴存时间的限制。只需满足建立住房公积金账户且处于缴存状态条件即可申请住房公积金贷款；

⑦贷款须由借款人或第三人提供符合住房公积金管理中心要求的担保。贷款可以采取保证、抵押、质押、抵押加保证、抵押加保险等担保方式。委托人应根据借款人情况确定贷款担保的具体方式；

⑧借款人夫妻双方均无尚未还清的住房公积金贷款和住房公积金政策性贴息贷款；

⑨符合住房公积金管理中心规定的其他条件。

（3）在办理住房公积金贷款时，受到最高额度的限制。

目前，住房公积金贷款单笔最高额度为 80 万元。根据《关于个人住房担保委托贷款有关问题的通知》规定，自 2003 年 1 月 1 日起，凡购买商品房、经济适用房、二手房、房改房、集资房的借款申请人，在贷款审核时，须提供北京市住房贷款个人信用信息服务中心出具的《个人信用评估报告》及信用评估等级。对于《个人信用评估报告》评定的信用等级为 AAA 级的借款申请人，贷款额度可上浮 30%，即 104 万元；AA 级的借款申请人，贷款额度可上浮 15%，即 92 万元。

个人住房公积金贷款的具体贷款额度按照以下步骤及原则确定：

①计算借款人本人及共同申请人的月收入：月收入 = 个人住房

公积金月缴存额÷住房公积金缴存比例；借款人及共同申请人的月收入是以住房公积金月缴存额反推计算的，对于其他收入不作为计算可贷款额度的月收入基数；离退休职工以单位开具的“收入证明”来确定计算可贷款额度的月收入基数；计算借款人的月收入时，住房公积金缴存比例按借款人当月实际缴存比例计算。

②计算最高可贷款额度：借款人的家庭月收入（指夫妻双方月收入、离退休职工与其子女等其他共同申请人的月收入，下同），每月至少扣除400元的生活费后所剩余额，再除以申请贷款年限的每万元贷款月均还款额的所得即为最高可贷款额度。

③具体的贷款额度金额还要同时考虑单笔贷款最高额度、最高可贷款额度、最低首付款和信用等级。借款人及共同申请人的贷款额度合计不能超过单笔贷款最高额度的规定。

借款人可以通过登录住房公积金网（www. bjgjj. gov. cn）首页的“公积金贷款计算器”来测算借款人可申请的贷款额度。

162. 如何办理住房公积金贷款？

住房公积金贷款通常按下列程序办理：

(1) 借款申请人向委托人或委托人指定的机构提出申请。借款申请人至贷款经办部门或致电贷款经办部门进行住房公积金贷款咨询，准备好住房公积金贷款相关材料后到贷款经办部门办理初审及相关评估。

①借款申请人持住房公积金贷款申请所需材料至贷款经办部门进行公积金贷款初审。

②按照规定需要对借款申请人进行个人信用评估的，借款申请人需在贷款经办部门工作人员的监督下在信用评估《授权书》上签字。借款人须向委托人认可的个人信用评估机构申请个人信用评估，并由其出具个人信用评估报告。

③贷款经办部门工作人员打印相关单据，并告知借款申请人如

何办理下一步手续。

④按照委托人规定，需要对借款人申请贷款所购和拟抵押房屋进行评估的，借款人应向委托人认可的评估机构申请评估，并由其出具抵押物评估报告。进行评估的，贷款经办部门工作人员向借款申请人开具《抵押物评估通知单》，借款申请人或委托代理人至住房公积金管理中心指定的评估机构申请抵押物评估。

（2）委托人及其指定的机构对借款申请人进行审查。

（3）填写并签订相关合同、单据。

①借款申请人根据电话通知的面签时间，持住房公积金贷款面签所需材料到贷款经办部门办理签字手续，对于需要缴纳评估费及担保费的借款申请人需先到指定柜台缴纳费用并领取发票。

②借款申请人及共同申请人、抵押人、出质人在贷款经办部门工作人员的指导下完成《借款合同》等相关合同单据的签字手续。

（4）银行放款。借款申请人等待银行放款后到银行领取借款人相关合同单据。

（5）按月还款。借款申请人按照《借款合同》约定的还款计划、还款方式，按月进行贷款的偿还。贷款的偿还采用先还利息，后还本金的原则。

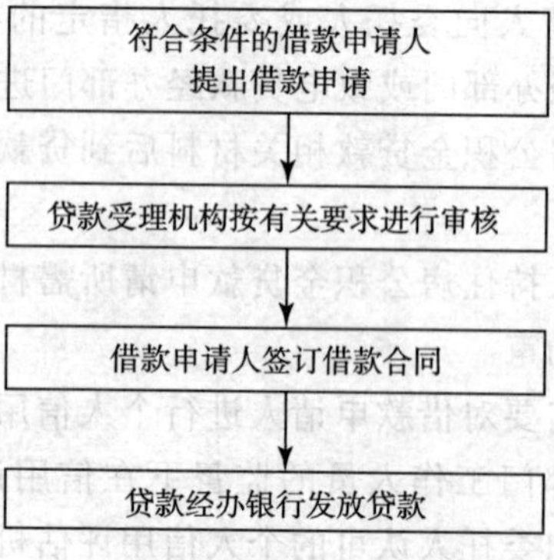

住房公积金贷款流程图

163. 住房公积金贷款的担保有哪些形式?

住房公积金贷款的担保可以采取保证、抵押、质押、抵押加保证、抵押加保险等担保方式。委托人应根据借款人情况确定贷款担保的具体方式。

(1) 保证。

保证人应具有法人资格、符合提供保证担保的其他法定条件并且应该经过委托人认可；保证人为借款人提供的贷款担保为全额连带责任保证担保。保证期间自债务履行之日起至债务履行期限届满后两年。办理完毕保证担保的有关手续及相关贷款手续后方可发放贷款。

受托人与保证人必须签订书面合同。保证人发生变更或撤销等情况时，保证人应及时通知委托人，委托人认为需要提供新的担保的，借款人须提供新的担保并办理有关手续。

(2) 抵押。

抵押人可以是借款人，也可以是第三人（包括法人、自然人）；抵押的财产应当符合《中华人民共和国担保法》第 34 条、第 37 条的规定。抵押财产范围限于：抵押人所有的房屋；抵押人依法有权处分的国有土地使用权、房屋。抵押人所担保的债权不得超出抵押物的价值；借款人以其贷款所购房屋抵押的，应当以该房屋价值全额作贷款抵押；抵押物的剩余土地使用年限应高于贷款期限 3 年（含）以上。

抵押人和抵押权人应当签订书面合同，并到房地产行政管理部门办理抵押登记手续。抵押登记办理完成并办理完毕相关贷款手续后，方可办理贷款发放手续。

抵押人的行为足以使抵押物价值减少的，抵押权人有权要求抵押人停止其行为。抵押物价值减少时，抵押权人有权要求抵押人恢复抵押物的价值，或者提供与减少的价值相当的担保。

(3) 质押。

公积金贷款担保所称质押为权利质押。出质人可以是借款人，也可以是第三人（包括法人、自然人）；用于质押的权利应当符合《中华人民共和国担保法》的相关规定。出质的权利的范围限于：银行定期存单且限定于此项贷款受托人签发的且不自动转存的银行存款单；凭证式国债且限定于此项贷款受托人代理发行并兑付的国家债券；委托人认可的其他权利。权利凭证载明的兑现日不得先于贷款到期日。

出质人和质权人应当签订书面合同，并在合同约定的期限内办理移交权利凭证手续。移交的权利凭证为银行定期存单的，受托人应当核押。质权设定并办理完毕相关贷款手续后方可发放贷款。

（4）抵押加保证。

抵押加保证的两种方式：

①抵押加阶段性连带责任保证。抵押加阶段性连带责任保证指抵押登记完成前，以保证人提供连带责任保证作为贷款的担保，在抵押登记完成后，保证责任解除，以抵押作为贷款担保的分阶段担保方式；

②抵押加一般保证。抵押加一般保证指在抵押登记完成前，以保证人提供连带责任保证作为贷款的担保，在抵押登记完成后，以抵押作为贷款的担保，同时保证人对处置抵押物不足清偿债权的部分承担一般保证责任的共同担保方式。

（5）抵押加保险。

抵押加保险指抵押登记办理完成前，由借款人购买符合委托人要求的保险，在抵押登记完成后，以抵押作为贷款担保的方式；采取抵押加保险的，保险合同生效并办理完毕相关贷款手续后方可发放贷款。

164. 什么是住房公积金贷款的自由还款方式?

住房公积金贷款可以采用相对自由的还款方式。自由还款方式是指借款人申请住房公积金贷款时，公积金管理中心在与借款人协商确定贷款金额、期限后，确定贷款每期的最低还款额度，借款人可在不低于最低还款额度的情况下自由选择每月的还款额度进行贷款偿还的还款方式。

自由还款方式的主要特点：

（1）只要不低于最低还款额，借款人可以自由设定每月的还款金额，最大程度地方便了借款人。

（2）借款人可以通过公积金管理中心客户服务电话调整每月的还款额，操作省时省力，避免了办理提前还款等操作手续。

（3）目前设定的最低还款额与等额还款方式比较，还款数额有一定程度的降低，有利于借款人的债务安排。

（4）除最后一期外，每月先按照借款人通知的金额扣款，如果还款账户余额不足，还要按照最低还款额进行二次扣款，减少借款人贷款逾期的可能性。

在使用自由还款方式进行贷款偿还的过程中，除每月的正常还款外，借款人还可办理以下还款相关业务：调整月还款额、偿还逾期贷款、提前还清全部贷款、还款情况查询、打印还款明细、变更还款账户、修改或重置贷款委托系统密码、打印贷款还清证明。

165. 异地购房可使用住房公积金吗？

《住房公积金管理条例》对并没有明确规定异地购房是否可以申请住房公积金贷款，已经有一些省市允许职工在异地购房时使用住房公积金。比如，《河北省住房公积金管理办法》规定，缴存人在缴存住房公积金所在地以外的设区的市购买自住住房的，可以向购房所在地管理中心申请住房公积金贷款，购房所在地管理中心应当视同本地缴存人办理住房公积金贷款。缴存住房公积金所在地管理中心应当提供缴存人缴存住房公积金证明，协助调查缴存人还款能力和个人信用等情况。

但有的地方并没有放开，如北京公积金尚未开展支持异地购房贷款的业务。对于住房公积金缴存在北京地区的职工，在外地购房后可以申请提取公积金，但不能贷款。

166. 住房公积金是否属于劳动争议的范围？

住房公积金是用人单位依照国务院颁布的《住房公积金管理条例》的规定必须办理和缴纳的，它既是用人单位的一项法定义务，也是用人单位应当给予劳动者的一种福利待遇；另一方面，住房公积金又是劳动者在与用人单位之间设立了劳动合同关系后，依照《住房公积金管理条例》的规定应当享有的一项法定权利。因此，作为福利待遇之一的住房公积金，应当属于劳动争议的范围并可以提起诉讼。如果不把住房公积金纳入劳动争议的范围，那么一旦用人单位拒绝为劳动者办理住房公积金的设立手续并缴纳住房公积金，或者拖欠、不足额缴纳住房公积金，则劳动者与用人单位为此引发的纷争将无法通过司法审判这种机制得到最终解决，不利于维护劳动者作为弱势群体的合法利益。

由于住房公积金非民法（包括劳动法）所调整，因而就不在民事案件的受案范围内。

不过，在劳动者与用人单位因住房公积金发生争议而行政机关又消极不作为的情况下，劳动者可以对行政机关提起行政诉讼，人民法院通过行政审判活动促使行政机关积极地去履行职责，其社会效果可能比单纯的个案审判对推动住房公积金制度的建设更为有利。

167. 离婚判决中涉及住房公积金分割的部分，如何执行？

《住房公积金管理条例》规定职工的住房公积金属于个人所

有。最高人民法院《关于适用〈婚姻法〉若干问题的解释（二）》第11条第2项规定，婚姻关系存续期间，男女双方实际取得或者应当取得的住房补贴、住房公积金属于应当归共同所有的财产。由于该司法解释并未对住房公积金相关权利的行使及能否强制执行等问题作出特别明确的规定，以致在执行过程中，对住房公积金能否强制执行存在不同看法。人民法院依照《民事诉讼法》的规定，有权执行被执行人在住房公积金管理中心账户内的公积金存款，住房公积金管理中心应当按照人民法院的通知，履行协助执行义务。

根据《北京住房公积金管理中心关于夫妻双方离婚后住房公积金分割有关问题的通知》的规定，住房公积金管理中心协助办理住房公积金分割手续。

关于分割的依据，经法院判决离婚的，依据《人民法院民事判决书》和《人民法院协助执行通知书》；协议离婚的，依据离婚证和《离婚协议书》。

关于分割的方式，根据不同的情况采用不同的方式：

（1）原夫妇双方均有住房公积金个人账户的，管理中心依据《人民法院协助执行通知书》或《离婚协议书》，直接将分割数额划入受益人住房公积金个人账户。

（2）受益方是在职职工但尚未设立住房公积金账户的，管理中心为其设立个人账户后，将分割数额划入受益人住房公积金个人账户。

（3）受益方不符合建立住房公积金条件（如退休或户口不在本市），经法院判决离婚的，管理中心依据《人民法院协助执行通知书》将分割数额直接划拨到人民法院提供的银行账户内，由人民法院转付给受益人；协议离婚的，管理中心依据《离婚协议书》将分割数额直接划拨到受益人提供的个人银行账户内。

※生活实例※住房公积金属共同财产　前夫拒不给钱被强制扣划[1]

王某与李某于1988年登记结婚，后来夫妻感情完全破裂。2008年10月，法院判决，准予双方离婚，并对双方的财产进行了分割，其中，王某名下的住房公积金、存款共计七万三千元，二人均分。

判决生效后，王某拒绝将其名下的存款和住房公积金分给李某。李某向法院申请强制执行。执行中，王某坚持认为，其名下的住房公积金属于个人所有，其他人无权分割，拒绝给付。针对此情况，执行法官与区住房公积金管理中心联系，在其协助配合下，将被告名下的住房公积金强制扣划，履行了判决确定的住房公积金和共同债权的给付义务。

※分析解答※法院在处理离婚案件时，应一方请求依法分割另一方名下但属于夫妻共同财产的公积金，符合《中华人民共和国婚姻法》的规定，具体的分割方式根据具体情况处理。

168. 如何办理住房公积金贷款的变更手续？

公积金贷款后期变更业务包括：借款人变更、抵押人变更、所购房屋（抵押物）变更、担保方式变更、延长贷款期限、还款账户变更、提前还款。借款人的贷款处于正常还款状态，才可以申请办理变更业务（还款账户变更除外）。借款人申请办理变更业务时若贷款处于逾期状态，须补齐逾期期间贷款本息及罚息后，贷款业务部门才可受理其变更业务申请。

公积金贷款借款人（或抵押人）由于离婚或死亡等原因，导致合同借款人（或抵押人）发生变化，可持相关证明材料到贷款业务部门办理借款人（抵押人）变更手续。

借款人申请办理所购房屋（抵押物）变更手续，必须同时满

---

① 高旭、刘尽忠：《住房公积金属共同财产　前夫拒不给钱被强制扣划》，载http：//www.chinacourt.org/public/detail.php？id＝333482。

足以下条件：

（1）原所购房屋产权证未办理且变更后房屋买卖合同可作预售备案；

（2）变更后的房屋售房人与原房屋售房人必须一致；

（3）变更后贷款金额、年限不允许变更。变更后房屋总价增加的，不再增加贷款金额，差额部分由借款人补齐；变更后房屋总价减少，导致原贷款余额超过变更后房屋最高可抵押值的，差额部分视同借款人部分提前还款，借款人需办理提前部分还款手续。

由于以下原因，导致借款人无力按月足额偿还借款本息的，可向公积金贷款业务部门申请延长贷款年限。

（1）借款人失业；

（2）借款人本人以及与其有抚养关系的直系亲属患有重大疾病、遭受重大伤害，需借款人支付巨额医疗费用；

（3）借款人收入明显下降。

延长后的剩余贷款年限与借款人年龄之和不得超过70，同时评估报告中注明的抵押物剩余年限需大于延长后剩余贷款年限3年以上。

公积金贷款发放银行为中国银行、农业银行、交通银行、工商银行、建设银行的，借款人因还款卡或存折丢失、损坏、借款人变更等原因，需要变更还款账户的，须先去经办银行重新办理相应的还款卡或存折（卡或存折须满足经办银行扣款要求）。然后借款人本人（即持卡人）携带新办的还款卡或存折原件及2份复印件，身份证原件及2份复印件到贷款业务部门办理中心变更还款账户手续。

借款人申请提前部分还款的同时缩短贷款期限的，贷款缩短期限后的月还款额不得超过原贷款月还款额。

169. 用人单位未缴纳住房公积金的，劳动者如何维权？

当前有一些单位在实施公积金制度时，确实存在拖欠或者不足额缴纳职工住房公积金的现象，甚至一些单位挪用职工住房的公积金，或者没有实行公积金制度，因此，有必要加大住房公积金的监管力度。关于劳动者与用人单位为住房公积金发生的争议是否属于劳动争议的范围，实践中有着不同的认识。

《住房公积金管理条例》是一部行政管理法规，该条例并没有赋予劳动者可以将住房公积金作为一项劳动争议的内容，因此从对该条例的考察中也难以说明住房公积金属于劳动争议的范围。劳动者与用人单位为住房公积金的缴纳发生的纠纷，当事人以劳动争议为由向人民法院起诉的，无论其是否经过劳动争议仲裁委员会仲裁，人民法院均不予受理。

我们认为，在劳动合同对住房公积金作出了明确约定的情况下，该劳动者与用人单位之间关于住房公积金的争议属于劳动争议的范围。

❈生活实例❈少交养老保险金引起的纠纷

某甲成为某单位员工后，在与单位签订的劳动合同中约定，单位根据某甲的工资基数为其投保住房公积金和养老保险，但单位未按照实际的基数为其投保住房公积金和养老保险，致使其在退休后领取的住房公积金和养老金减少。某甲能否去法院起诉单位，补给其住房公积金 7698 元和退休后养老金减少的损失 128880 元？

❈分析解答❈因用人单位没有足额缴纳养老保险费造成劳动者经济损失的，劳动者可以要求用人单位赔偿。这一纠纷在性质上属于劳动争议，应当先向劳动仲裁委员会申请仲裁，对劳动仲裁不服的，才能向人民法院起诉。

关于住房公积金，如果与原单位的劳动合同对公积金作了明确约定，则可以在提起社会保险的劳动争议的同时一并提起公积金的主张。如果劳动合同中没有明确的约定，那么某甲关于公积金的主张不属于劳动争议，不会得到法律的支持。

附录　北京市历年平均工资和社会保险缴纳系数

北京市历年社会平均工资、缴费基数上下限、缴费比例及社会保障待遇标准一览表

<table>
<tr><th colspan="5">社会平均工资和缴费基数上下限</th><th colspan="5">统筹基金</th><th rowspan="2">划入账户</th><th rowspan="2">个人缴纳</th></tr>
<tr><th colspan="2">年度</th><th>上年社平工资</th><th>缴费基数下限</th><th>缴费基数上限</th><th>全民</th><th>劳服</th><th>集体</th><th>合资</th><th>私营</th></tr>
<tr><td rowspan="12">基本养老保险</td><td>1992</td><td>240</td><td>144</td><td>480</td><td rowspan="2">18%</td><td rowspan="2">14.5%</td><td rowspan="2">27%</td><td rowspan="2">16%</td><td rowspan="5"></td><td rowspan="8"></td><td rowspan="2">2%</td></tr>
<tr><td>1993</td><td>284</td><td>170</td><td>567</td></tr>
<tr><td>1994</td><td>377</td><td>226</td><td>1131</td><td rowspan="3">19%</td><td rowspan="3">19%</td><td rowspan="3">27%</td><td rowspan="3">17%</td><td rowspan="3">5%</td></tr>
<tr><td>1995</td><td>545</td><td>327</td><td>1635</td></tr>
<tr><td>1996.1－3</td><td>679</td><td>407</td><td>2036</td></tr>
<tr><td>1996.4－12</td><td>679</td><td>327</td><td>1635</td><td colspan="5" rowspan="3">19%</td><td rowspan="3">5%</td></tr>
<tr><td>1997</td><td>798</td><td>407</td><td>2036</td></tr>
<tr><td>1998.1－6</td><td>918</td><td>479</td><td>2395</td></tr>
<tr><td>1998.7－12</td><td>918</td><td>290</td><td>2395</td><td colspan="5">13%</td><td>6%</td><td>5%</td></tr>
<tr><td>1999</td><td>1024</td><td>310</td><td>2755</td><td colspan="5" rowspan="2">14%（个体雇主＼自由职业者9%）</td><td rowspan="2">5%</td><td rowspan="2">6%</td></tr>
<tr><td>2000</td><td>1148</td><td>400</td><td>3071</td></tr>
<tr><td>2001</td><td>1311</td><td>412</td><td>3444</td><td colspan="5" rowspan="2">15%（个体雇主＼自由职业者10%）</td><td rowspan="2">5%</td><td rowspan="2">7%</td></tr>
<tr><td>2002</td><td>1508</td><td>435</td><td>3932</td></tr>
</table>

续表

<table>
<tr><th colspan="5">社会平均工资和缴费基数上下限</th><th colspan="5">统筹基金</th><th rowspan="2">划入账户</th><th rowspan="2">个人缴纳</th></tr>
<tr><th colspan="2">年度</th><th>上年社平工资</th><th>缴费基数下限</th><th>缴费基数上限</th><th>全民</th><th>劳服</th><th>集体</th><th>合资</th><th>私营</th></tr>
<tr><td rowspan="8">基本养老保险</td><td>2003.1－3</td><td>1727</td><td>435</td><td>3932</td><td colspan="5" rowspan="4">17%（个体雇主\自由职业者11%）</td><td rowspan="4">3%</td><td rowspan="4">8%</td></tr>
<tr><td>2003.4－2004.3</td><td>1727</td><td>465</td><td>5182</td></tr>
<tr><td>2004.4－2005.3</td><td>2004</td><td>465</td><td>6011</td></tr>
<tr><td>2005.4－2005.12</td><td>2362</td><td>545</td><td>7087</td></tr>
<tr><td>2006.1－3</td><td>2362</td><td>545</td><td>7087</td><td colspan="6" rowspan="4">20%</td><td rowspan="4">8%</td></tr>
<tr><td>2006.4－2007.3</td><td>2734</td><td>580</td><td>8202</td></tr>
<tr><td>2007.4－2008.3</td><td>3008</td><td>1203（农民工640）</td><td>9024</td></tr>
<tr><td>2008.4－2009.3</td><td>3322</td><td>1993（农民工730）</td><td>9966</td></tr>
</table>

<table>
<tr><td rowspan="16">失业保险</td><th>缴费时间</th><th>社平工资</th><th>缴费基数下限</th><th>缴费基数上限</th><th>单位缴费比例</th><th>个人缴费比例</th></tr>
<tr><td>1994.6－12</td><td>377</td><td>226</td><td>1131</td><td rowspan="8">1%</td><td rowspan="8">每人每月2元</td></tr>
<tr><td>1995.1－12</td><td>545</td><td>327</td><td>1635</td></tr>
<tr><td>1996.1－3</td><td>679</td><td>407</td><td>2036</td></tr>
<tr><td>1996.4－12</td><td>679</td><td>327</td><td>1635</td></tr>
<tr><td>1997.1－12</td><td>798</td><td>407</td><td>2036</td></tr>
<tr><td>1998.1－6</td><td>918</td><td>479</td><td>2395</td></tr>
<tr><td>1998.7－12</td><td>918</td><td>290</td><td>2395</td></tr>
<tr><td>1999. 1－10</td><td>1024</td><td>310</td><td>2755</td></tr>
<tr><td>1999. 11－12</td><td>1024</td><td>310</td><td>2755</td><td rowspan="7">1.5%</td><td rowspan="7">0.5%（农民工个人不缴费）</td></tr>
<tr><td>2000. 1－12</td><td>1148</td><td>400</td><td>3071</td></tr>
<tr><td>2001. 1－12</td><td>1311</td><td>412</td><td>3444</td></tr>
<tr><td>2002. 1－2003. 3</td><td>1508</td><td>435</td><td>3932</td></tr>
<tr><td>2003. 4－2004. 3</td><td>1727</td><td>465</td><td>5182</td></tr>
<tr><td>2004. 4－2005. 3</td><td>2004</td><td>465</td><td>6011</td></tr>
</table>

续表

	社会平均工资和缴费基数上下限				统筹基金					划入账户	个人缴纳
	年度	上年社平工资	缴费基数下限	缴费基数上限	全民	劳服	集体	合资	私营		
失业保险	2002．1－2003．3	1508	435	3932	1.5%					0.5%（农民工个人不缴费）	
	2003．4－2004．3	1727	465	5182							
	2004．4－2005．3	2004	465	6011							
	2005．4－2006．3	2362	545	7087							
	2006．4－2007．3	2734	580	8202							
	2007．4－2008．3	3008	1203（农民工 640）	9024							
	2008.4－2009.3	3322	1993（农民工 730）	9966							

	缴费时间	社平工资	缴费基数上限	缴费基数下限
工伤保险	2004.1－2004.3	1727	5182	465
	2004.4－2005.3	2004	6001	465
	2005.4－2006.3	2362	7087	545
	2006.4－2007.3	2734	8202	580
	2007.4－2008.3	3008	9024	1203
	2008.4－2009.3	3322	9966	1993
	费率以企业营业执照中经营项目的第一项确定（0.5%、1%、2%）个人不缴费。			
	注：本市和外埠农民合同制工人工伤保险缴费基数下限为上年社平的 60%（2007 年缴费年度为 1805）。			

	缴费时间	社平工资	缴费基数上限	缴费基数下限
生育保险	2005.7－2006.3	2362	7087	1417
	2006.4－2007.3	2734	8202	1640
	2007.4－2008.3	3008	9024	1805
	2008.4－2009.3	3322	1993	9966
	注：生育保险单位缴费比例为 0.8%，个人不缴费。生育保险缴费基数下限为上年社平的 60%。			

		缴费基数	单位缴费	个人缴费	划入账户	
医疗保险	在职	上年社平工资 60%～300%	9%＋1%	2%＋3 元	35 岁以下	0.8%
					35－45 岁	1%
					45 岁以上	2%

续表

<table>
<tr><th colspan="5">社会平均工资和缴费基数上下限</th><th colspan="5">统筹基金</th><th rowspan="2">划入账户</th><th rowspan="2">个人缴纳</th></tr>
<tr><th colspan="2">年度</th><th>上年社平工资</th><th>缴费基数下限</th><th>缴费基数上限</th><th>全民</th><th>劳服</th><th>集体</th><th>合资</th><th>私营</th></tr>
<tr><td rowspan="2">医疗保险</td><td rowspan="2">退休</td><td colspan="2" rowspan="2">…</td><td rowspan="2">…</td><td colspan="4" rowspan="2">每人每月3元</td><td colspan="2">70岁以下</td><td>100元/月</td></tr>
<tr><td colspan="2">71岁以上</td><td>110元/月</td></tr>
</table>

图书在版编目（CIP）数据

社会保险纠纷/周院生，张自合主编．—北京：中国检察出版社，2009.7

（常见法律纠纷实务指导丛书）

ISBN 978-7-5102-0104-2

Ⅰ．社…　Ⅱ．①周…②张…　Ⅲ．社会保险—经济纠纷—处理—中国—问答　Ⅳ．D922.182.35

中国版本图书馆 CIP 数据核字（2009）第 110267 号

社会保险纠纷

总主编　周院生　张自合

出 版 人：袁其国
出版发行：中国检察出版社
社　　址：北京市石景山区鲁谷西路 5 号（100040）
网　　址：中国检察出版社（www.zgjccbs.com）
电子邮箱：zgjccbs@vip.sina.com
电　　话：（010）68682164（编辑）　68650015（发行）　68636518（门市）
经　　销：新华书店
印　　刷：北京画中画印刷有限公司
开　　本：A5
印　　张：8.25 印张
字　　数：225 千字
版　　次：2009年7月第一版　2011年9月第二次印刷
书　　号：ISBN 978-7-5102-0104-2
定　　价：25.00 元